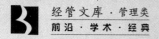

经管文库·管理类

前沿·学术·经典

MANAGEMENT

Cross-media User-generated Content
Emotional Tendency

跨媒体用户生成
内容情感倾向挖掘方法研究

徐 勇 黄淑芹 李东勤 ◎著

经济管理出版社
ECONOMY & MANAGEMENT PUBLISHING HOUSE

图书在版编目（CIP）数据

跨媒体用户生成内容情感倾向挖掘方法研究 / 徐勇，黄淑芹，李东勤著. -- 北京：经济管理出版社，2024.3

ISBN 978-7-5096-9633-0

Ⅰ. ①跨… Ⅱ. ①徐… ②黄… ③李… Ⅲ. ①电子商务—数据采集 Ⅳ. ①F713.36 ②TP274

中国国家版本馆 CIP 数据核字（2024）第 057694 号

组稿编辑：杨国强
责任编辑：王　洋
责任印制：黄章平
责任校对：王淑卿

出版发行：经济管理出版社
　　　　　（北京市海淀区北蜂窝 8 号中雅大厦 A 座 11 层　100038）
网　　址：www. E-mp. com. cn
电　　话：（010）51915602
印　　刷：唐山昊达印刷有限公司
经　　销：新华书店
开　　本：720mm×1000mm/16
印　　张：15.5
字　　数：313 千字
版　　次：2024 年 6 月第 1 版　　2024 年 6 月第 1 次印刷
书　　号：ISBN 978-7-5096-9633-0
定　　价：98.00 元

序

随着信息技术的不断发展，由用户主动在网络平台发布的信息越来越多，如产品评论、旅游体验、娱乐资讯、教育资讯、新闻报道、照片共享等，这些以多媒体形式表达的信息统称为网络环境下的用户生成内容（User Generated Content，UGC）。近年来，多媒体呈现的 UGC 以其内容精简、载体丰富、动态聚合、终端无关等特点，对人们的生产、生活方式产生重大影响，并引起了国内外研究者的普遍关注。

本书从跨媒体评论 UGC 情感极性角度挖掘评论者对商品的喜恶偏好及程度，在提高用户画像、消费者行为预测效率和效果等问题领域具有重要的参考价值。本书的主要贡献包括如下三个方面：

第一部分，理论研究成果。本书从 UGC 的基本概念出发，研究了跨媒体 UGC 情感极性分析方法，提出了基于情感分析的 UGC 模糊综合评价模型。整个研究的理论研究紧紧围绕情感挖掘及利用这一条主线。具体包括：

（1）UGC 情感极性分析。本书首先研究了基于三元组的情感表示方法；其次提出基于情感三元组及依存句法的情感极性计算方法；再次从时间因素角度动态计算评论对象的平均情感极性值，更加精确地计算评论对象的 UGC 综合情感极性值；最后生成评论对象情感极性时间曲线图，以更加精确地反映用户对评论对象的评价情况及其演变过程。

（2）UGC 情感综合评价问题。Web 2.0 环境，评论数据丰富了，但网络用户从海量评论数据中获取有用信息却变得越来越困难了。为了更好地利用网络消费者评论信息，就需要针对这些海量的评论信息构建一个准确、高效的综合评价系统。本书将情感标签的抽取、情感极性的判断、模糊统计等方法引入到用户生成内容的模糊综合评价。模型中的指标权重和模糊评价矩阵可以用机器学习的方法得到，计算途径方便可靠。

第二部分，设计并实现相关算法。本书首先研究了跨媒体 UGC 数据挖掘关键算法，包括网络爬虫算法、图像特征提取算法、基于深度学习模型的跨媒体 UGC 分类算法。其次研究了 UGC 情感表示与极性计算算法。最后研究了用户相似性度量及消费者行为预测算法。这些算法一方面为本书的理论研究提供了实验验证支撑；另一方面也为团队的后续研究提供了扎实的方法、技术方面的积累。具体包括：

（1）网络爬虫算法。基于 Python 中的 Request 和 Selenium 库，实现了对商品评论及追评、商品信息、评论时间、用户名等数据的快速爬取，并将数据存入 Excel 文件中。

（2）基于降维的聚类算法。本书以欧式距离公式为距离计算方式，采用主成分（PCA）方法对数据源进行降维，实验比较了不同数据规模、特征下的 K 均值聚类效率。

（3）用户相似性度量算法。本书从用户消费时序行为而形成的内在影响关系角度，利用概率矩阵分解的方法来研究用户之间的相似度，将近邻的影响融入到目标用户的个性化推荐中，从而达到更好的推荐效果。

（4）跨媒体 UGC 特征提取与分类算法。首先，针对图像 UGC，通过提取图像边缘信息作为候选文本区域，再利用笔画特征将文本从背景区域中提取出来，然后去除非文本块，达到准确界定。其次，考虑 TensorFlow 是一个开源软件库，被广泛应用于神经网络算法的编程实现。本书通过 TensorFlow 库构造卷积神经网络模型，设计并实现文本、图片、视频和音频 UGC 对象的特征提取和分类算法。

第三部分，UGC 情感因素的应用。本书将 UGC 情感极性应用于电商平台异常主体识别、个性化用户画像、消费者行为预测等问题领域。提高相关应用问题的求解效果和效率。具体包括：

（1）基于情感聚类的用户主体识别。本书从评论的时间、长度、情感强度和语言习惯四个特征出发，将 UGC 转换成维度为 20 的 UGC 特征向量；针对用户特征向量建立基于聚类的主体识别模型，并进行实例分析。

（2）考虑情感属性特征的用户画像。本书分别从用户的基本属性、互动属性、反馈属性、情感属性以及情境属性五个方面构建用户画像。在考虑用户行为数据的同时，挖掘评论 UGC 的内容以及情感极性，以提高用户画像的效果。

（3）考虑情感的消费者行为预测方法。在消费者决策模型构建研究中，人们总是要根据前人的经验或者自身的主观感受确定影响因素并进行验证，从而判断决策模型的准确程度。然而，不同的 UGC 特征所构建的消费者决策模型对预测的准确度存在一定差异，如何选择合适的 UGC 特征，是提高预测模型准确度的关键环节。本书提出一种基于贝叶斯网络模型将 UGC 内容、情感特征作为自变量用于消费者决策行为预测的方法。

（4）关于 UGC 的监管与利用。对消费者而言，发布 UGC 时要客观，但同时也要恰当通过 UGC 维护自身权益。对电商平台而言，首先要加强诚信建设，在提高自身对 UGC 的利用率的同时，也要通过激励措施引导用户发布真实、高质量的 UGC，当然也要正确维护自身合法利益。对公共网络平台而言，一方面要加强对 UGC 的监管，另一方面也要提高对 UGC 的分析水平，以便更加充分地挖掘 UGC 包含的有用信息。对政府监管部门而言，一方面要引导广大网民的言论，另一方面也要通过制定完善的网络行为规章制度来规范网络环境。

前　言

电子商务领域常常会出现信息不对称的现象，尤其在 C2C 电商平台中，信息不对称现象更加凸显。选择线上购物方式的消费者对产品的了解主要源自卖方的描述，尽管卖方会提供一些产品图片、视频等辅助信息，以及一些产品说明，但相较于线下购物的"所买即所得"，线上用户无法了解产品的真实质量、性能，甚至代购行业中会出现以真货进行宣传，却卖假货的现象。线上购物仍存在一些风险，这些风险不仅包括道德层面，还会严重损害电商平台与消费者之间的信任感。近年来，用户在购买商品前，可在电商平台发起讨论，或向其他用户求答。用户在购买商品之后，也可在电商平台分享其购物体验，为其他潜在消费者提供决策参考。因此，用户在电商领域中发布的 UGC 会对他人产生一定影响，所以保证 UGC 的真实性显得尤为重要。

近年来，个性化概念在计算机科学的不同领域得到了广泛的应用。为了在竞争激烈的市场中取得优势，这可以与企业捕获和满足其客户期望的需求实质上联系起来。一般来说，个性化可以被定义为根据受众的优先次序和倾向定制输出数据以满足其要求的过程。交互式视频系统、电子商务网站和搜索引擎只是集成个性化模块的一些例子。从个性化推荐的角度考虑，明确用户的喜好显得尤为重要。无论是在现实世界还是在网络世界中，情感都能够最直接地反映用户对某件事物的喜恶。情感分析是指针对含有情感色彩的信息，运用数据挖掘算法进行情感因素的归纳提取。对电商平台中用户生成内容（UGC）进行情感分析，能够直接了解广大用户对目标商品的喜恶态度，为其他用户提供直接、有效的参考信息。但有时候，电商平台中许多个人或组织会出于不同动机发布虚假 UGC，严重影响了其他用户对 UGC 的知识发现与利用。

因此，本书首先对跨媒体 UGC 进行特征提取、分类。其次对 UGC 进行情感积极、消极、中性的判断，以掌握电商平台中 UGC 的情感极性分布情况。再次通过基于聚类的主体识别技术，将虚假主体发布的 UGC 进行剔除，以确保用于情感分析的 UGC 是真实有效的。最后将情感极性指标引入用户画像模型和消费者行为预测模型，以提高预测效果和效率，具有较好的理论意义。

从实践角度来看，首先，电商平台层出不穷的虚假评论严重扰乱了广大用户正常的购买决策，随着平台对网络水军的不断打击，网络水军的存在形式、网络行为逐渐拟人化，使真假主体愈加难以识别，加之用户没有有效判别真假的能力，很容易相信网络水军"刷"出来的好评，被营造的虚假繁荣所欺骗。因此，本书提出基于聚类的用户生成内容主体识别技术，通过目标用户的历史评论信息，判断其真假。该方法可以过滤没有价值的 UGC 和 UGC 主体，净化了网络消费环境，同时为用户生成内容情感分析筛除无效的数据，保证数据的真实性。其次，在计算句子评论的情感极值时，考虑中文依存句法，在情感极值的计算过程中，除匹配情感词外，还记录下每个情感词所对应的修饰词，使单个 UGC 的情感极值计算更加细腻，保证情感色彩提取与归纳的准确性。在 UGC 情感极性基础上，提出 UGC 模糊综合评价方法，提高了商品评价结果的准确性。

目　录

第一章　绪论

第一节　研究背景

信息技术的迅猛发展为人们的工作、生活带来了很大的便利，Web 2.0 时代，网络平台开始鼓励用户主动表达，创造有价值、带有自身思想的信息。据中国互联网络信息中心（CNNIC）发布的第 45 次《中国互联网络发展状况统计报告》显示，截至 2020 年 3 月，我国网民规模为 9.04 亿人，互联网普及率达 64.5%，较 2018 年底提升 4.9 个百分点；我国手机网民规模达 8.97 亿人，较 2018 年底增长 7992 万人，我国网民使用手机上网的比例达 99.3%，较 2018 年底提升 0.7 个百分点。受益于非现金支付方式和线上购物平台的成熟，我国网络购物类应用用户规模增长到 6.39 亿人，占网民总数的 73.4%，发展前景可观。同时，用户购物模式也在不断变化，直播带货、工厂直销、社区零售、社区拼团等新型购物模式成为网络消费增长的新要素。

由于网络平台占据了人们越来越多的时间和精力，网民利用网络交友、工作和学习，甚至是交电费、线上问诊等，产生了大量网络行为数据，如信息注册、浏览记录、短视频、影评、运动数据、消费记录等。除了在线旅游、社交网络，用户生成内容在电子商务、新闻传播、教育等方面都扮演着重要角色。人们逐渐习惯通过互联网来进行信息交流与资源共享，互联网作为信息传播媒介的作用越来越显著，如图 1.1 所示。经过几十年的飞速发展，中国的互联网积累了大量的数据资源，互联网创造的价值超过 7 万亿元，这么巨大的数据资源正等待人们挖掘使用。

近年来，网民对互联网的应用，从早期的网上冲浪、知识问答、浏览新闻向更广、更深的推荐、决策等领域发展。如今，通过手机就可以实现无现金支付、网络购物、在线教育、视频会议等，政府部门、企业事业单位也逐渐完善电子化

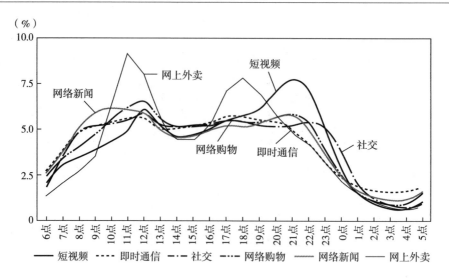

图 1.1　六类应用使用时段分布

资料来源：中国电信。

办公系统。网络技术的发展，一方面为广大民众的日常生活带来了极大的便利；另一方面合理地利用用户生成内容，可以使企业与用户实现双赢。用户生成内容在旅游方面的数据被认为是国家旅游组织（NTO）和其他决策者、目的地营销组织（DMO）和其他利益相关者以及未来旅游者的良好信息来源，因为它包括由旅游者自由表达的意见[1]。Agnieszka 等通过研究在线评论的特征与品牌态度之间的关系，发现对于象征性品牌和生活方式品牌，消费者倾向于关注正面的评价，这有助于他们识别和选择那些被有抱负的社会团体所青睐的品牌。相反，寻求品牌以满足功能性需求的消费者往往关注负面评价，因为负面信息在基于功利标准的决策中占主导地位[2]。

第二节　研究路线

本书从理论研究、算法设计、情感应用三个视角研究智能商务领域 UGC 情感综合评价及其在消费者行为预测中的应用问题，重点研究 UGC 特征提取、情感表示和极性计算等，最终明确 UGC 情感倾向对消费者决策行为的影响机制等。本书的研究路线如图 1.2 所示。

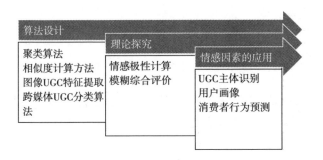

图 1.2　研究路线

本书共分为十八章，主要研究内容框架如图 1.3 所示。

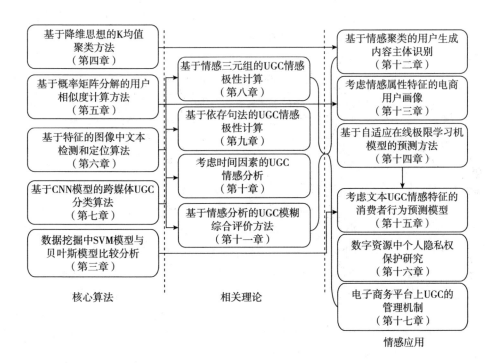

图 1.3　本书主要研究内容框架

第三节　主要贡献

为改进电商平台存在的商品评论 UGC 过多、商品评价不够精确，从而导致消费者对海量 UGC 无法有效利用的问题，本书从跨媒体评论 UGC 情感极性角度挖掘评论者对商品的喜恶偏好及程度，在提高用户画像、消费者行为预测效率和效果等问题领域具有重要的理论与实践价值。本书主要贡献包括：

第一，丰富了 UGC 研究理论体系。本书首先从 UGC 的基本概念出发，研究了用户相似性度量方法、跨媒体 UGC 分类方法、情感极性计算方法；其次提出基于情感分析的 UGC 模糊综合评价方法；再次进一步将情感因素用于 UGC 主体有效性识别和个性化精准画像模型；最后研究了考虑情感因素的消费者行为预测模型。整个研究的理论紧紧围绕情感挖掘及利用这一条主线，取得了一些研究成果。

第二，设计并实现关键算法。本书首先研究了跨媒体 UGC 数据挖掘关键算法，包括网络爬虫算法、图像特征提取算法、基于深度学习模型的跨媒体 UGC 分类算法；其次研究了 UGC 情感表示与极性计算算法。这些算法一方面为本工作的理论研究提供了实验验证支撑，另一方面也为团队的后续研究提供了扎实的方法、技术方面的积累。

第三，构建考虑情感因素的用户画像和消费者行为预测模型。本书将情感指标引入用户画像建模问题，在此基础上利用神经网络模型和贝叶斯网络模型研究预测问题，有助于提高预测的效果和效率。

第四，关于 UGC 的监管与利用。对消费者而言，发布 UGC 时要客观，但同时也要恰当通过 UGC 维护自身权益。对电商平台而言，首先要加强诚信建设，在提高自身对 UGC 的利用率的同时，也要通过激励措施引导用户发布真实、高质量的 UGC，当然也要正确维护自身合法利益。对公共网络平台而言，一方面要加强对 UGC 的监管，另一方面要提高对 UGC 的分析水平，以便更加充分地挖掘 UGC 包含的有用信息。对政府监管部门而言，一方面要通过 UGC 形式引导广大民众的言论，另一方面要通过制定完善的网络行为规章制度，以规范网络环境。

综上所述，本书从理论、算法和应用三个视角，针对跨媒体 UGC 研究对象，围绕情感挖掘主线，充分利用网络爬虫、经典数据挖掘算法、深度学习 CNN 模型、贝叶斯网络模型等技术手段，将情感因素应用于预测问题以促进预测效果和效率的提升，取得了一定的研究成果。

第二章　国内外研究现状

随着信息技术的发展与普及，由 Web 用户主动在网络平台发布的信息越来越多，如博客文章、产品评论、短视频、微电影等；这些信息统称为 Web 环境下的用户生成内容（User-Generated Content，UGC）[3]。用户生成内容（User Generated Content）是 Web 2.0 环境下应运而生的产物，早期的研究中，用户生成内容还被称作 User Created Content（UCC）、Consumer Generated Media（CGM）等。2005 年，有"互联网女皇"之称的摩根士丹利首席分析师 Mary Meeker 首次提出用户生成内容（UGC）这一术语，并逐渐得到广泛认可。同年 4 月，BBC 率先试水建立一个 UGC 小组，在当年 7 月的伦敦地铁爆炸案中，BBC 在新闻播报中就使用了人们在逃离现场时抓拍的照片进行剪辑。次年，《时代周刊》（TIME）创新性地将"You"评选为其年度人物。2007 年，世界经济合作与发展组织（OECD）在"Participative Web and User-Created Content：Web 2.0 Wikis and Social Networking"报告中将 UGC 的三大特点也总结了出来：①互联网上公开的内容；②内容具有一定程度的创新性；③由非权威人士及非专业手段创作发布。这三大特点也成为今后 UGC 研究的基础。对于用户来说，用户生成内容可以看作用户在互联网中的 DIY（Do It Yourself），利用手机、电脑等设备，加入自身思考，制造出属于自己的 UGC，发布到互联网中实现信息交流。

2006 年，Netflix 公司对外宣布其设立一项大赛，公开征集电影推荐系统的最佳计算机算法。Netflix 公司旗下作品《纸牌屋》（House of Cards）作为大数据应用于影视作品中的一个里程碑，其制作理念是以用户需求为主，根据用户点击量、用户在某网页停留时间等用户信息，去制作用户喜爱的作品。不同于传统影视剧的制作方法，Netflix 公司在决定投拍前，充分收集用户数据，发现许多用户爱看 1990 年 BBC 同名迷你剧《纸牌屋》，与此同时，导演大卫·芬奇（David Fincher）也深得这些用户喜爱。在这些高度重合数据的支持下，Netflix 于 2013 年初推出其首部自制剧集《纸牌屋》。Netflix 的用户数量在《纸牌屋》正式上线后增加了 300 万人，足以说明了用户的需求对于影视制作的重要性[4,5]。近年来，UGC 在媒体中的应用也愈加明显，2008 年，Corpora 公司名为"感情色彩"

（Sentiment）的软件可以对报纸上的文字进行分析处理。2009 年，酷 6 在创业初期就提出了 UGC 模式。作为国内的视频网站，优酷所理解的 UGC 的重点在于"U"，也就是用户的创意是最珍贵的，优酷于 2013 年推出的"分享计划"，目的就在于发掘并收集草根用户的创意想法，为有想法的拍客创造舞台。随后国内短视频分享网站如雨后春笋般出现，无疑也是 UGC 发挥作用的证据。除了在网络视频制作中发挥作用，越来越多的企业也意识到 UGC 的重要性，并顺势提出各种策略以利用 UGC 为企业带来效益，如戴尔的 Idea Storm、星巴克的 My Starbucks Idea、网易云每日推荐、淘宝猜你喜欢等。以星巴克为例，李奕莹、戚桂杰构建了企业开放式创新社区（OIC）中 UGC 对其创新的贡献价值研究模型，分析 OIC 中 UGC 信息质量、UGC 互动质量、用户创新行为和用户互动行为这四个自变量对 UGC 贡献价值的影响。并在 OIC 的条件下，建立创新价值链模型，分析星巴克的 My Starbucks Idea 策略[6]。

用户生成内容颇有全民参与的含义，并且已经影响到生活的很多领域。UGC 充分利用 Web 2.0 环境为其提供的技术便利、更开放的社交氛围，激发用户创造 UGC 的积极性，UGC 的作用也渐渐渗入到商业、新闻舆论、日常社交等层面。

但是，海量 UGC 数据中隐含的有用知识仍然难以被有效发现并利用。例如，TechCrunch 每日有着大量的新闻文章更新，但它越来越像是一个科技公司的黄页了——简短地、模板式地描述一家公司的产品、成员、人事变动、动态……缺乏思考和洞见的列表只能给读者一张新闻清单。在现实生活中，有时候我们甚至并不清楚自己的需求。更为重要的是网络平台的数据往往是几十亿条，并且用户不断产生新的数据。互联网经过几十年的飞速发展，积累了庞大的数据资源，这么巨大的数据资源正等待人们挖掘使用。

因此，人们便捷分享信息的同时，对互联网中有用知识的发现提出了挑战。互联网平台正从一个"搜索数据"的时代进入一个"发现知识"的时代。UGC 情感分析（Sentiment Analysis），就是对这些 UGC 数据进行有效的分析和挖掘，识别出其语义（高兴、伤悲或赞同等），以及语义随时间的演化规律[5]。情感分析挖掘用户的主观倾向，而非信息内容本身，如短文本形式的用户评论，其字面含义具有很强的多义性，只有联系特定的上下文才能准确理解评论者的真实意图。情感分析涉及人工智能、机器学习、信息检索和数据挖掘等多学科，很多研究任务都具有极高的挑战性。

第一节 用户生成内容研究现状

一、UGC 生产动机

动机是指人在做出某种行为、从事某种活动时的心理状态。用户在创作 UGC 时必定是出于某种动机，现有研究中对 UGC 动机的分类已较为完善。2007 年，在 OECD 的报告中，已对 UGC 产生动因的相关因素进行了分析，将 UGC 产生动机分为技术驱动力、社会驱动力、经济驱动力以及制度和法律驱动力四个方面。在此后的研究中，学者们也大多基于这些因素。比如，赵宇翔和朱庆华将动因分成社会驱动、技术驱动、个体驱动三个维度和人口统计学特征一个调节集[7]。柳瑶、郎宇洁和李凌将动机分为内在需求、社会诱因和技术诱因三个层面。其中，内在需求主要源于用户个体的自我认知与自身需求，如意见表达、休闲娱乐、追求利益等，是为了满足自身行为而出现的动机；社会诱因是由于用户处在社会的大环境中，为了得到他人认同或换取更高的社会地位与重视程度，在社会刺激下产生的动机；技术诱因是指基于技术接受理论、社会认知理论等理论基础，用户可预知到其付出成本，如感知易用性、安全性[8]。除用户的主观动机外，范哲和张乾加入外部环境的机会感知和用户自身的能力认知。通过实证分析，他们认为影响用户产生 UGC 的主要因素是利他与互惠，并且感知易用性与感知有用性是外部环境机会感知中最显著的变量。此外，用户也必须具备将其自身知识储备转化为 UGC 的能力[9]。

明确 UGC 的产生动机，了解不同用户在生产 UGC 时的心理活动，可根据不同的动机对用户进行分类，从而实施不同的激励措施，引导用户产生数量更多、质量更高的 UGC。在现有研究中，已有学者针对 UGC 的激励措施展开研究。

赵宇翔在《社会化媒体中用户生成内容的动因与激励设计研究》一文中，将目前对 UGC 的研究提炼出用户、内容、技术、组织和社会五大要素，进而从不同的维度分析影响 UGC 的动因，从用户分类、双因素和时间三个维度构建了用户激励策略研究的概念框架。研究发现不同用户群体存在一定的差异[10]。

除将 UGC 动机与激励措施结合的研究外，张世颖认为通过对 UGC 动机的确定，还可以对 UGC 质量做出判断，UGC 的产生动机与其质量之间存在着一定的因果逻辑关系，针对大量的网络用户，可以针对不同层次的用户实行提高 UGC 质量的激励措施，实现质量由"劣"转"优"的目的，并且使 UGC 达到一种

"量"与"质"的平衡与统一，促使网络用户创造更多的高质量 UGC[11]。图 2.1 即表示 UGC 动机研究与 UGC 激励措施、UGC 质量评价之间的关联。

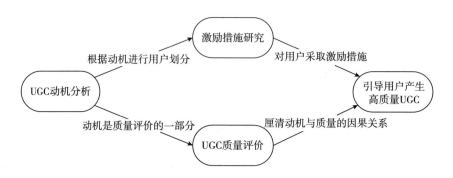

图 2.1　UGC 动机研究与激励措施、UGC 质量的关联

二、UGC 质量研究

随着物联网、云计算等技术的发展，大数据时代已经到来。UGC 作为大数据的一种，也满足其 5V 特点：Volume（大量）、Velocity（高速）、Variety（多样）、Value（价值密度）、Veracity（真实性）。其中 Value 和 Veracity 都可理解为 UGC 质量参差不齐，以淘宝评论为例，针对某商品的评论甚至会多至成千上万条，但其中高质量的评论并不多，如大量"好评"、文本极短、答非所问等，这体现了 UGC 也有价值密度低的特点，这主要是因为互联网中不会因用户类别而限制其生产 UGC。此外，有些商家存在雇用水军刷好评、恶意诋毁竞争对手、利用返现诱惑买家给好评等虚假行为，导致评论中存在不实信息，也被称作垃圾信息。因此，对 UGC 质量分析具有现实意义。

针对 UGC 中存在的质量评价、质量指标、质量控制等现实问题，金燕总结后认为目前 UGC 质量问题主要存在于内容错误、垃圾内容、内容价值密度低三个方面。在 UGC 质量评价方面，目前存在人工检测法和自动测量方法两种方法，但都存在缺陷，如主观性太强或评价指标多样性等因素都会导致评价结果不统一，故现在急需一套适用性强的 UGC 质量评价指标体系[12]。从 UGC 创建过程角度出发，金燕和李丹构建了一个通用的 UGC 质量实时监控框架，该框架由数据采集层、数据存储层和质量监控层三个主要模块构成，SPC 技术的利用可以对 UGC 创建过程的每一个阶段进行实时监控[13]。针对用户评论产生的文本 UGC，林煜明等围绕着评论质量评估、评论总结和垃圾评论检测三个方面总结了国际上评论质量检测与控制的研究内容、技术和方法的研究进展[14]。从 UGC 主体生产评论，到其他用户在网络上接收该评论，这一过程中可以通过用户输入约束、UGC 评估、垃圾检测、UGC 总结和排序系统进行控制。从评论内容的角度看，影响评论质量的因素主要包括评论的语法特征、语义特征、元特征、文本的统计特征、可读性和相似性特征。从 UGC 主体角度，在考虑 UGC 质量时应考虑到主体的基本属性，如该用户是否有不良记录、注册时间长短、基本资料完成度、活跃时间分布情况等。垃圾评论检测也是 UGC 质量控制的一种重要方式，检测的主要判断标准为评论是否为垃圾内容、评论主体或团队的质量高低。此外，评论排序对用户高效利用 UGC 也十分重要，现有应用中，淘宝的评论排序根据用户等级、评分和推荐，当当网的评论排序根据评论的回复数，eBay 的评论排序根据相关度。为了更准确地检测虚假评论，汪建成等依据评论 UGC 的特性建立了基于主题—对立情感依赖的模型，该模型会提取正反两类情感词语，在潜在狄利克雷分布模型（LDA）中加入情感层，即将 LDA 扩展成文档—主题—情感—词语结构。在此基础上提出 TOSDM 模型，结合评论 UGC 的主题与情感，提取出 6 位特征对虚假评论展开检测[15]。

如图 2.2 所示，对 UGC 质量的研究可以划分为基于内容和基于用户两方面，其中基于用户可以通过 UGC 质量寻找领袖意见，以及进行虚假主体判别，通常情况下，若 UGC 质量非常低，那么产生该 UGC 的主体很可能是虚假主体；由于网络中 UGC 的数量非常大，普通用户很难寻找到自身需要的 UGC，因此可根据内容创建某领域的推荐系统，还可以基于内容进行垃圾信息处理与谣言检测等。

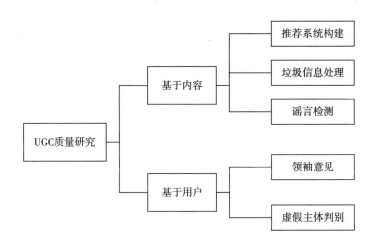

图 2.2　UGC 质量研究相关内容

三、UGC 法律问题

由于目前用户在网络上发表言论具有随机性、匿名性、数据海量性等特点，导致用户对其发表 UGC 的版权问题不够重视，在不经意间会侵犯他人权益或者无法保障自身权益。在网络出现初期，为解决著作权产生的利益问题，美国政府于 1998 年通过了美国数字千年版权法，目前仍应用于网络法治。此外，UGC 规则虽然已被提出，但许多网络龙头企业并未签字认同，目前来说并不是理想的网络自治规则。当前，我国的网络治理主要根据 2006 年国务院发布（2013 年修订）的《信息网络传播权条例》。

目前在 UGC 版权问题上，李妙玲和岳庆荣认为存在着过滤识别技术不到位、网络自治不规范、全民版权意识薄弱、产权意识教育滞后于技术的发展等问题[16]。此外，用户的隐私保护也是学术界研究的热点，一方面，实行实名制有助于保证 UGC 的质量，在此条件下用户若发表言论会考虑到其言论的影响，以及会不会对自己带来麻烦。但实名制也会限制用户创作 UGC，有些用户需要用匿名来保护自己，将 UGC 作为秘密分享出来，如树洞类 UGC。蒋晓丽和杨珊将树洞类 UGC 平台分为社会类和群体类两种。社会化树洞 UGC 面向范围更广，如微博树洞[17]。另一方面，群体化树洞 UGC 是以职业、兴趣等属性促成的。这两类 UGC 平台都为用户提供了隐私保护、言论自由的空间，满足信息化时代网民抒发情绪的需求。树洞可以让用户更自由地袒露心声，故引起许多抑郁症领域专家学者的注意，如何利用树洞 UGC 改善抑郁症患者病情等问题也不断被深入探究[18,19]。

目前学者普遍认为若要解决 UGC 相关法律问题，作为 UGC 主体，用户应自觉地进行版权教育；从社会角度出发，学校和社会也应该加强版权知识的普及；在 UGC 网站角度，应提高用户版权意识，建立适当的奖惩措施。

第二节　UGC 情感分析研究现状

一、UGC 情感描述

情感识别问题的提出源于美国麻省理工学院（MIT）的 Minsky 教授，其在 *The Society of Mind* 一书中第一次提出智能机器的情感识别问题，得到世人重视与讨论。"情感计算"的概念源于 1997 年 Picard 所著的 *Affective Computing* 一书中，

Picard 认为情感计算是源于人类情感产生、情感识别、情感表示以及影响情感因素度量等方面的计算科学，是利用计算机完成信息载体、情感极性倾向和强度度量的过程。情感是用户内心思想的主观反映，可以直接反映用户的好恶。早期UGC 的研究主要围绕 UGC 概念及其商业应用、UGC 动机与激励措施等方面进行。尤其是 UGC 在视频类软件中的应用，这主要是因为 UGC 刚被提出时，YouTube 率先发挥其商业价值，导致国内的关注点聚焦于其商业价值。随着研究的深入，越来越多的学者开始针对 UGC 意见挖掘、情感分析等其他领域进行研究。比如，针对微博中的文本进行分析，挖掘出群众的舆论导向与情感变化，可以推测出微博用户的关注信息，从而为用户提供针对性服务。

若要对文本 UGC 进行情感类别划分，需要一个较为完善的情感词典为基础。现有的情感词典尤其是中文情感词典规模不足是影响情感分析效果的一个重要因素。除了词典规模小这一缺点外，赵妍妍、秦兵等认为现有的情感词典在情感分析任务的使用中存在词典中的词太过正式、词典中仅包括词语而没有词组等不足[20]。英文词典方面具有代表性的有 General Inquirer 和 Opinion Lexicon，这两大词典都有数千个褒义词和贬义词，其中依据词语的强度、词性等基本属性，General Inquirer 给每个词语贴上标签，以方便人们在使用词典时能够更简便地完成任务。中文情感词典领域，HowNet 在 UGC 情感倾向分析中的利用较为普遍，近些年，中国科学院计算技术研究所研制出了汉语词法分析系统 ICTCLAS 也逐渐得到认可，并逐渐被推广使用。对于文本类型 UGC 的信息提取工作，Marc Egger 和André Lang 分为信息收集、分析和可视化三个阶段，并在此基础上，将步骤细分为数据的收集与清洗、文档级信息抽取、句子、短语和词语级的信息抽取、选择的挑战等[21]。基于 Ekman 的六种基本情绪理论，赖凯声、陈浩等通过人工对《现代汉语词典》《实用汉语形容词词典》和《现代汉语实词搭配词典》进行词语扩展，最终收集 448 个情绪词，在此基础上结合 POMS 量表和罗跃嘉词表等词库，接下来通过新浪微博的搜索功能对国内网络流行词汇情感词进行验证，以筛除使用频率较低的生僻词，最终得到 2242 个情绪词[22]。

情感分析过程中，除需要情感词外，还需要对每个情感词进行量化，即确定其分值。目前大多研究中都将情感词分为积极与消极两种，潘宇和林鸿飞在研究餐厅评论极性时，选择以食品味道、餐厅环境、服务态度和消费价格作为衡量用户评论的标准，对 UGC 进行特征标注从而对 UGC 进行极性分析，对评论中出现的正向情感词语量化为+1，负面情绪的词语赋值为−1[23]。此外，也有学者提到文本 UGC 的情感量化问题，只是对于情感倾向的判断仍限于语义范围，针对目前情感词语量化的深度与广度都还有待提高[24]。

二、情感分析方法

传统应用于情感分类的文本分类方法有朴素贝叶斯（Naive Bayesian，NB）、k 近邻（k-Nearest Neighbor，kNN）、支持向量机（Support Vector Machine，SVM）、决策树等。对于国内情感分析的研究，饶元等认为主要是情绪的极性化分析计算与观点倾向性分析计算两个方面[25]。为了分析观点倾向问题，徐琳宏、林鸿飞和杨志豪通过计算词汇与知网中褒贬性之间的相似度，从而对词汇的倾向做出判断，将倾向性明显的词语视为特征词，接着采用 SVM 对这些特征词进行分类操作，根据情感词的倾向就可判断 UGC 的整体倾向[26]。同样是利用 SVM 分类方法，针对服装电商评论情感值问题，李宏媛和陶然采用线性回归模型，通过对比平均绝对误差、均方差误差、均方根误差等发现商品评论对产品销售量的具体影响[27]。

除分类算法外，还有学者利用关联算法进行 UGC 情感分析，以豆瓣为例，Jie Yang 和 Brian Yecies 提出了一种改进的基于 MapReduce 的内容挖掘 Apriori 算法，作者认为对 UGC 进行情感分析，可以对观众喜爱以及用户接下来的动作进行预测，以豆瓣为例，可发掘用户喜爱的电影以及其他相关信息，那么行业利益相关者，如制片人即可有效地宣传其内容，据此改善用户体验，更好地帮助观众找到与其兴趣有关的电影[28]。通过 UGC 深入了解消费者可以缩短出版方与观众的距离。潜在狄利克雷分布模型（LDA）是一种概率生成模型，考虑到朋友间交互所表现出的情感比非朋友间交互表现出的情感相似度更高，基于此，黄发良、于戈和张继连针对微博用户提出微博主题情感倾向分析的 SRTSM 模型，该模型是在传统 LDA 的基础上加入情感层与微博用户关系参数，接着采取吉布斯采样方法，利用 SRTSM 模型进行微博主题和情感分析[29]。为了对产品评论提供一个全面的评价，Dilip Raghupathi 等提出了一个较为准确的整体情感评级算法，从单个文本分析出发，用一个影响语言字典来评价单词树的叶子。该算法虽然对评论 UGC 的情感倾向足够重视，却因为重视整体而忽视了个体的作用[30]。根据情感分析的过程，文本类型 UGC 的情感分析可细化成情感信息的抽取、情感信息的分类以及情感信息的检索与归纳[31]。其中情感信息的分类又可分为主、客观信息的二元分类和主观信息的情感分类。

对 UGC 进行的情感分析可以应用于用户评论分析与决策、舆情监控和信息预测，但由于一些国外的研究技术和情感资源无法直接移植到中文处理中，因此结合中文的特点，寻找适用于中文处理的技术与手段，仍是接下来应继续探索的问题。

第三节　消费者决策模型研究现状

20 世纪 90 年代的美国沃尔玛超市中，通过销售数据的分析发现了尿不湿和啤酒之间的消费者购买关联，于是将尿不湿和啤酒摆放在一起达到了提升销量的效果。由此可见消费者决策的研究具有一定实践意义。消费者决策概念由美国俄亥俄州立大学的 Engel、Kollat 及 Blackwell 三位教授提出[32]。他们认为消费者决策就是消费者根据信息来进行决策的过程，包括买不买、买什么、什么时候买、在哪儿买、向谁买和怎么买六个问题[32]。随着互联网技术的发展，消费者不仅能够在实体商店进行消费决策，而且能够在互联网环境下进行购买，此时的消费者决策指消费者购买决策，包括消费者信息搜索行为、消费者购后评价行为等[33]。2005 年 9 月，宝洁（P&G）在研究消费者购物决策过程中提出 FMOT 模型，认为"决胜点"应该是消费者开始购买时刻。随着智能手机等移动终端的普及，消费者的陈列架指的就是"购买页"。Google 对此在 FMOT 基础上做了一番研究，提出了新的消费者决策模型 ZMOT，即零关键时刻模型，认为影响消费者决策的关键在于购买前的信息搜索[34]。如图 2.3 所示，当被问到购买产品时是如何寻找信息渠道的时候，我们发现在 2011 年 ZMOT 就已经成为美国消费者的第一大信息来源和影响要素。从 FMOT 的"first"变成 ZMOT 的"zero"是强调在移动互联网时代，消费者既是信息的生产者也是信息的利用者，影响消费者的信息增多，消费者决策过程更加复杂，消费现象呈现出动态变化[35]。小米手机运营的"饥饿营销"策略就是利用了消费者决策分析，准确把握消费者决策心理成功在复杂消费环境中获得成功的案例[36]。

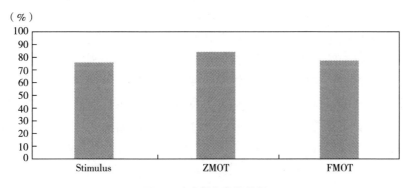

图 2.3　消费者决策数据

目前研究重点在于消费者决策的影响因素和消费者决策模型。建立出决策模型，有助于企业和商家更好地研究消费者决策。

国外最早出现消费者决策模型研究的文献在 1974 年，比国内早了很多。此后，文献数量稳步上升，由 SOR 模型开始[37]，基于技术接受模型 TAM 和计划行为理论 TPB 进行消费者决策过程中影响因素的理论研究[38]。此外，国外学者更关注消费者决策领域的实践研究，尤其是推荐系统算法的改进。国内消费者决策模型研究开始于 2003 年，第一次提出的为消费者购买决策过程模型，并由此计算消费者购买行为发生的前提条件[39]。随后建立在消费者决策过程的基础上，涉及消费者信息搜索行为的影响模型、消费者决策模型等研究成果逐渐涌现。相应的研究内容如表 2.1 所示。

表 2.1 国内主要期刊、研究机构、学者与相应的研究内容

主要学者	主要研究内容	主要研究机构	主要期刊
周彦莉、赵炳新	诱导效应和市场锁定等消费环境变化下的消费者决策网络模型	山东大学	《商场现代化》《消费经济》《商业时代》《商业研究》《北京邮电大学学报》
宋思根、王崇	广告和网络环境对消费者决策行为的影响	浙江大学、北京邮电大学、南京大学	
孙瑾、张全成	消费者决策中的品牌暗示效应和情境效应		
李爱梅	从心理学角度对消费者决策的影响因素进行研究		

一、消费者决策模型构建

(一) 理论基础

在消费者决策数据不易获取和对数据不易进行分析的环境下，人们对于消费者决策模型的研究可以简单地归纳为影响因素的判断。模型构建的基础是对自变量即影响因素的确定，需要一定的理论基础和判断。已知条件为产品或外部营销手段的刺激，已知结果为消费者决策，中间过程很难具体分析。国外关于消费者行为研究的经典理论是 Fishbein 等提出的理性行为理论 TRA，该理论分析了态度对个体行为的影响，从认知信息的态度形成过程着手，认为消费者在确定某一行为前会借鉴部分信息并理性分析自身行为的意义和后果[40]。Ajzen 和 Fishbein 在 TRA 基础上提出了计划行为理论 TPB[41]。国内外关于消费者决策影响因素的研究主要是在理性行为理论和计划行为理论的基础上对产品因素等进行分析[42]。

在国内决策研究领域，最初人们运用经济学的知识来解释消费者决策，通过

消费者偏好建立决策模型。最早提及偏好的理论是由 Von Neuman 和 Morgenstern 于 20 世纪 40 年代提出的期望效用理论，该理论分析了确定和不确定两种条件下的消费者选择[43,44]。基于该理论，以追求效用最大化作为消费者的决策目标构建模型。消费者决策模型可以为企业决策提供参考，因此基于 1990 年劳特朋教授提出的 4Cs 营销理论所进行概念模型构建的研究也不占少数。4Cs 营销理论以消费者需求为导向，设定四个基本影响要素为消费者需求、成本、便利和沟通[45]。消费者决策模型是对消费者决策心理活动的一种展现。从认知心理学的视角，基于消费者行为理论，研究者认为这是消费者由认知到判断再到选择的过程。消费者购买决策主要受认知因素和情感因素的影响[46]。

随着电子商务的出现和发展，网络购物逐渐成为主流，消费者基于更多信息环境和更多因素影响下的决策分析更加困难。研究者引入信息加工理论，将消费者决策看作对搜索到的信息进行加工处理的结果。信息加工理论表明获取信息的个体以自身消费风格为基准，考虑外部消费环境进行决策。由于网络信息的不对称性，不同消费者获取信息的程度不同，吴蓉等对在线渠道和传统渠道的信息获取进行了对比，构建了信息获取程度对消费者决策影响的模型[47]。庄爱玲等从信息价格视角出发，构建了品牌认知对消费者购买决策影响模型[48]。

由于消费者无法在决策之前获取全面且准确的信息，面对大量的决策选择可能会出现后悔现象，包括预期后悔与结果后悔。因此研究者对后悔理论有所关注，刘龙珠等基于后悔理论研究了不同后悔类型对于消费者决策的影响模型[49]。后悔理论的主要观点是人们不仅关心自己确定行为决策的结果，而且关心如果他们改变选择会得到什么不同的结果。此外，基于商家的营销策略，现阶段学者主要研究的理论基础还包括虚伪诱导效应理论[50]。Huber 等最早提出吸引力效应的概念也称为"诱导效应"，随后有学者将诱导分为真实诱导和虚伪诱导，小米、华为等手机的发布抢购，饥饿营销都属于虚伪诱导的范畴。李东进等基于此理论构建了基于双属性空间的虚伪诱导效应启动策略模型，研究了虚伪诱导效应对消费者决策的影响机制[51]。面对大量不同信息的消费者也很可能出现偏好改变的情况，杨宇科等学者借用折中效应理论，研究时间、空间、概率三个心理距离维度上折中效应对于用户偏好改变的影响[52]。

（二）模型基础

比较常见的消费者决策模型有三种，包括技术接受模型、科特勒消费者决策模型、精细加工可能性模型。

1989 年，Davis F D 和 Davis F 在理性行为理论的基础上提出了技术接受模型 TAM，如图 2.4 所示。该模型主要用来研究人们接收信息系统的行为，模型中提出了两个主要的决定因素：感知有用性与感知易用性[38]。孙金丽基于 TAM 模型，将外部变量看作网上商店，影响消费者的感知易用性，从而促进感知有用性，二者影响方向相同。其中消费者的行为意向由态度和感知有用性共同决定，最终影响消费者决策[43]。

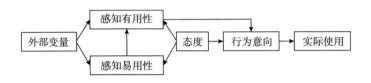

图 2.4 技术接受模型 TAM

根据研究统计，菲利普·科特勒构建的消费者决策模型也被广泛借鉴于消费者模型的研究中[53]。科特勒消费者决策模型的最初状态只有三个简化部分：输入、消费者黑箱、输出，即消费者的决策过程是看不见摸不着的。经过研究的发展，人们对于消费者决策过程了解加深，能够在消费者决策偏好的基础上预测消费者的决策，从而对模型进行了改进，如图 2.5 所示，目前研究所采用的模型基础大多为修正后的科特勒消费者决策模型[54]。

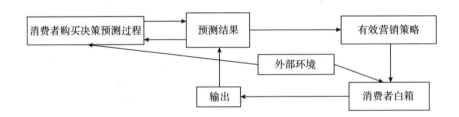

图 2.5 修正后的科特勒消费者决策模型

理查德·E. 派蒂和约翰·T. 卡乔鲍等提出的精细加工可能性模型（ELM）是消费者信息处理中最有影响力的理论模型，如图 2.6 所示。根据这一模型，信息处理与态度改变的基本量纲是信息处理的深度和数量[55]。在 ELM 模型中有两条路线，一条为中心路线，另一条为边缘路线，在网络信息丰富的环境中所产生第三方信息如评论、信任、第三方认证，同样会影响消费者决策[56]。丁黎黎等构建了不同边缘路线信息丰裕度对消费者购买决策的影响模型[57]。

技术接受模型 TAM、科特勒消费者决策模型、精细加工可能性模型 ELM 都是基于影响因素与消费者决策之间存在一定的线性关系这一前提，但是在实际购买决策中，有些因素的影响并不能简单地以正向或负向或简单的线性关系表示。

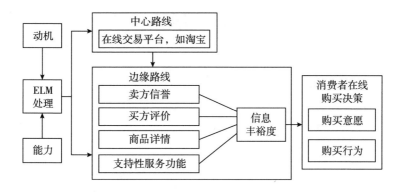

图 2.6　精细加工可能性模型 ELM

多 Agent 仿真模型是一种能够捕捉消费者决策影响变量的非线性关系的模型，首先从微观视角发现消费者的个体决策过程中的异质性，探究网络口碑和社交网络等因素对购买行为的影响，通过设定 Agent 间交互规则描述个体交互过程，研究个体交互产生的宏观涌现现象，与宏观消费环境相联系，从而发现社会经济系统中消费者决策的演化机理[58]。

除上述几种较为典型的模型基础外，研究者采用的模型还有 KMV 模型[59]、EBM 模型[60]、贝叶斯模型[61]、结构匹配模型[62] 等。根据研究角度或研究理论基础的变化，采用不同领域较为经典的研究模型，或通过对比选择更加适用的决策模型是进行消费者决策模型研究的关键步骤。

二、消费者决策模型的检验

由于消费者决策的动态性特征，使得对消费者决策的研究具有一定难度，所以更多研究内容采用的方法以定性研究为主，从宏观的角度对影响关系进行判定。但是随着大数据时代的到来，数据爬虫技术的兴起使消费者决策进入了更深的层次，即消费者决策模型的建立。这就使得研究者对于消费者决策的影响因素、影响关系的了解不仅仅停留在定性判断上，而是需要基于数据的实证分析。对于消费者决策的概念模型，利用收集到的数据进行检验可以使模型更加准确。主要采用的方法有两种：一是软件分析；二是问卷调查。当影响因素所需数据能够直接从互联网获取时，如价格、评价数量、评价等级、销量等，对于消费者决策模型的检验可直接运用爬虫软件获取数据并利用 SPSS 等软件进行数据分析得出检验结果。当影响因素所需数据不能直接从互联网获取时，如网络口碑双方关系强度、网络口碑来源可靠性和专业性、品牌认知等，就要通过设计问卷进行调查，从而收集数据再进行模型检验。总的来说，第二种方法包含了第一种方法对模型检验的步骤，第一种方法对数据有一定要求并且需要研究者掌握一定的网络爬虫技术。在此对消费者决策模型的检验步骤总结如图 2.7 所示。

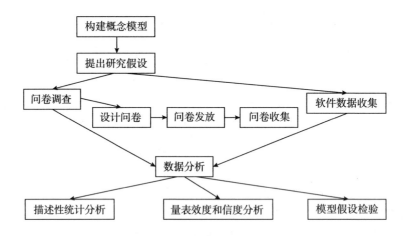

图 2.7　消费者决策模型的检验步骤

（一）根据构建出的概念模型提出相应的研究假设

假设内容可以是前人已有的研究成果，也可以在此基础上进行一定改进，或者根据研究者对研究课题的实际情况了解提出的。假设各变量对消费者决策存在正向或负向影响，或假设各变量与消费者决策之间关系显著是较为常见的研究假设。

（二）进行问卷调查

首先是设计问卷，针对若干变量设置若干题项，量表尺度测定一般借鉴李克特 5 级量表和七分制量表，也有研究学者根据不同的问卷内容和题项选择相应的已有量表进行改进，如测量卷入程度和类型的 RPII 量表和测量消费者购买意愿的 Kim 四问项量表[63]、品牌敏感 4 题项表[64]、Tsiros 开发的感知风险量表等。其次是问卷发放。发放问卷的方式可以采用在线调查，如发布到问卷星、天涯论坛、豆瓣和微信微博等网站[65]；也可以采用线下调查、走访等[66]，或采取随机实地抽样调查；还可以采用线上线下相结合的发放方式调查[67]。最后是问卷收集。方式可以采取滚雪球等办法进行[68]。问卷调查方法归纳如表 2.2 所示。

表 2.2　问卷调查的主要方法

步骤	主要方法
问卷设计	李克特 5 级量表和七分制量表、Kim 四问项量表、感知风险量表、CSI

续表

步骤	主要方法
问卷发放	在线调查：问卷星、天涯论坛、豆瓣和微信微博等网站
	实地调查：图书馆、地铁站等
	线上线下相结合调查
问卷收集	滚雪球等办法

（三）数据分析

收集到一定数据后，就要对数据进行整理和分析，主要分为三个方面：一是对调查问卷中受访者的基本信息进行了描述性统计分析，包括受访者的年龄、性别、收入等基本信息，采用的协助分析软件有 SPSS 统计软件[66]、EVIEWS 软件等。二是对问卷的量表进行效度和信度分析，为了保证问卷的可靠性和有效性，通过这一分析筛选问卷题项，调整问卷结构，从而提高研究结果的精确度。在信度方面，有 LISREL 回归法、Tobit 模型估计、运用 SPSS 软件的 CITC 系数和 Cronbach's α 系数进行信度分析[69]，根据 KMO 和 Bartlett 检验的值判断问卷信度[70]；在效度方面，以各变量的平均方差提取度（AVE）判断[71]、根据主因子的数值进行效度分析[72]、对测量模型做验证性因子分析判断效度[69] 等。三是对模型进行检验，也是最重要的一步。采用的方法有相关性分析、Logistic 回归法[71]、验证性因子分析[72]、最优尺度回归分析[73]、结构方程模型 SEM 分析等；采用的分析软件有 AMOS17.0 软件[72]、基于偏最小二乘法的 PLS-Graph3.0 软件[69]、SPSS21 软件[74] 等。模型中各个指标所占的权重的确定，采用 ANP 网络分析法[75]。数据分析方法如表 2.3 所示。

表 2.3　数据分析的主要方法

内容	主要方法
描述性统计分析	SPSS 统计软件、EVIEWS 软件
信度分析	LISREL 回归法、Tobit 模型估计、CITC 系数和 Cronbach's α 系数、KMO 和 Bartlett 检验的值
效度分析	平均方差提取度（AVE）、主因子数值、验证性因子分析
模型假设检验	相关性分析、Logistic 回归法、最优尺度回归分析、结构方程模型 SEM 分析

第三章　数据挖掘中 SVM 模型与贝叶斯模型比较分析

第一节　引言

数据挖掘技术是为了面向应用而产生的，它通过对大量的数据进行整理、分析、总结、推理，从而对实际问题进行指导和相关预测。目前，数据挖掘技术被广泛应用于金融、电信、保险、医疗等行业。

本章主要针对电信行业的客户流失进行分析。电信行业是一个存在大量的历史数据，但是知识严重匮乏的行业。随着竞争日趋激烈和市场的逐步饱和，发展新客户的成本越来越高，而挽留老客户不仅可以降低成本，而且可以增加收益。所以利用数据挖掘技术分析客户流失的情况，采取相应的策略挽留老客户就显得至关重要。但是，在电信企业经营过程中，为了在激烈的竞争中占有一席之地，会采取相应的政策和手段来管理新老客户，难免有些管理方法会引起新老客户的不满或者损害新老客户的权益，导致电信客户与电信企业终止合作，造成客户流失。为了更好地了解客户需求，减少客户流失，越来越多的电信企业开始寻求数据挖掘的方法来预测客户流失的可能性，采取相应措施，最大限度地减少客户流失。

数据挖掘中常用的自动分类模型有决策树、遗传算法、神经网络、贝叶斯、KNN 分类、支持向量机（SVM）、异常检测等，不同分类方法有不同的特点和适合的条件。

本章通过介绍数据挖掘中贝叶斯和 SVM 两种常用模型，利用数据挖掘工具 clementine12.0 对电信客户数据进行挖掘与分析，比较两种模型对客户流失的预测结果，从而更加清晰和准确地了解在电信行业中贝叶斯和 SVM 两种模型的预测效果。

第二节　基本理论

一、贝叶斯模型

贝叶斯统计充分利用先验信息，运算性能和分类准确率都比较高，但是在一定程度上会受到模型中无关数据的影响[76]。

（一）树扩展的朴素贝叶斯分类模型（TAN）

贝叶斯分类中的 TAN 模型[77] 要求属性节点除类节点为父节点外，最多只能有一个属性节点，其中 $\{X, \{X_1, X_2, \cdots, X_n\}\}$ 构成一棵树。TAN 贝叶斯网络被这一棵树唯一确定。而树被函数 π：$\{1, 2, \cdots, n\} \rightarrow \{0, 1, 2, \cdots, n\}$（$\pi(i) = 0$ 为父节点）所确定。

当 $\pi(i) > 0$ 时，$\Pi_{x1}\{X_{x(1)}\}$；

当 $\pi(i) = 0$ 时，$\Pi_{x1} = \Omega$。

用函数 π 去定义 TAN 贝叶斯网络。对于已经给定的属性节点，它们之间的条件互信息函数为：

$$I_p(X, Y \mid Z) = \sum_{X, Y, Z} p(x, y, z) \log \frac{p(x, y \mid z)}{p(x \mid z) p(y \mid z)}$$

TAN 贝叶斯分类模型在朴素贝叶斯模型的基础上进行了改进，其分类效率明显高于朴素贝叶斯模型，其基本思路是放松朴素贝叶斯分类器中的独立性假设条件，借鉴贝叶斯网络中表示依赖关系的方法，扩展朴素贝叶斯的结构，使其能容纳属性间存在的依赖关系，但对其表示依赖关系的能力加以限制。

（二）马尔科夫毯（Markov Blanket）

基于贝叶斯网络的马尔科夫毯预测学习的关键是建立贝叶斯网络结构，马尔科夫毯结构是贝叶斯网络中的一个比较重要的结构[78]。如果在马尔科夫毯中给定了一个变量，这个变量就与其他变量条件独立，也就是说马尔科夫毯可以阻止其他变量影响该变量。对于变量属性之间的不独立性，马尔科夫毯可以相对较好地处理这些变量属性。

而过去的马尔科夫毯中的变量和结构是分开确定的，变量之间的依赖关系没法很好地确定，所以得到的结构都是近似的。

马尔科夫毯是要求满足一个特征在其马尔科夫毯条件下，与特征域中所有其他特征条件独立这一特性的最小特征子集[79]。定义可表示为：

$P(T \mid MB(T)) = P(T \mid Y, MB(T))$。

其中 Y 为特征域中的所有非马尔科夫毯节点，这是马尔科夫毯的最直接的定义。

当特征完全关联时，特征是冗余的。在面对特征之间部分关联，出现冗余时，马尔科夫毯是一种可以选择特征最优子集的计算方法。

（三）马尔科夫毯预处理模型（Markov-FS）

该模型与马尔科夫毯模型大体相似，在马尔科夫毯的基础上，进行了特征选择预处理，选择出与目标变量有重大关联的输入变量，然后再执行模型。理论上，Markov-FS 模型受到的无关变量或者关联度不密切的变量的影响小，分类的准确性和运算性能更高。

二、支持向量机模型

支持向量机分类方法是从线性可分情况下的最优分类面发展来的，其基本思想（用图 3.1 来说明）是：实心点和空心点分别代表样本的两个类别，H_2 代表分类线，H_1 和 H_3 分别代表各类中与分类线最近的点且平行于分类线的直线，H_1 和 H_3 上的样本称为支持向量，支持向量机是一种基于结构风险最小化的分类器，不仅求将样本分类，而且要求 H_1 和 H_3 之间的距离最大[80]。

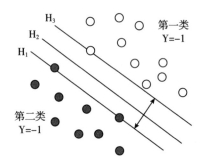

图 3.1　线性可分情况下的分类超平面

支持向量机的基本理论要点如下：

（1）理论基础是非线性映射；

（2）目标是寻找对特征空间划分的最优超平面；

（3）支持向量机的结果是获得支持向量；

（4）支持向量的计算方法是二次规划。

对于低维空间中的非线性问题可以通过核函数转化为高维空间的线性可分问

题来解决，在此过程中，核函数是支持向量机的核心。核函数实际上就是某个高维空间的内积，在支持向量机算法中起到关键作用，选用不同的核函数，就会有不同的支持向量机算法，对分类结果的准确性也会有很大影响。

应用较多的支持向量机核函数有以下三种[81]：

（1）阶次为 q 的多项式核函数，即

$$K(x_i,\ x_j)=(x_i\times x_j+1)^q;$$

（2）径向基核函数，即

$$K(x_i,\ x_j)=\exp\left[-\frac{|x_i-x_j|^2}{\sigma^2}\right];$$

（3）神经网络核函数，即

$$K(x_i,\ x_j)=\tanh\left[C_1(x_i\times x_j)+C_2\right]。$$

本书主要比较分析了径向基核函数和多项式核函数来预测电信客户流失。

第三节　模型数据分析

一、数据的准备与预处理

电信客户流失的数据来源是 clementine12.0 数据 telco.sav，该数据共有 1000 条记录，每条记录有 43 个字段，如表 3.1 所示。

表 3.1　电信客户的属性记录

Region、tenure、age、marital、address、income、ed、employ、retire、gender、reside、tollfree、equip、call-card、wireless、longmon、tollmon、equipmon、cardmon、wiremon、longten、tollten、equipten、cardten、wireten、multline、voice、pager、internet、callid、callwait、forward、confer、ebill、loglong、logtoll、logequi、log-card、logwire、lninc、custcat、churn

但并不是每一个属性都与目标属性客户流失有关，如除民族、年龄、客户类别、受教育程度、行业、性别、婚姻状况、居住地、退休和工龄等字段外，其余字段对电信客户流失的影响都比较小，所以在使用建模之前，先要对数据进行预处理。

首先，需要检测数据的完整性。具体做法是：使用 clementine 中的变量文件节点连接到数据源，然后将一个表节点添加到流图中并执行，可以观察数据中目标数据有无缺失，避免影响模型的准确性。如果存在缺失数据，则增加过滤节点，去除相关缺失数据。

其次，该数据中特征很多，不是每个节点对预测变量都有用，通过特征选择节点，对于不能为预测变量/目标之间的关系添加任何有用信息的预测变量或数据，可以将其删除。在生成的模型节点中创建过滤节点，并将过滤节点添加到类型节点上。

最后，在剔除无关变量的过滤节点上建立贝叶斯和支持向量机模型。预处理后的数据如表 3.2 所示，原本 43 个字段，只有 27 个字段对输出结果 churn 的影响较大。去除干扰字段，有利于提高模型的准确率。在表 3.2 数据的基础上，构建贝叶斯和支持向量机模型。

表 3.2   预处理后的电信客户属性记录

Age、tenure、address、income、ed、employ、equip、callcard、wirelesslongmon、Tollmon、equipmon、cardmon、wiremon、longten、tollten、cardten、pager、internet、callwait、confer、ebill、loglong、logtoll、Ininc、custcat、churn

二、模型构建

（一）模型的输入输出

在数据准备与预处理完成后，就可以将数据输入模型。利用输入的数据对客户流失进行相关的预测。模型的输入数据如表 3.3 所示。

表 3.3   模型的输入数据

age	tenure	address	income	ed	employ	equip	⋯
44	13	9	64	4	5	0	⋮
33	11	7	136	5	5	0	⋮
⋮	⋮	⋮	⋮	⋮	⋮	⋮	⋮

利用数据挖掘工具 clementine 将数据输入，在流图中构建贝叶斯和 SVM 模型，得到客户流失的预测结果。

模型的输出如表 3.4 所示，$L-churn 表示电信客户的流失或者不流失，用 1 或 0 表示；$LP-churn 表示流失的概率大小。

表 3.4   模型的数据输出

$L-churn	$LP-churn
0	0.781508

续表

$L-churn	$LP-churn
1	0.647667
0	0.974676
1	0.720447
1	0.678915
0	0.913288

当然，为了方便对问题的观察与分析，还可以在流中插入相关分析工具，如表格、图形等，预测结果更加清晰明了。

（二）构建贝叶斯模型

贝叶斯分类模型在数据量很大的情况下，分类错误率较低。但是数据的特征较为分散，目标变量存在缺失值等都对分类的结果有影响[82]。在电信客户流失的案例中，将使用经过预处理后的数据集进行贝叶斯建模。

第一步，构建模型时其目标字段有空值的观测值没有意义。可以先排除这些观测值以防止在模型评估中使用它们而对结果分类的正确率有影响。将一个表节点添加到源节点，并执行，发现电信客户流失的目标字段没有空值，所以不用添加选择节点，可以直接添加模型。

第二步，添加贝叶斯网络模型到流图中并且与过滤节点相连接。在贝叶斯网络节点的模型选项卡对于结构类型，选择 TAN。然后执行 TAN 模型并将生成的 TAN 模型添加到流中。

第三步，将贝叶斯网络的马尔科夫毯（Markov Blanket），Markov-FS 模型依次加入流，执行并将各自执行结果生成的模型加入流。将图节点或表节点添加到流图中并将其与生成的贝叶斯模型进行连接，用于观察分类结果和比较模型的分类性能。

（三）构建 SVM 模型

支持向量机（SVM）实际上是通过解决二次规划问题，寻找将数据分为两类的最优超平面。主要是利用核函数将低维空间中的非线性问题转化为高维空间的线性可分问题来解决，选择不同的核函数会得到不同的支持向量机模型，转化到高维空间的线性问题也会有差异，所以分类结果的正确率会不一样[83]。

本例中主要是利用电信客户流失的数据，将流失用户 churn 字段设置为输出，将经特征选择剩余的字段设置为输入。选择支持向量机的两种典型模型径向基函数（RBF）和多项式函数对电信客户流失的可能性进行预测。

将 SVM 模型加入流与特征选择产生的过滤节点相连接，在模型中分别选择两种不同的核函数，执行节点并且将执行后得到的模型加入流。将图节点或表节点添加到流图中并将其与生成的 SVM 模型进行连接，用于分析预测结果。

第四节　实验

为了方便地比较两种不同模型对电信客户流失的预测结果，将贝叶斯模型和 SVM 模型添加到同一个流并执行。由于数据量的变化和数据属性个数的变化，都会对两种模型分类性能的好坏有影响，下面就从改变数据量和数据特征字段个数方面对两种模型进行比较。

一、多特征字段的实验结果分析

（一）实验结果

将经过第三节数据预处理后的数据加入流中，然后建立流图。将贝叶斯三种模型和 SVM 两种模型加入流并执行。在特征字段较多的情况下（预处理后剩余 27 个字段），改变数据量的大小，比较分析 1000 条记录、500 条记录和 250 条记录下每种模型预测客户流失的效果。结果如表 3.5 所示。

表 3.5　多特征字段五种模型实验结果　　　　　单位：%

Model	250		500		1000	
	correct	wrong	correct	wrong	correct	wrong
TAN	38	62	37. 88	62. 12	36. 9	63. 1
Markov	74. 8	25. 2	63. 33	36. 67	77. 2	22. 8
Markov-FS	74. 8	25. 2	75. 75	24. 25	76. 2	23. 8
Class-rbf	39. 6	60. 4	40. 88	59. 12	42. 5	57. 5
Class-poly	44	56	44. 89	55. 11	47. 4	52. 6

由表 3.5 可以看出，随着数据量的增加，贝叶斯 TAN 模型的预测正确率都很低；贝叶斯 Markov-FS 模型，随着数据的增加，预测正确率逐渐增大，预测结果较为稳定；SVM 中的 Class-rbf 模型和 Class-poly 模型，随着数据量的增加，预测准确率都在增加，但是都比较低。

（二）实验结果分析

TAN 模型假设每个属性节点之间互不相关，且都以类别节点作为父节点。但是电信客户流失数据特征字段之间都彼此有关联，且互相影响。所以，TAN 贝叶斯网络受到数据本身特点的影响，分类正确率较低。当特征字段彼此相互独立的假设成立时，从理论上讲，分类算法通常很精确，而且效率很高。

Markov-FS 模型的预测正确率较高，是因为对于拥有较多特征字段的数据，会存在很多与预测结果无关或者对结果变量影响较小的字段干扰模型的预测，而该模型自身带有进一步选择与输出变量相关度较高的属性特征的性质，去除一些影响小的干扰变量，预测结果准确率得到提高。同时，模型处理的数据量减少，效率也得到提高。

支持向量机模型是一种新颖的小样本模型，少数支持向量决定了最终结果，这可以帮助我们抓住关键样本、"剔除"大量冗余样本，该算法要求样本简单。但是电信客户流失案例中特征字段较多，特征间有关联且较为分散，使关键的几个特征向量受到影响，从而影响模型的预测结果。特征字段较多的数据，使用 SVM 预测模型，结果不佳。

二、少特征字段的实验结果分析

（一）减少后的特征字段

在第三节，虽然特征字段经过预处理得到优化，但是仍然存在一些对目标变量影响很小的字段，不仅增加了模型特征空间的维数，而且在一定程度上影响模型的预测效果，为了比较分析五种模型对客户流失预测的结果，进一步去除影响较小的特征字段。在前文数据处理的基础上，根据自身对问题的分析，进一步去除特征字段，如表 3.6 所示。

表 3.6　减少后的特征字段

tenure	age	address	ed	employ	custcat	churn
13	44	9	4	5	1	1
11	33	7	5	5	4	1
38	35	5	2	10	4	0
⋮	⋮	⋮	⋮	⋮	⋮	⋮

（二）实验结果与分析

在表 3.6 的基础上进一步构建贝叶斯模型和 SVM 模型，得到相应的电信客户流失的预测结果。

表 3.7　减少特征字段五种模型实验结果　　　　　　单位：%

Model	250		500		1000	
	correct	wrong	correct	wrong	correct	wrong
TAN	76.8	23.2	79.56	20.44	77.5	22.5
Markov	76	24	77.96	22.04	76.1	23.9
Markov-FS	76	24	78.36	21.64	76.5	23.5
Class-rbf	75.2	24.8	78.36	21.64	76	24
Class-poly	79.2	20.8	81.36	18.64	79.3	20.7

由表 3.7 可以看出，随着数据量的改变，模型预测的正确率变化不大，较为稳定。

随着特征字段的减少，SVM 模型中的多项式核函数模型预测结果的正确率在三种数据量的情况下都是最高的。Markov 模型和 Markov-FS 模型的预测结果大体相同，由贝叶斯马尔科夫毯的理论可知[79]，Markov-FS 模型与 Markov 模型的差别就在于前者是在原先的基础上再进行特征选择，而后者没有。在特征字段逐步减小的基础上，特征变量都是与预测结果高度相关的，所以，两种模型实验结果差别不大。

改变数据量大小，模型对于客户流失预测的准确率有所不同，五种模型都在数据量为 500 的情况下准确率最高。针对这一现象，对于电信客户流失预测的机器学习，可以将训练集的数据确定为 500 左右，这样模型对于客户流失的预测结果较为准确。

由图 3.2 可知，在特征字段较少的情况下，虽然预测结果的正确率相差不大，但是随着数据量的增大，图中线条越来越光滑，说明模型预测结果波动性随着数据量的增加逐渐降低，模型的稳定性增强。随着数据的积累，SVM 的多项式核函数模型在预测结果明显优于其他模型，预测结果可信度更高。

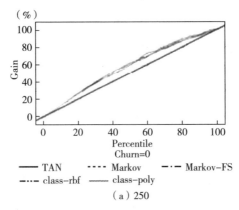

（a）250

图 3.2　数据量为 250、500、1000 的模型输出结果

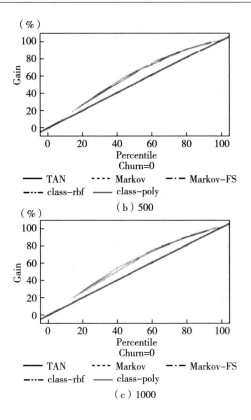

图 3.2 数据量为 250、500、1000 的模型输出结果（续）

第五节 本章小结

本章详细地介绍了贝叶斯和 SVM 模型的相关理论，通过电信客户流失的实例，从数据理解、数据准备、模型建立、模型比较到部署实施，将电信客户流失的预测过程可视化地展示出来。并且通过改变特征字段和数据量的大小，对各模型的预测结果进行分析，得出结论：在特征字段较多的情况下，无关变量或者关系不是太紧密的变量会影响预测结果的准确性，应该选用贝叶斯 Markov-FS 模型，该模型会自动选择关系较为密切的变量作为输入数据，预测结果比其他模型预测结果好；在特征字段减少的情况下，SVM 多项式核函数模型的预测结果准确率和可信度更高。

分类模型效果的好坏一般和数据的特点有关。有的数据噪声大，有的有缺失值，有的分布稀疏，有的属性是连续的，而有的则是离散的或混合式的。一般认为不存在某种方法能适合各种特点的数据。所以在选择数据挖掘模型前，还要对将要挖掘的数据进行充分的分析与理解，然后再选择最适合的模型。

第四章 基于降维思想的 K 均值聚类方法

第一节 问题的提出

K 均值算法是一种非常著名的非监督实时聚类算法[84]，简单且高效。K 均值算法的核心思想是根据各对象到中心点的距离，把所有的对象分配到不同类别中去。其中，根据问题的不同，距离的计算方式也会不同。对两个被 n 个数值属性描述的对象 i，j 令：

i＝(x_{i1}，x_{i2}，…，x_{in})，令 j＝(x_{j1}，x_{j2}，…，x_{jn})

用曼哈顿距离表示为：

d(i，j)＝$| x_{i1} - x_{j1} | + | x_{i2} - x_{j2} | + \cdots + | x_{in} - x_{jn} |$

而用欧式距离表示：

d(i，j)＝$(x_{i1} - x_{j1})^2 + (x_{i2} - x_{j2})^2 + \cdots + (x_{in} - x_{jn})^2$

采用不同的计算方式，得到的聚类结果的数据特征也是各不相同的。例如，图 4.1 与图 4.2 就是在二维空间下，采用欧式距离与曼哈顿距离，K 均值聚类结果的不同特点。欧式距离下，大致会按照圆形划分一簇，而在曼哈顿距离下，会按照方形划分一簇。

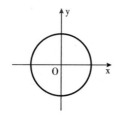

图 4.1 欧式距离下的圆形簇

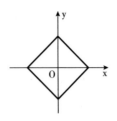

图 4.2　曼哈顿距离下的方形簇

K 均值算法的时间复杂度为 $O(nlkt)$，其中 n 是对象数目，l 是对象属性数，k 是聚类数目，t 是迭代次数。对于给定数据集，我们在用 K 均值算法进行聚类的时候，要把每一个对象的每一个属性参与运算。如果属性过多、数据量较大，消耗的时间是难以忍受的。

很多现实事物的属性或者因素之间都存在某种线性或者非线性的关系。在 K 均值算法中，如果参与运算的属性之间存在某种函数关系，那我们就可以考虑通过降维方法对数据进行降维，来减少参与运算数据的维数，从而减少算法运算量，缩短运行时间。

国内外有很多运用降维思想解决实际问题的研究，针对数据不同的特点，也会采用不同的降维方法。例如，主成分分析算法对基因表达数据进行聚类[85]、把加入主成分分析的 K 均值聚类法运用于洪水预报[86] 等是基于数据之间存在线性关系；基于核主成分分析与小波变换的高质量微博提取[87] 等是基于数据之间存在非线性关系。上述研究表明，利用降维思想解决实际问题确实是有效的。

要把降维思想运用到 K 均值聚类中，要考虑以下 4 个问题：

（1）数据特性。数据线性或者非线性，或者其他特征。

（2）距离的计算方式。距离计算方式直接影响降维方式的选取。

（3）采用的降维方法以及采用这种降维方法的合理性。虽然降维造成的信息丢失很难避免，但是处理降维后的数据得到的结果，在理论上应尽可能接近处理原始数据得到的结果。

（4）实验验证采用这种降维方法处理后的结果，是否是可接受的结果。

本章以基于主成分分析法的 K 均值聚类为例，讨论了降维思想在 K 均值聚类的运用以及可能出现的问题。为了方便说明，书中的数据集存在完全或者近似线性关系，采用欧式距离作为距离计算的标准。相对于其他文献工作，本章的不同之处在于，不针对具体的应用场景，更加一般性地讨论运用降维方法进行 K 均值聚类的方法、步骤，并通过实验讨论影响降维聚类效果的几个因素，为研究相关内容的其他工作者提供一个思路。

第二节　相关理论

一、处理步骤

主成分分析的处理步骤如下：

（1）将原始数据按照行的方式组成 n 行 m 列的矩阵 X。

（2）求 X 每一列的平均值，然后让这一列的每个数减去平均值，得到矩阵 D。

（3）求出协方差矩阵 $C = 1/M(D^T D)$。

（4）求出协方差矩阵的特征值及其对应的特征向量。

（5）将特征向量按照对应的特征值大小进行排列，取前 k 个特征向量组成矩阵 P。

（6）$Y = PX$ 得到降维后的矩阵。

Y 是降维后的矩阵，该方法把冗余、无关的属性去掉，得到最重要的属性的矩阵排列，是对原有数据信息很好的保留。

二、维度保留的标准

设矩阵的特征值为 λ_1，λ_2，$\cdots$，λ_m，定义方差贡献率为：$rate = \lambda_i / \sum_{i=0}^{m} \lambda_i$

当方差贡献率很小时，说明数据集在该特征值所对应的特征向量上的投影的方差很小。在主成分选取的标准上，一般取累计贡献率达 85% 的特征值 λ_1，λ_2，$\cdots$，λ_p 所对应的第 1，2，$\cdots$，p（p ≤ m）个主成分[88]。这种选取主成分的方式依赖于人的经验，在维度较高的情况下，准确率会很低。例如：原始数据集为 10000 维，经过降维后获得的维数为 100 维，那么平均起来，每个主成分的方差贡献率是 1%，如果采用累计方差贡献率达 85% 作为标准，将会有几个甚至十几个主成分被舍弃。

数据集存在两种极端情况：一种是数据之间存在完全线性关系；另一种是完全非线性关系。对于存在完全线性关系的数据集，必定有特征值为 0，该维度上的数据对整体的方差贡献为 0，这样的维度对距离的贡献完全一样，可以舍去。对于完全非线性关系，计算的特征值都相同，那么每个维度的方差贡献率都为维度的倒数，每一维都不能舍去，也就没有降维的意义，本章也不讨论这种情况。

数据集更多是非完全线性的情况。对于非完全线性的数据集，所计算的特征值都不为 0 并且大小不同。因为特征值有大小之分，所以维度才能有所取舍。

维度的选取方法要考虑以下两种情况：

一种以方差贡献率大小为选取标准。定义方差贡献率阈值为 Q，当方差贡献率 rate≥Q 时，保留该维，当 rate<Q 时，舍去该维，其中 Q 小于总维数的倒数。通过控制方差贡献率的阈值，可以控制降维后的维数。但是这种方式在近似线性的情况下，容易出现降维过度的情况，即大部分的维度被舍去，可能会造成结果的不精确。

另一种是直接指定降维后的维数。例如，原来的数据是 100 维，人工指定降维到 60 维。这种方式是为了弥补上一种方式的降维过度的情况。但是这种方式依赖于人的经验，当数据量比较大的时候，很难把握合适的降维维数。

当数据集存在完全线性、完全非线性关系时，以方差贡献率大小为选取标准可以取得很好的效果。当存在数据集存在近似线性关系时，直接指定降维后的维数的方式会取得很好的效果。当然，没有绝对的标准，维度保留的标准要依据需求选取。

三、PCA 的实质

由上面的描述可以看出，主成分分析法的实质就是原矩阵在新的标准正交基上的变换。存在线性相关的几个维度会导致一个或者多个对应的特征值为 0 或者值相对比较小，表示这些维度的数据经过标准正交变换之后，基本都落在一个常数 c 上，这样这个维度对全局的影响就很小。这时候用 0 向量替代方差贡献率比较小的特征向量，消去这些维度，达到降维的目的，同时平滑了噪声。

变化过程中，原矩阵会和变换后的矩阵有很大的差异，如 A（1，3），B（2，6）两点组成的矩阵 $\begin{pmatrix} 1 & 3 \\ 2 & 6 \end{pmatrix}$，经过降维之后的矩阵为 $\begin{pmatrix} \sqrt{10} \\ 2\sqrt{10} \end{pmatrix}$。在存在如此大的差异的情况下，K 均值降维聚类的结果能否和直接用原始数据聚类的结果保持一致？

第三节　PCA 运用到 K 均值聚类合理性的数学证明

当 K 均值采用欧式距离作为距离的计算标准时，特征值比较小的维度上的数据基本落在了一个常数 c 上，这样数据对欧式距离的贡献很小，舍去以后几乎不会影响类别的划分，这是 PCA 运用到 K 均值聚类的必要条件之一，下面只要证明经过标准正交变换之后，对象与对象之间的距离不变，那么主成分分析法就可以运用到 k 均值算法中去。

这部分证明经过标准正交变换之后，对象与对象之间的距离不变。直白地来说，就是证明在任意 N 维直角坐标系中，空间中特定两个点的距离不变，下面给出证明过程。

在空间向量 V 中，取定两个不同的标准正交向量组为基 $\boldsymbol{\beta}_1$，$\boldsymbol{\beta}_2$，$\cdots$，$\boldsymbol{\beta}_n$ 与 $\boldsymbol{\gamma}_1$，$\boldsymbol{\gamma}_2$，$\cdots$，$\boldsymbol{\gamma}_\nu$，设

$$(\boldsymbol{\gamma}_1，\boldsymbol{\gamma}_2，\cdots，\boldsymbol{\gamma}_n)=(\boldsymbol{\beta}_1，\boldsymbol{\beta}_2，\cdots，\boldsymbol{\beta}_n)\begin{pmatrix} a_{11} & \cdots & a_{1n} \\ \vdots & \ddots & \vdots \\ a_{n1} & \cdots & a_{nn} \end{pmatrix} \tag{4-1}$$

即 $\boldsymbol{\gamma}_i = \sum\limits_{k=1}^{n} a_{ki}\boldsymbol{\beta}_k = a_{1i}\boldsymbol{\beta}_1 + a_{2i}\boldsymbol{\beta}_2 + \cdots + a_{ni}\boldsymbol{\beta}_n$。

此时 $[\boldsymbol{\gamma}_i，\boldsymbol{\gamma}_j]=[a_{1i}\boldsymbol{\beta}_1+a_{2i}\boldsymbol{\beta}_2+\cdots+a_{ni}\boldsymbol{\beta}_n，a_{1j}\boldsymbol{\beta}_1+a_{2j}\boldsymbol{\beta}_2+\cdots+a_{nj}\boldsymbol{\beta}_n]$。

因为 $\boldsymbol{\beta}_1$，$\boldsymbol{\beta}_2$，$\cdots$，$\boldsymbol{\beta}_n$ 与 $\boldsymbol{\gamma}_1$，$\boldsymbol{\gamma}_2$，$\cdots$，$\boldsymbol{\gamma}_\nu$ 每组向量两两正交并且长度为 1，

所以 $[\boldsymbol{\gamma}_i，\boldsymbol{\gamma}_j]=a_{1i}a_{1j}+a_{2i}a_{2j}+\cdots+a_{ni}a_{nj}=\begin{cases} 1 & i=j \\ 0 & i\neq j \end{cases}$ \qquad (4-2)

所以 $\mathbf{C}=\begin{pmatrix} a_{11} & \cdots & a_{1n} \\ \vdots & \ddots & \vdots \\ a_{n1} & \cdots & a_{nn} \end{pmatrix}$ 的列向量组为标准正交向量组，即 C 为正交矩阵。

设以标准正交向量组 $\boldsymbol{\beta}_1$，$\boldsymbol{\beta}_2$，$\cdots$，$\boldsymbol{\beta}_n$ 为基的空间 R^n 中的两点 A 和 B，首先将坐标系平移至 A 点，此时 A 为原点，B 点的坐标为 $(x_1，x_2，\cdots，x_n)$，经过 $\boldsymbol{\gamma}_1$，$\boldsymbol{\gamma}_2$，$\cdots$，$\boldsymbol{\gamma}_\nu$ 为基的坐标变换之后，A 仍为原点，B 为 $(y_1，y_2，\cdots，y_n)$。由于坐标平移 AB 两点间距离不变，比较简单，这里不给出证明过程。

欲证明经过标准正交基变换后，两点的距离不变，就是证明：

$$\sqrt{(x_1-0)^2+(x_2-0)^2+\cdots+(x_n-0)^2}=\sqrt{(y_1-0)^2+(y_2-0)^2+\cdots+(y_n-0)^2}$$

即：$\sum\limits_{i=1}^{n} x_i^2 = \sum\limits_{i=1}^{n} y_i^2$

证明过程如下：

对于 B 点，由式（4-1）可知：

$$(\boldsymbol{\beta}_1，\boldsymbol{\beta}_2，\cdots，\boldsymbol{\beta}_n)\begin{pmatrix} x_1 \\ x_2 \\ \vdots \\ x_n \end{pmatrix}=(\boldsymbol{\gamma}_1，\boldsymbol{\gamma}_2，\cdots，\boldsymbol{\gamma}_n)\begin{pmatrix} y_1 \\ y_2 \\ \vdots \\ y_n \end{pmatrix}$$

$$= (\boldsymbol{\beta}_1, \ \boldsymbol{\beta}_2, \ \cdots, \ \boldsymbol{\beta}_n) \begin{pmatrix} a_{11} & \cdots & a_{1n} \\ \vdots & \ddots & \vdots \\ a_{n1} & \cdots & a_{nn} \end{pmatrix} \begin{pmatrix} y_1 \\ y_2 \\ \vdots \\ y_n \end{pmatrix}$$

易知：
$$\begin{pmatrix} x_1 \\ x_2 \\ \vdots \\ x_n \end{pmatrix} = \begin{pmatrix} a_{11} & \cdots & a_{1n} \\ \vdots & \ddots & \vdots \\ a_{n1} & \cdots & a_{nn} \end{pmatrix} \begin{pmatrix} y_1 \\ y_2 \\ \vdots \\ y_n \end{pmatrix} \tag{4-3}$$

由式（4-3）可得：$x_i = a_{i1}y_1 + a_{i2}y_2 + \cdots + a_{in}y_n = \sum\limits_{j=1}^{n} a_{ij}y_j$

所以，$x_i^2 = \sum\limits_{j=1}^{n} \sum\limits_{k=1}^{n} a_{ij}y_j a_{ik}y_k$。

$$\sum_{i=1}^{n} x_i^2 = \sum_{i=1}^{n} \sum_{j=1}^{n} \sum_{k=1}^{n} a_{ij}y_j a_{ik}y_k = \sum_{j=1}^{n} \sum_{k=1}^{n} \sum_{i=1}^{n} a_{ij}y_j a_{ik}y_k = \sum_{j=1}^{n} \sum_{k=1}^{n} \left(\sum_{i=1}^{n} a_{ij}a_{ik} \right) y_j y_k$$
$$= \sum_{j=1,\,k=1,\,j \neq k}^{n} \left(\sum_{i=1}^{n} a_{ij}a_{ik} \right) y_j y_k + \sum_{j=1,\,k=1,\,j=k}^{n} \left(\sum_{i=1}^{n} a_{ij}a_{ik} \right) y_j y_k$$

由式（4-2）可得：$\sum\limits_{j=1,\,k=1,\,j \neq k}^{n} \left(\sum\limits_{i=1}^{n} a_{ij}a_{ik} \right) y_j y_k = 0$

$$\sum_{j=1,\,k=1,\,j=k}^{n} \left(\sum_{i=1}^{n} a_{ij}a_{ik} \right) y_j y_k = \sum_{j=1,\,k=1,\,j=k}^{n} (1 \times y_j y_k) = \sum_{j=1}^{n} y_j^2 = \sum_{i=1}^{n} y_i^2$$

所以，$\sum\limits_{i=1}^{n} x_i^2 = \sum\limits_{i=1}^{n} y_i^2$。

原式得证。

第四节　算法设计

为了检验基于降维方法的算法优劣，以及不同数据特征的数据集对降维聚类结果的影响，下面的所有数据都是通过计算机程序所造。所以本章只讨论降维算法的实现和优劣，降维的实际应用不在本章的讨论之内。

一、实验步骤

（1）产生符合相应数据特征的数据。

（2）对数据进行降维变换。

（3）对降维后的数据进行聚类。

（4）分析运行结果并对其评价。

程序中，每一次实验都进行了两次聚类，一次是对原始数据进行聚类，另一次是对降维后的数据进行聚类。分析两次聚类结果的差异和聚类时间，作为评价聚类质量的指标。

二、程序的运行环境

硬件环境：AMD A6-3420M APU with Radeom（tm）HD Graphics 1.5GHz。

操作系统：win8.1 专业版。

运行环境：eclipse jdk1.8。

三、数据的特征

实验数据至少为 20 列（维），前 10 列的数值随机生成，数据的生成公式为 $source[i][j] = r.nextInt(maxSize)$，10 列以后的数据按照下面的公式生成：

$$source[i][j] = (1+d) \times source[i][j\%10] \pm r \times source[i][j\%10]$$

其中，$source[i][j]$ 是矩阵第 i 行第 j 列的值，$j>10$。其中 maxSize 是随机数产生的最大的数，d 为 0~1 的一个随机的小数。$r \times source[i][j\%10]$ 用于生成随机扰动项，r 一般很小，定义为随机扰动因子，可以衡量数据之间的线性程度。r 越小，表示线性程度越强。该公式生成的数是矩阵中第 i 行第 $j\%10$ 列的数乘以一个随机倍数，再加上一个随机扰动项。如表 4.1 中所示的 5×20 的数据，第 11 列的每行数据是第 1 列的每行数据的 1.1 倍加上一个随机扰动项，第 12 列每行的数据是第 2 列每行数据的 1.3 倍加上一个随机扰动项。随机扰动项是为了模拟现实中可能出现非完全线性的数据。这种非线性将在很大程度上影响降维后的聚类结果。这样就保证了第 11 列往后的数据和前 10 列具有近似的线性关系。

表 4.1　数据集示例

前 10 行										后 10 行									
19	30	1	1	6	16	48	17	2	30	21	42	1	1	10	21	80	24	2	51
26	34	14	14	38	26	19	14	31	10	29	46	22	20	71	35	29	19	37	17
8	29	45	1	3	2	34	5	43	47	8	40	72	1	5	2	61	7	49	73
40	7	45	49	23	15	22	23	2	27	47	9	70	69	41	20	34	33	2	45
17	33	39	48	49	23	41	48	45	35	19	46	69	69	93	30	66	64	52	57

四、运行结果分析

为了衡量降维效果，我们考察随机扰动因子 R、矩阵行数（条目数）ROW、矩阵列数（维数）三个变量，来观察其他条件不变时，某一个条件变动对程序的执行时间和聚类差异比率的影响。设降维前的列数为 $COL_{前}$，降维后的列数为 $COL_{后}$，降维前程序执行时间为 $T_{前}$，降维后程序执行总时间为 $T_{后}$，其中降维所用的时间为 $T_{降}$，降维后聚类的时间 $T_{聚}$，程序执行减少的时间为 ΔT，满足 $T_{后}=T_{降}+T_{聚}$，$\Delta T=T_{前}-T_{后}$。实验中，时间的单位为毫秒（ms），下面不再说明。定义差异率 DR 为两次聚类的结果中存在差异的数目/总数目×100%。

最终的聚类数目 k 采用经验值 $\sqrt{n}$，并且每隔 $k/\sqrt{n}$ 个数据选取一个初始中心点。

（一）差异性实验

该部分主要分别考察降维后的维数（$COL_{后}$）、随机扰动因子（R）对降维聚类与直接聚类结果的差异。

我们选取数据集为 10000 行、100 列，聚成 100 个类。控制随机扰动因子为0.01，这样造出来的数据近似线性，所以我们采用指定降维维数 $COL_{后}$。

当 $COL_{后}$ 在 80、60、40、20 变动时，程序执行的结果如表 4.2 所示。

表 4.2　COL 后变动程序执行的结果

$COL_{前}$	$COL_{后}$	$T_{前}$	$T_{后}$	ΔT	$T_{降}$	$T_{聚}$	DR
100	80	17811	16614	1197	2614	14000	0%
100	60	17788	14991	2797	2507	12484	0.0617
100	40	17392	8352	9040	2418	5934	0.07
100	20	17791	5814	11977	2303	3511	0.1093

由表 4.2 可知，指定降维后的维度越小，程序执行的时间显著减少，同时伴随着差异率的上升。降维处理的时间有少量减少，在本次实验中，每减少 20 维，降维时间大约减少 100 毫秒。程序减少的时间主要来源于 $T_{降}$ 相对于 $T_{前}$ 的减少。数据集的维度下降了，等同于数据量减少了。

程序确实减少了聚类时间，同时两次聚类结果也存在一定的差异。造成这种情况的原因有两个：第一，从数学的角度来说，降维会造成信息丢失；第二，在程序矩阵运算过程中，四舍五入的情况会导致精度的损失。

我们选取数据集同样为 10000 行、100 列，聚成 100 个类。指定降维维数

COL_后为 60。让随机扰动因子按照 0.1、0.05、0.01、0.005 变动，生成四个数据集，程序执行的结果如表 4.3 所示。

表 4.3 随机扰动因子变动程序执行的结果

COL$_前$	COL$_后$	R	DR
100	60	0.1	0.164
100	60	0.05	0.149
100	60	0.01	0.0617
100	60	0.005	0

随机扰动因子越小，差异比率越小。也就是说，当数据之间线性关系越强时，降维聚类的结果越接近直接聚类的结果。

从上面的两个实验结果可以总结出，随机扰动因子 R 与选取的降维后维数 COL$_后$ 对降维差异率 DR 有很大影响。当数据集的 R 一定的情况下，如果要减小这种差异率，我们可以增大 COL$_后$。

（二）时间分析

该部分主要分别考察数据集行数、数据集列数对降维聚类结果的影响。为了演示效果，我们控制数据集为完全线性，根据方差贡献率获得最终降维维数。

我们把数据保持 100 维，随机扰动因子为 0，控制为完全线性，误差率控制为 0，最终降维为 10 维，条目按照 100、1000、10000、20000、40000 变化时，程序的节省时间如表 4.4 所示。

表 4.4 条目变动时程序执行的结果

ROW	T$_前$	T$_后$	ΔT	T$_降$	T$_聚$	ΔT/T$_前$	DR
100	28	221	−193	190	31	−6.893	0%
1000	433	281	152	239	42	0.3510	0%
10000	16465	4544	11921	2325	2219	0.7240	0%
20000	69477	14346	55131	4503	9843	0.7935	0%
40000	270321	48306	222015	8347	39959	0.8213	0%

为了直观显示节省时间的效果，我们选取 ROW 列和 ΔT 列的数据，画出图 4.3。

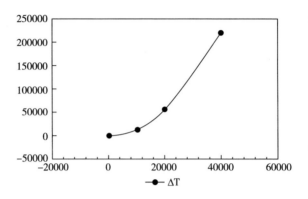

图 4.3　ΔT 随 ROW 的变化趋势

从表 4.4 可知，当数据量增大时，受迭代次数的影响，无论是 $T_{前}$ 还是 $T_{聚}$，并不是随着条目数的增长而线性增长，聚类时间增长的倍数要大于条目数增长的倍数，而且聚类时间增长速度非常快。从图 4.3 可以看出，降维有显著减少程序执行时间的效果，节省的时间近似服从一个二次函数。从表 4.4 中的 $ΔT/T_{前}$ 列可知，节省的时间比率随着数据集的增大而上升，也就是数据集越大，节省时间的效果越好。虽然用于降维的时间大致随着数据集的规模同比例增长，但是聚类的时间增长得更快。数据集不断增大时，$T_{聚}$ 成为降维聚类最主要的消耗时间，但是仍然比 $T_{前}$ 小很多。

我们把数据保持 10000 行，随机扰动因子为 0，控制为完全线性，误差率控制为 0，最终降维为 10 维，列数按照 50、100、200、400、800 变化时，程序的节省时间如表 4.5 所示。

表 4.5　列数变动时程序执行的结果

$COL_{前}$	$T_{前}$	$T_{后}$	$ΔT$	$T_{降}$	$T_{聚}$	$ΔT/T_{前}$	DR
50	8908	2841	6067	662	2179	0.6810	0%
100	16604	4651	11953	2392	2259	0.7199	0%
200	28922	11698	17224	9547	2151	0.5955	0%
400	72921	46246	26675	44196	2050	0.3658	0%
800	135970	263644	−127674	260620	3024	−0.9390	0%

为了直观显示降维所用的时间与节省的时间，我们选取 ROW、$T_{降}$、$ΔT$ 三列的数据，画出图 4.4。

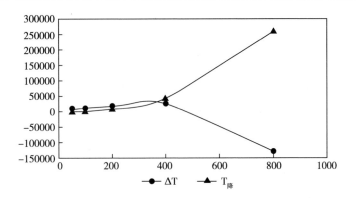

图 4.4　ΔT、$T_降$ 随 ROW 的变化趋势

从表 4.5 可知，在行数不变的情况下，$T_前$ 随着列数的增长而线性增长。$T_后$ 最初小于 $T_前$，但是当列数增长至 800 时，$T_后$ 远远大于 $T_前$。$ΔT/T_前$ 逐渐减小直至为负可知，在列数不断增长时，程序节省时间效果逐渐减小。因为数据的条目没有变化，所以 $T_聚$ 几乎没有变化。从图 4.4 可知，$T_降$ 近似二次函数增长，即随着列数的增加，降维所花的时间增长非常快。ΔT 先增长，后下降为负，原因是降维花的时间随着列数的增加而变得很长，降维的时间成为程序执行最主要的消耗时间。

从上面两个实验可以总结出，列数不变的情况下，数据量越大，降维节省的时间效果越好。这是因为一方面降维的时间增加得比较缓慢，另一方面降维会导致参与运算的数据减少，从而聚类运算时间极大减少；在行数不变的情况下，列数的增加会降低降维聚类带来的时间红利。这是因为随着列数的增长，降维的时间将成为主要的运算时间。当列数达到一定的数目之后，降维聚类将耗费更多的时间。$T_降$ 与 $T_聚$ 到底哪个成为运算的主要时间，取决于数据行数和数据列数的相对大小。

第五节　本章小结

一、PCA 运用到 K 均值聚类的建议

因为 PCA 是按照方差贡献率的大小来提取维度，舍去方差贡献率小的维，所以经过转换后的数据条目与条目之间的距离都会比原始数据的距离小。由于有

些信息损耗，两次聚类结果会出现少量的差异。

对于这种因为降维导致的差异问题，笔者花费很长时间，思考如何去减少差异率。如果真的有需要减少差异的情况，可以参考以下建议：

（1）二次聚类法。获得降维的结果后，结合原始数据再次聚类。因为降维后的结果已经是收敛的，即使存在一定的误差，每个簇的中心点也会非常靠近真实簇的中心点，所以结合原始数据再次聚类之后，很快就达到了收敛，完成聚类。

（2）剔除边缘点法。降维聚类过程中，虽然舍去的维度对距离贡献很小，但是仍有一定贡献。当一个点到两个簇中心点的距离差别不大的时候，舍去的维度就可能对这个点的分类起了决定作用。降维聚类的过程中，如果一点到每个簇中心点的距离几乎相同，可以先把这些点剔除出来，结合原始数据来判断这个点到底属于哪个类别中。

（3）采用高精度数据类型存储数据。降维聚类过程中涉及了除法、开根号、四舍五入以及浮点型数据在计算机中本身产生的精度丢失，会导致降维聚类结果的偏差，采用高精度类型会减少这方面的精度丢失，减少误判率。

二、辩证看待降维思想

从前文分析发现，在定义降维前后两次聚类结果不同的时候，笔者的措辞是"差异率"而不是"错误率"或者"差错率"。因为这种降维带来的差异并不能说它是不好的。因为本例采用的 PCA 这种降维方式有着平滑噪声、除去冗余属性的作用，在现实中，这种方式的聚类结果可能更加合理。但所有的降维聚类能否取得更好的效果要取决于采用的降维方式是否有着平滑噪声、除去冗余的功能。尽管会造成聚类精度的损失，但是不能否定这种思想。基于降维思想的 K 均值聚类和直接对原始数据聚类孰优孰劣，还不能下一个结论，但是我们可以说，这种方式在某些情况下是一种可选的方式。

本章根据计算距离的不同方式、数据特点，选取不同的降维方式，只是 PCA 更加为大家所熟知，更方便地说明降维思想。在这个例子中降维后聚类会遇到的问题，在选取其他降维方式时，也有可能会遇到。这个例子中提到的问题与解决办法，可以给其他想进行降维解决实际问题的研究人员提供一个思路。

第五章 基于概率矩阵分解的
用户相似度计算方法

随着网络与电子商务的飞速发展，网络资源数据以几何数级增长，导致用户很难快速找到自己需要的物品。个性化推荐技术是解决这个问题的一个有效方法。其中协同过滤是个性化推荐策略中应用最广泛的一种，其基本思想是找到目标用户的相似用户，根据这些相似用户对项目的喜好程度来推断目标用户对项目的喜好程度，从而进行相应的推荐。显然，用户相似度计算成为影响推荐质量的关键部分。传统的相似度计算方法都是基于向量或统计学的理论，没有考虑用户之间消费行为上的时序关系对用户相似度的影响，实际上用户之间的消费行为存在着隐含的影响关系。

本章从用户消费时序行为而形成的内在影响关系角度，利用概率矩阵分解的方法来研究用户之间的相似度，将近邻的影响融入到目标用户的个性化推荐中，从而实现有效的推荐。

第一节 传统相似度计算模型存在的问题

传统的相似度计算方法主要有 PCC[89]、余弦相似度计算法[90]、Jaccard 相似度计算法[91]、MSD 相似度计算法[92]。其计算公式如下：

$$\text{sim}(u, v)^{PCC} = \frac{\sum_{p \in I}(r_{u, p} - \bar{r}_u)(r_{v, p} - \bar{r}_v)}{\sqrt{\sum_{p \in I}(r_{u, p} - \bar{r}_u)^2}\sqrt{\sum_{p \in I}(r_{v, p} - \bar{r}_v)^2}}$$

$$\text{sim}(u, v)^{COS} = \frac{\sum_{p \in I} r_{u, p} \times r_{v, p}}{\sqrt{\sum_{p \in I} r_{u, p}^2}\sqrt{\sum_{p \in I} r_{v, p}^2}}$$

$$sim(u, v)^{Jaccard} = \frac{|I_u \cap I_v|}{|I_u \cup I_v|}$$

$$sim(u, v)^{MSD} = 1 - \frac{\sum_{p \in I}(r_{u, p} - r_{v, p})^2}{|I|}$$

这里 I 指用户 u 和用户 v 共同评分的项目集。$\bar{r}_u$ 指用户 u 的平均评分值，$\bar{r}_v$ 指用户 v 的平均评分值。

PCC 方法仅考虑了用户对项目的绝对评分值，而忽视了共同消费项目的比例统计关系。余弦相似度计算仅考虑了向量的方向性，没有考虑到评分的具体值，当两个向量方向一致的时候，相似度计算就会不合理。Jaccard 方法则仅考虑了用户共同行为的比例关系，完全抛弃了项目具体的评分值。MSD 方法有选择评分项目很少的用户作为给定用户近邻的倾向[93]。

由于传统的相似度计算方法存在各种问题，于是在原来公式基础上出现了各种修正或混合的方法，如修正的 Cosine（ACOS）[94]、CPCC[95]、WPCC[94]、SPCC[94]、Jaccard 和 MSD 组合（JMSD）[93] 的相似度计算方法。这些方法虽在一定程度上弥补了基本方法或单一方法的缺陷，但在以下三个方面还是存在缺陷：第一，无论两用户实际上有多么的相似，相似度有可能为 0；第二，无论两用户有多么的不同，相似度有可能为 1；第三，直观上看起来不相似的用户计算出来的相似度值可能要比看起来非常相似的用户间的相似度值还要高。

于是，文献［96］提出了一种 PIP 方法，该方法根据用户 u 和 v 对项目 p 评分是否一致，从邻近性、影响力、传播流行性三个方面综合考虑用户间的相似度。文献在 PIP 方法的基础上，提出了 PSS，然后再结合改进的 Jaccard，提出了 NHSM 方法，取得了较好的效果[94]。文献［97］则在 ACOS、AMSD 基础上，用矩阵分解的方法来计算用户相似度，得到了较好的应用效果[98]。

以上这些方法由于忽视了用户之间的消费时序行为构成的影响，且都是对称的，所以在用户相似度计算准确度上存在一定的问题，影响了推荐的效果。

第二节　基于时序行为的非对称用户相似度计算

一、用户相似度矩阵初始值计算

（一）与用户消费时序行为相关的定义

为了更好地描述后面的问题，我们首先定义两个概念：同向和反向。

同向：若用户 A 消费了某一项目 i，在一定时间间隔内用户 B 也消费了该项目，且 A、B 两个用户对项目 i 的评分值都大于等于评分区间的中值，或者都小于等于中值，则称用户 A→B 对项目 i 的评分是同向的。

反向：若用户 A 消费了某一项目 i，在一定时间间隔内用户 B 也消费了该项目，且 A、B 两个用户对项目的评分值一个大于评分区间的中值，一个小于评分区间的中值，则称用户 A→B 对项目 i 的评分是反向的。

（二）用户相似度矩阵初始值计算

为了计算用户相似度矩阵的初始值，我们构建基于时序行为的用户消费关系图[99]，用一有向图 G={U，E} 来表示用户消费关系图（见图 5.1），U 表示所有用户集合，E 表示所有消费关系。如果用户 $U_i \rightarrow U_j$ 对项目 I 评分同向，则边 $E_{i \rightarrow j}$ 上的权值相应地加 1。边 $E_{i \rightarrow j}$ 上的权值表示用户 U_i 到用户 U_j 评分同向的项目数，该数值体现了用户 U_i 对 U_j 的影响力的大小。遍历统计所有用户间的时序消费关系，构造用户消费关系图。边 $E_{i \rightarrow j}$ 上的权值 $W_{i \rightarrow j}$ 形式化定义为：

$$w_{i \rightarrow j} = \sum_{k=1}^{N_{ij}} I_{i \rightarrow j}, \quad I_{i \rightarrow j} = \begin{cases} 1 & 若 U_i \rightarrow U_j 对项目 I 同向 \\ 0 & 若 U_i \rightarrow U_j 对项目 I 反向 \end{cases}$$

其中，$N_{i,j}$ 表示用户 $U_i \rightarrow U_j$ 评分同向的项目数。

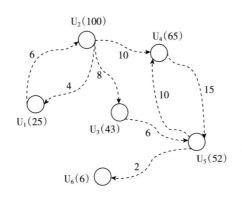

图 5.1　用户消费网络

然后，定义用户间的影响关系权重 $SW_{i \rightarrow j}$ 为：$SW_{i \rightarrow j} = \dfrac{W_{i \rightarrow j}}{f_U(i, j)}$，其中 $f_U(i, j)$ 表示用户 U_i 和用户 U_j 消费项目的并集。

影响权重越大，相应地用户间的相似度也越大，所以定义用户间的相似度 $S_{i \rightarrow j}$ 为：

$$S_{i \to j} = SW_{i \to j} = \frac{W_{i \to j}}{f_U(i, \ j)} \tag{5-1}$$

在图 5.1 中，$U_1(25)$ 表示用户 U_1 消费了 25 个项目，U_1 到 U_2 边上的权值 6 表示用户 U_1 到用户 U_2 评分同向的项目数。根据前面的定义，$W_{1 \to 2} = 6$，假设用户 U_1 和用户 U_2 消费项目的并集为 100，则 $SW_{i \to j} = 6/100 = 0.06$，则基于时序行为关系（Sequential Behavior Relationship，SBR）的相似度。

$$S_{i \to j}^{SBR} = SW_{i \to j} = \frac{6}{100} = 0.06$$

二、用户相似度矩阵分解

用 $U = (U_1, \ U_2, \ \cdots, \ U_N)$ 表示用户集合，$V = (V_1, \ V_2, \ \cdots, \ V_M)$ 表示项目集合。利用前文计算出的用户相似度值，构造用户相似度矩阵 $S_{N \times N}$，然后定义优化函数 $L(S, \ P, \ Q)$。

$$L(S, \ P, \ Q) = \frac{1}{2} \sum_{i=1}^{N} \sum_{j=1}^{N} I_{ij}^{S}(S_{ij} - g(P_i^T Q_j))^2 + \frac{\lambda_1}{2} \| P \|^2 + \frac{\lambda_2}{2} \| Q \|^2 \tag{5-2}$$

其中 I_{ij}^{S} 为指示函数，如果用户 $U_i \to U_j$ 有相应的相似度值，则 I_{ij}^{S} 为 1，否则为 0。$g(x)$ 是 sigmoid 函数，$g(x) = 1/(1+e^{-x})$。

通过梯度下降法求解优化函数，梯度迭代公式如下：

$$\begin{cases} P'_i = P_i - \alpha \cdot \dfrac{\partial L}{\partial P_i} \\[3mm] Q'_j = Q_i - \alpha \cdot \dfrac{\partial L}{\partial Q_j} \end{cases} \tag{5-3}$$

梯度的计算如下：

$$\begin{cases} \dfrac{\partial L}{\partial P_i} = \sum_{j=1}^{N} I_{ij}^{S} Q_j g'(P_i^T Q_j)(g(P_i^T Q_j) - S_{ij}) + \lambda_1 P_i \\[4mm] \dfrac{\partial L}{\partial Q_j} = \sum_{i=1}^{N} I_{ij}^{S} P_i g'(P_i^T Q_j)(g(P_i^T Q_j) - S_{ij}) + \lambda_2 Q_j \end{cases} \tag{5-4}$$

其中，$g'(x)$ 是函数 $g(x)$ 的导数，$g'(x) = e^{-x}/(1+e^{-x})^2$。

三、重构用户相似度矩阵及近邻确定算法

根据用户相似度矩阵分解计算出的特征向量 P_i、Q_j，重新构造用户相似度矩阵，对用户的相似度进行排序，从而确定用户的近邻用户。

具体的近邻用户确定算法：

Input：MovieLens 数据集，学习率 α，正则化参数 $λ_1$、$λ_2$。

Output：近邻用户。

（1）根据 MovieLens 数据集构建用户时序消费网络图；

（2）根据式（5-1）计算初始用户相似度集合 DS；

（3）把 DS 随机分成训练集 TR（80%）和测试集 TE（20%）；

（4）随机初始化特征矩阵 P、Q；

（5）do；

（6）for（U_i，U_j，S_{ij}）in TR；

（7）根据式（5-4）计算梯度 $\frac{\partial L}{\partial P_i}$、$\frac{\partial L}{\partial Q_j}$；

（8）根据式（5-3）计算新一轮 P_i、Q_j；

（9）end for；

（10）根据 TE 计算 MAE 值；

（11）while（MAE>ε）；

（12）根据特征矩阵 P、Q 重新构造用户相似度矩阵；

（13）对用户的相似度值进行排序，选择并输出近邻用户。

四、算法时间复杂度分析

在基于时序行为的用户相似度计算及近邻确定算法中，时间主要消耗在：①构建用户消费网络图挖掘出相应的用户关系。②根据获取的用户关系利用梯度下降法训练，选择用户的近邻用户。

对于第①步，对 M 个产品建立用户的消费邻接表的时间复杂度为 $O(M\hat{r}\log\hat{r})$，根据前文的分析，计算用户间的相似度需要知道两用户消费的项目数，假设平均每个用户消费产品数目为 $\hat{t}$，那么对 N 个用户构建产品的消费网络图的时间复杂度为 $O(N\hat{t}\log\hat{t})$，由于已经按用户的评分时间排好序，假设用户的最大影响用户数为 l，则根据建好的消费邻接表计算用户间边权重及用户相似度的时间复杂度为 $O(M\hat{r}l)$。因此，完成第①步的时间复杂度为 $O(M\hat{r}\log\hat{r})+O(N\hat{t}\log\hat{t})+O(M\hat{r}l)$。对于第②步：假设分解矩阵的向量维度为 K，则计算梯度时间复杂度为 $O(M\hat{r}lK)$。网络图的构建只需要遍历一次评分信息即可，并不需要迭代。另外，$\hat{r}$、$\hat{t}$、l 和 K 一般比较小，所以该模型总时间复杂度并不高，可以有效地对大数据进行处理。

第三节　推荐应用及应用框架

根据第二节求出目标用户的近邻后，就可以利用近邻的评分行为对目标用户的评分进行预测，这里利用文献［97］中的公式：

$$R_{a,i} = \bar{r}_a + \frac{\sum\limits_{u=1}^{K} sim(u,a) \cdot (r_{u,r} - \bar{r}_u)}{\sum\limits_{u=1}^{K} |sim(u,a)|} \qquad (5-5)$$

根据 $R_{a,i}$ 的值对目标用户 a 进行评分预测，从而实现推荐。根据前文的分析，我们构建出一种推荐框架结构（见图5.2）。

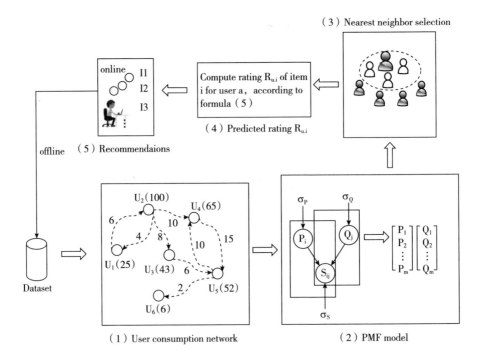

图5.2　基于概率矩阵分解的推荐框架

第四节　实验

一、实验准备

利用 movieLens 数据集进行实验，为简单起见，设置正则化参数 $\lambda_1 = \lambda_2$，先是构建用户消费网络图，根据式（5-1）计算用户间的相似度值，然后随机取其中 80% 数据作为训练集，20% 数据作为测试集，数据集和训练集数据是互不相交的。评分值的范围在 1~5。1 代表不喜欢，5 代表非常喜欢。

二、实验指标

用平均绝对误差（MAE）和均方根误差（RMSE）作为实验评价指标，MAE 和 RMSE 的计算公式如下：

$$MAE = \frac{1}{T} \sum_{i,j} | R_{i,j} - \overline{R}_{i,j} | \tag{5-6}$$

$$RMSE = \sqrt{\frac{1}{T} \sum_{i,j} (R_{i,j} - \overline{R}_{i,j})^2} \tag{5-7}$$

其中，T 为评分测试集的记录数。

三、实验结果分析

（一）特征向量维度 k 对实验的影响

基于用户消费时序行为计算初始用户相似度，进行用户相似度矩阵分解，根据特征向量维度 k 的不同值，测试评分数据的 MAE 和 RMSE 值，实验结果如图 5.3 所示。

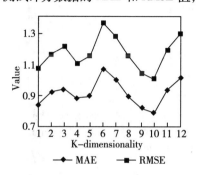

图 5.3　隐含特征向量维度 k 对 MAE 和 RMSE 影响

实验结果显示，当特征向量维度为 10 的时候，MAE 和 RMSE 最小，效果最好。

（二）近邻用户个数 k 对实验结果的影响

这里设置特征向量维度为 10，然后不断变换近邻用户数进行实验评分值预测，实验结果如图 5.4 所示。结果显示当近邻用户数为 5 时，MAE 和 RMSE 值达到最小。一般来讲，当近邻用户数达到一定数值继续增加的时候，用户间的相似度在减小，用这样的近邻用户来预测目标用户的评分，势必会带来一定的噪声，所以推荐效果也会减弱。

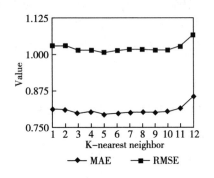

图 5.4　近邻用户数 k 对 MAE 和 RMSE 影响

（三）用不同初始用户相似度计算方法进行矩阵分解对实验结果的影响

为了验证本方法的有效性，我们分别用 ACOS、Jaccard、PIP、NHSM 方法计算初始用户相似度值，然后再对初始相似度矩阵进行矩阵分解，取出用户的近邻用户。再利用近邻用户进行评分预测。实验结果如图 5.5 和图 5.6 所示。

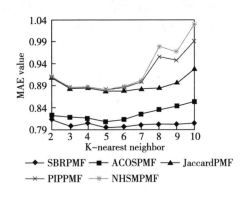

图 5.5　基于不同方法的用户相似度矩阵分解的 MAE 值比较

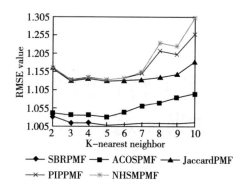

图 5.6　基于不同方法的用户相似度矩阵分解的 RMSE 值比较

　　实验结果显示我们提出的 SBRPMF 方法比其他四种方法效果好了很多，说明本章提出的基于用户消费行为的用户—用户相似度矩阵分解方法可以很好地挖掘潜在的目标用户近邻，对提高目标用户的推荐效果是有效的。同时发现，这几种方法都是在近邻用户为 5 的时候效果最好。

第五节　本章小结

　　本章定义了一种基于用户消费行为的用户间非对称相似度计算方法，在此基础上利用概率矩阵分解，重构用户间相似度矩阵，挖掘出用户的潜在近邻，并应用到目标用户的个性化推荐中，同时构建了基于用户消费行为和概率矩阵分解的推荐框架。

　　随着社交网络的发展，今后拟将提出的用户相似度模型应用到社交网络中，研究信任网络中的用户相似度关系并将此应用到个性化推荐中。

第六章　基于特征的图像中文本检测和定位算法

第一节　引言

随着各种智能移动设备和可穿戴设备的成熟与普及，人们可以随时随地获取各种自然场景图像。在如此丰富多彩的图像信息中，文字信息无疑具有特殊且无法替代的重要作用。自然场景图像中文字提取技术就是从自然场景图像中准确检测定位并识别其中的文字信息，将其用于图像检索和标注、盲人辅助阅读、智能翻译等实际应用中，给用户以更好的使用体验。

自然场景图像文字提取技术具体包含文字检测和定位、文字分割和增强、文字识别三个核心子问题，其中准确进行文字检测和定位是文字提取技术的前提。近年来，图像中文本检测成为计算机视觉、模式识别、文档分析与识别等领域的一个研究热点[100]。

本书在学习和研究已有算法成果的基础上，首先提取图像边缘信息作为候选文本区域，其次利用笔画特征将文本从背景区域中提取出来，最后去除非文本块，达到准确界定。

第二节　文本区域粗定位

一、边缘检测

边缘点其实就是图像中灰度跳变剧烈的点。对于自然场景图像中的文本通常具有较强的边缘信息，因此边缘检测在图像文本检测与定位中非常有用。可以利用边缘信息首先在图像中初步确定可能存在的文本块区域。本章选用相对比较简单且效率较高的 Sobel 算子进行边缘检测。虽然 Sobel 算子边缘检测不如 Canny 检测得准确，但这里只是初步进行文本区域的粗定位，对细纹理不太关心。而且，Sobel 算子检测得到的边缘相对于其他算法得到的边缘更粗，此时可以尽可能包含所有的文本块区域。定义两个梯度方向的系数：$kx=0$；$ky=1$（水平）、$kx=1$；$ky=0$（垂直）、$kx=1$；$ky=1$（水平和垂直），然后计算梯度图像。Sobel 算子用 3×3 的滤波器计算得到梯度图像（见图 6.1）。

$$\begin{bmatrix} -1 & -2 & -1 \\ 0 & 0 & 0 \\ 1 & 2 & 1 \end{bmatrix} \qquad \begin{bmatrix} -1 & 0 & 1 \\ -2 & 0 & 2 \\ -1 & 0 & 1 \end{bmatrix}$$

水平方向　　　　垂直方向

图 6.1　Sobel 滤波算子的边缘检测模板

得到梯度图像后，进行阈值计算，这是 Sobel 算法很核心的一部分，然后对梯度图像进行二值化。为了得到更理想的边缘图，对二值化图像进行了优化，即对其任意一点，如果满足下面条件，则保持白点，否则置为黑点。以图 6.2（a）为例，得到结果如图 6.2（b）所示。

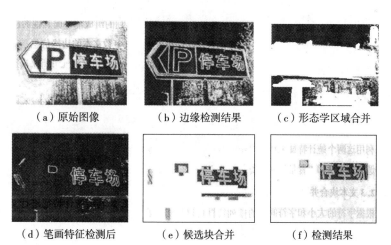

（a）原始图像　　　　（b）边缘检测结果　　　　（c）形态学区域合并

（d）笔画特征检测后　　　（e）候选块合并　　　　（f）检测结果

图 6.2　算法主要步骤示意图

二、候选文本区域的形成

由于自然场景图像受影响的因素比较多，前面获得的边缘结果图中，可能存在文本笔画断裂的现象。因此，本章考虑使用形态学将断裂的笔画连接起来，从而形成候选文本区域。

数学形态学包括膨胀、腐蚀、开运算和闭运算四种最基本的运算算子。对汉字国标（GB 2312-80）字库中 6763 个汉字进行研究发现[101]，包含笔画横的汉字占 99.8%，包含笔画竖的汉字占 99.85%，包含笔画撇的汉字占 93.5%，包含笔画捺的汉字占 76.5%。因此，在自然场景图像中的文本包含横和竖的笔画较多。利用该特征，本章采用数学形态学的系列操作，将前文所得边缘图像中断裂的笔画进行有效连接，使自然场景图像中的文本特征更加凸显。

（1）膨胀。本章使用 3×3 的正方形作为结构元素对前文所得边缘图像进行膨胀运算，用以填补文本笔画的小沟和裂缝，实现将断裂笔画进行有效连接，进行 5 次膨胀操作。

（2）腐蚀。因为膨胀操作会造成候选文本区域面积增大，所以本章对膨胀之后的结果再进行腐蚀操作，为了使图像保持自身的几何形状，故使用与膨胀操作时相同的结构元素，进行 5 次腐蚀操作。

经过一系列形态学运算处理后的结果如图 6.2（c）所示，可以看出文本在图像中已经形成了比较明显的块状区域，即形成了候选文本区域。

第三节　文本的分类和合并

一、利用笔画特征进行文本与背景的分类

自然场景图像中文本检测和定位的另一个难题就是文本/非文本的分类。本节利用文本的笔画特征实现候选文本区域中文本与背景的分类。首先计算候选文本区域中的各个像素 (i, j) 在四个不同方向上的笔画特征值：

$$bf_\theta = \frac{1}{4} \sum_{k, l=0}^{4} f((i + c_1 \times k), (j + c_2 \times l))$$

其中参数 c_1 和 c_2 具体定义如表 6.1 所示。

表 6.1　各个方向参数的定义

θ	0°	45°	90°	135°
c_1	1	−1	0	1
c_2	0	1	1	−1

各个像素点的笔画特征由下面公式得到：

$$bf = \max(bf_\theta) \tag{6-1}$$

其中，$\theta = \{0°，45°，90°，135°\}$，$f(i, j)$ 为像素点 (i, j) 的灰度强度。

其次，对上面得到的笔画特征向量使用 K 均值算法实现文本与背景的分类，对于笔画特征值较高的像素可能是文本的笔画部分，其结果如图 6.2（d）所示。

二、文本块合并

根据文本块的大小以及它们之间排列的特点，可将相邻的候选文本块采取合并操作，合并之后的文本区域基本可以定位图像中文本的区域。根据文本在图像中的分布特征，可自行定义一些合并规则以便去除不符合条件的候选文本块，包括面积、纵横比、重叠等因素。合并之后其结果如图 6.2（e）所示。

经合并操作后得到的候选文本块的边界还不够准确，因为这些文本块的尺寸是固定的，经过合并操作之后，可能会漏掉一些文本区域，或者保留了多余的背景区域，故需对各个候选区域进行投影轮廓分析[102]，其结果如图 6.2（f）所示。

第四节　实验结果与分析

为测试本章所提算法的性能，定义了在自然场景图像文本检测中常用的文本块的查全率和误检率。所谓查全率是指被检测出来的文本行占总的文本行的百分比，而误检率则是指检测到的非文本块占总的检测到的文本块的百分比。

具体定义如下所示：

$$查全率 = \frac{被检测出来的文本行数}{总的文本行数} \times 100\%$$

$$误检率 = \frac{检测到的非文本块数}{检测到的总块数} \times 100\%$$

根据上面所定义的查全率和误检率，分别对本章所提方法在粗定位阶段和利用文本的笔画特征对候选文本块确认阶段的结果进行测试，其结果如表 6.2 所示。

表 6.2　检测结果　　　　　　　　单位：%

	查全率	误检率
文本块粗定位	94.6	23.5
候选文本块确认	90.4	15.6

依据检测结果可以看出在文本块的粗定位阶段查全率和误检率都比较高，究其原因是在文本块的粗定位阶段其主要目的是尽可能包含所有的文本区域，避免漏检。候选文本块的确认阶段能较好地从候选文本块中筛选出文本块，从误检率可以看到对于本章笔画特征的选择抓住了其主要特征因素，所以较好地实现了文本与背景之间的有效分离。

第七章　基于 CNN 模型的跨媒体 UGC 分类算法

第一节　引言

网络环境下各行各业都产生了海量的跨媒体数据，如文本、图像、视频和音频等。尤其是随着 5G 时代的到来，跨媒体数据正以惊人的速度增长，根据 QuestMobile 统计，抖音在 2020 年 3 月用户规模已达到 5.18 亿人[103]；根据 Statista 的数据，2018 年已有 67%的全球消费者使用聊天机器人来获取客服服务，这些多媒体数据的数量是惊人的。由于多媒体数据形式是多种多样的，并且包含比文本更丰富的信息，在存储、处理与分析方面都比文本分析具有更高的难度。因此，跨媒体 UGC 挖掘具有重要的研究价值，同时也面临更大的困难。

传统的分类算法通常是基于机器学习的方法，这类方法重点是挖掘句子的特征，选取合适的特征来表征对象，再使用支持向量机、朴素贝叶斯、最大熵等模型对对象进行情感分析[104,105]。如通过选取 n-gram 特征和词性特征，分别使用朴素贝叶斯模型判断电影评论的情感[106]。由于传统机器学习存在特征向量稀疏、特征提取困难等问题[107]，近年来，深度学习方法逐渐走进人们的视野，越来越多的学者使用神经网络模型进行分类。在神经网络模型中，卷积神经网络（Convolutional Neural Network，CNN）是一种具有二维卷积层和二维池化层的前馈神经网络，目前已经在计算机视觉、语音识别和自然语言处理方面都取得了显著的成果[108]。CNN 不需要太复杂的模型就能实现较好的结果，若使用复杂的结构将能得到更好的分类准确率[109]。

此外，即使是简单的 CNN 模型，仍要根据不同需求指定要使用的确切模型体系结构，并设置相应的超参数。

第二节 卷积神经网络结构

卷积神经网络之所以取得如此成功，是因为它能够从数据中自动提取特征并进行降维，相比其他网络，CNN 模型具有以下明显优势：CNN 可以在提取特征的同时完成模式分类；通过共享权重，可以有效降低需要训练参数的数量[110]。典型的 CNN 由三个部分构成：卷积层、池化层和全连接层。

一、卷积层

卷积层本质上是一个特征提取器，卷积层的关键是卷积核（convolutional kernel）也称过滤器。每个卷积核是一个小的特征提取器，在训练过程中，模型会不断修正这些卷积核的值，使之能够更好地表示特征。卷积操作可以理解为使用卷积核在输入数据上不断滑动，卷积核与输入之间做一一对应的乘积、求和运算，从而得到这些小区域的特征值。卷积层通过许多卷积核的过滤提取局部特征，形成若干局部特征图。

卷积层的输出一般还要通过激活函数才输入到下一层中，如 sigmoid 函数、tanh 函数和 ReLU 函数等。通常使用的是 ReLU 函数，相比其他激活函数，该函数能够解决梯度爆炸问题，并加快收敛速度[110]。ReLU 函数计算公式如下：

$$f(x) = \max(0, \ x) \tag{7-1}$$

二、池化层

卷积层后面一般都连接着池化层，对特征进行二次提取。池化操作把输入图像的多个像素点压缩为一个像素点，获得特征的粗略信息，因为一个特征的精确位置远不及它相对于其他特征的粗略位置重要。池化层的主要功能有：减少数据的空间大小，降低模型的计算量；获得更加抽象的特征表示；防止过拟合。常用的池化方法包括最大池化、平均池化和随机池化等，目前使用广泛的是最大池化方法[111]，也即输出每块区域的最大值以完成对输入数据的压缩。

三、全连接层

经过卷积层和池化层处理后的数据输入到全连接层中。全连接层与全连接神经网络类似，每一层是由许多神经元组成的平铺结构，每个神经元与其前一层的所有神经元都互相连接，同一层神经元之间没有连接。全连接层的最后一层为输出层，实现分类任务。将 Softmax 函数作用在最后一层的结果上，即可得到预测的各个类别的概率值。Softmax 函数具体表示如下：

$$\text{Softmax}(y_i) = \frac{e^{y_i}}{\sum\limits_{j}^{n} e^{y_j}} \tag{7-2}$$

其中，y_i 表示输出结果中对应的第 i 类的值。可以看出，Softmax 函数把输出结果都映射为（0，1）的值，且这些值的和累计为 1，因此通过 Softmax 函数变换后的结果可视为概率分布。

第三节 基于 CNN 模型的文本分类算法

一、基本思想

利用卷积神经网络对文本进行分类时，需要将文本转化成卷积神经网络可以识别的输入。因此卷积神经网络文本分类模型一般包括输入层、词嵌入层、卷积层、池化层和全连接层，如图 7.1 所示。

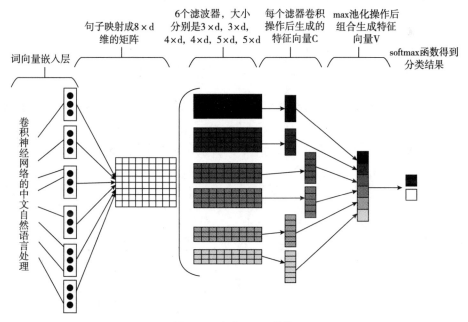

图 7.1 文本 CNN 结构

首先，将句子分词后输入神经网络，词嵌入层把每个单词映射为维度为 d 的词向量，假设输入的句子共包含 n 个单词，经过词嵌入层后的句子则转化为大小为 n×d 的二维矩阵，矩阵的一行代表一个单词，具体可以表示为：

$$S = x_1 \oplus x_2 \oplus \cdots \oplus x_n \tag{7-3}$$

其中 $x_i \in R^d$，x_i 表示第 i 个单词的词向量，d 是词向量维度。

其次，将映射后的词矩阵输入卷积层进行卷积操作，获取局部特征。由于每一行都代表一个独立单词，因此卷积时应保持单词语义的完整性，也即卷积核在宽度上要和词向量的维度一致。例如，使用大小为 2×d 和 3×d 的卷积核进行卷积，可以看作分别提取了语句中的 2-gram 和 3-gram 特征。池化层对特征进行二次提取，有效降低了特征维数，一般采用最大池化。最后将池化后的输出拼接起来并改变形状，形成一个一维向量，输入到全连接层中进行分类。

网络的基本结构主要参考文献 [109]，具体如图 7.2 所示。首先是输入层和词嵌入层，输入层的输入是统一长度为 n 的句子和原始标签，n 通常为数据集中最长句子的长度，也可自行设置。由于文本是一种非结构化的数据信息，不可以直接被计算。词嵌入层把单词转化为词向量，便于更好地表示单词并进行计算。

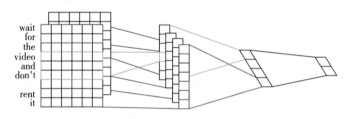

图 7.2　文本 CNN 结构

模型中的其余结构与传统 CNN 类似，即在词嵌入层之后分别是一层卷积层、一层池化层和一层全连接层。有一点不同的是，由于模型是用于文本分类，输入卷积层的向量是一个词矩阵，在卷积操作时应保持单词语义的完整性，因此卷积窗口滑动过的位置应是完整的单词，也即卷积核在宽度上要和词向量的维度一致。模型的相关参数如表 7.1 所示，在实际应用时还应根据不同问题进行调整。

表 7.1　模型参数设置

词向量维度	300	卷积核尺寸	3×d，3×d，4×d，4×d，5×d，5×d
最大句子长度	100	卷积核个数	128
批次大小	64	迭代次数	20
学习率	0.001	Dropout 系数	0.5

二、算法步骤

（1）建立一个 CNN 类，在类中建立初始化函数 __init__ 。初始化函数的参数为模型相关参数，如词向量维度、卷积核尺寸等。模型结构放在初始化函数中，当实例化 CNN 类的时候，会自动生成模型结构图。

（2）根据不同的结构定义词嵌入层。通过 if 条件语句判断模型结构，若为 CNN-rand，则使用 tensorflow. get_variable 生成一个形状为（n，300）的张量 W，使用 random_uniform_initializer（0，0.1）随机初始化 W 的均值为 0、标准差为 0.1 的正态分布，作为词向量矩阵。通过设置 trainable = True，标记 W 可在训练过程中更新；若为 CNN-static，则加载训练好的词向量，设置 trainable = False；CNN-non-static 和 CNN-multichannel 同理。

使用 tensorflow. nn. embedding_lookup（x，W）索引对应的元素，把输入单词和词向量一一匹配，也即词嵌入操作。最后使用 expand_dims 进行维度扩展，因为卷积层的输入要求是三维向量。除 CNN-multichannel 外，词嵌入层最后的输出大小均为（100，300，1）。CNN-multichannel 由于具有双通道结构，输出大小为（100，300，2）。

（3）建立卷积层和池化层。由于使用了三种不同的卷积核尺寸，因此需要使用循环结构，每一种卷积核尺寸生成各自的特征图。卷积操作和池化操作部分代码如下：

conv = tf. nn. conv2d（self. word_embedding，W，strides = [1，1，1，1]，padding = "VALID"，name = "conv"）

activation = tf. nn. relu（tf. nn. bias_add（conv，b），name = "relu"）

len = activation. get_shape（）[1]

pooled = tf. nn. max_pool（activation，ksize = [1，len，1，1]，strides = [1，1，1，1]，padding = 'VALID'，name = 'pool'）

tf. nn. conv2d 进行卷积操作，参数分别是输入、卷积核权重、卷积核滑动步长和填充方法。卷积后的结果经过 reLU 激活函数作为池化层的输入。单个卷积核卷积后的特征图形状为（100-卷积核尺寸+1，1），所有卷积核形成的特征图形状则为（100-卷积核尺寸+1，1，128）。由于卷积核尺寸不同，因此使用 get_shape（）方法获取特征图的长度。tf. nn. max_pool 进行最大池化操作，参数分别是输入、池化核大小、池化核滑动步长和填充方法。使用的池化核大小与卷积后的特征图形状一致，因此池化层输出的特征形状为（1，1，128）。三种卷积核共生成了 1×1×128×3 = 384 维特征。最后使用 reshape 改变特征形状，把所有特征铺平，输入全连接层中。

（4）建立全连接层。全连接层中进行如下运算：

$$y = x \cdot w + b \qquad\qquad (7-4)$$

其中，w 为全连接层的权重，形状为（384，2），2 是分类数目，b 为全连接层的偏置。使用 tensorflow. nn. xw_ plus_ b 完成上述操作。除最后一层输出层外，全连接层的输出也都通过激活函数再输入下一层中。最后使用 tensorflow. nn. soft-max 输出对分类概率的预测。

（5）定义损失函数。损失函数用来表示预测值和原始标签的偏离程度，偏差越大则损失值越大。在神经网络中通过反向传播使损失函数不断减小来进行训练。本章采用交叉熵损失函数，可以直接使用 TensorFlow 库中封装好的函数：tensorflow. nn. softmax_ cross_ entropy_ with_ logits。

三、数据集及模型参数

分类模型可细分为四种不同的结构，主要差别在词嵌入层上：

（1）CNN-rand：所有的词向量都是随机初始化的，在训练过程中更新。

（2）CNN-static：使用预训练的词向量进行词嵌入，词向量在训练过程中不可更新。

（3）CNN-non-static：与上述相同，但词向量会在学习中进行微调。

（4）CNN-multichannel：使用两组词向量进行词嵌入，其中一组词向量可在训练中更新，另一组不可更新，每组词向量都被视为一个通道。

实验数据集共包含 10621 条句子，分为积极和消极两类。其中训练集有 9595 条，测试集有 1026 条，具体如表 7.2 所示。

表 7.2　数据集分布

	Train	Test
Negative	4804	526
Positive	4791	540
total	9595	1026

预训练的词向量以维基百科作为语料库进行训练，维度为 300 维。输入句子的最大长度为 100，不足则补零，超过进行截取。卷积核和池化核滑动步长统一为 1，其余参数如表 7.3 所示。

表 7.3　模型参数设置

词向量维度	300	卷积核尺寸	3，4，5
最大句子长度	100	卷积核个数	128

词向量维度	300	卷积核尺寸	3, 4, 5
批次大小	64	迭代次数	20
学习率	0.001	Dropout 系数	0.5

四、实验结果

模型准确率和训练时间如表 7.4 所示。

表 7.4　准确率和训练时间

	CNN-rand	CNN-static	CNN-non-static	CNN-multichannel
准确率	0.7008	0.7542	0.7861	0.7786
训练时间	84s	64s	88s	142s

使用预训练词向量的三个模型要比 CNN-rand 准确率大幅提升，说明预训练的词向量能更好地表示单词语义。对比 CNN-static 和 CNN-non-static，CNN-non-static 的准确率提升了约3%，说明词向量的微调可以进一步提升模型的准确率，但是训练速度有所下降。CNN-multichannel 由于是双通道输入，导致训练时间进一步增加，但是准确率却小幅下降。

词向量的表示对准确率有重要影响，如果使用情感数据集训练词向量，可能会得到更精准的单词语义表示。词向量的维度也对结果有一定的影响，降低维度可以减少训练时间，对准确度的影响还需要进一步探讨。

第四节　基于 CNN 模型的图片（视频）分类算法

一、基本思想

基于 CNN 模型的视频分类主要思想是将每一个视频文件转换为多帧图像，而图片分类的输入则是一帧完整的图像，一幅图像由许多像素点组成，每个像素点具有特定的像素值，因此实际输入的是图像的像素值。例如，一幅224×224 大小的 RGB 图像，实际输入是（224，224，3）大小的矩阵。

一般来说，图像局部之间联系较为紧密，把图像分为许多部分，卷积核只需要对局部进行感知，将每个部分里具有的特征——提取出来。然后再将局部的信息综合起来就得到了全局的信息，形成整体的特征图。一般采用正方形大小的卷积核对图片进行卷积。采用不同的卷积核可以生成不同的特征图，提取不同的图像特征。

因此，在基于 CNN 的图像分类模型中池化层通常也是把图像分为许多块，只保留这一区域中最有用的图片信息。一般使用 2×2 或 3×3 大小的池化核进行最大池化或者平均池化，以这个值作为结果的像素值，还可以降低卷积层输出的特征向量的维度。最后同样把池化后的所有特征图拼接起来形成一维向量送入全连接层进行分类，如图 7.3 所示。

局部连接模式（卷积神经网络）

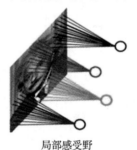

局部感受野

图 7.3　CNN 连接

Simoyan 和 Zisserman 等使用深层网络进行图像识别，在 1000 分类任务中取得了比之前更好的成绩，证明卷积网络的深度在图像识别中具有重要影响[112]。由于本章的目标是实现双分类或三分类任务，因此对文献［112］结构进行简化，使用较深层次的卷积神经网络，共包含五个卷积层和五个池化层以及两个全连接层，输入为统一尺寸 224×224 大小的 RGB 图像，卷积核和池化核的滑动步长分别为（1，1）和（2，2），两层全连接层的节点数分别为 512 和 n，n 为具体的分类数目。其余各卷积层的参数如表 7.5 所示。

表 7.5　卷积层和池化层参数

	卷积核大小	卷积核个数	池化核大小	输出大小
卷积层 1 和池化层 1	7×7	16	2×2	(112, 112, 16)
卷积层 2 和池化层 2	3×3	32	2×2	(56, 56, 32)

续表

	卷积核大小	卷积核个数	池化核大小	输出大小
卷积层 3 和池化层 3	3×3	32	2×2	(28, 28, 32)
卷积层 4 和池化层 4	3×3	64	2×2	(14, 14, 64)
卷积层 5 和池化层 5	3×3	64	2×2	(7, 7, 64)

二、算法步骤

（1）建立一个 CNN 类，建立初始化函数 __init__，参数为各层卷积核权重和偏置的形状，以及网络训练参数。

（2）定义获取权重函数 get_weight 和获取偏置函数 get_bias。由于网络具有多层结构，每层结构基本都需要获取权重和偏置项，因此把常用步骤封装为函数，一方面便于使用，另一方面可以让代码更简洁。函数参数为各自的形状，权重随机初始化均值为 0、标准差为 0.1 的阶段式正态分布，偏置均初始化为 0.1。

（3）定义卷积层函数 conv_layer 和池化层函数 max_pool_2×2。在卷积层中调用上述的权重获取函数和偏置获取函数，得到卷积层的权重和偏置，使用 tf. nn. conv2d 进行卷积操作，函数最后返回经过激活函数的卷积结果。池化层函数返回 tf. nn. max_pool 池化后的结果。卷积操作和池化操作均使用全零填充—padding = 'SAME'。

（4）定义全连接层函数 fc_layer。与卷积层类似，在函数 fc_layer 中调用 get_weight 和 get_bias，获取全连接层的权重和偏置。由于最后一层输出层不需要通过激活函数，函数返回的只是经过全连接运算后的结果，其他全连接层单独通过激活函数。

（5）在初始化函数 __init__ 中搭建网络，定义损失函数。调用卷积层函数、池化层函数和全连接层函数搭建网络，部分代码如下所示：

self. conv1_1 = self. conv_layer(self. input_x, "conv1_1", conv1_1_wshape, conv1_1_bshape)

self. pool1 = self. max_pool_2x2(self. conv1_1, "pool1")

self. conv2_1 = self. conv_layer(self. pool1, "conv2_1", conv2_1_wshape, conv2_1_bshape)

self. pool2 = self. max_pool_2x2(self. conv2_1, "pool2")

……

self. conv5_1 = self. conv_layer(self. pool4, "conv5_1", conv5_1_wshape,

conv5_1_bshape）

    self. pool5 = self. max_pool_2x2(self. conv5_1 ,"pool5")

    ……

    self. fc6 = self. fc_layer(self. reshaped ,"fc6" ，fc6_wshape，fc6_bshape)

    self. relu6 = tf. nn. relu(self. fc6)

三、数据集及模型参数

    数据集采用猫狗大战图片数据，共 10000 张图片，两种类别各有 5000 张。按比例划分，训练集 9000 张图片、测试集 1000 张图片。

    图片纹理较为复杂，因此使用深层卷积神经网络会有更好的结果。共使用两种深度的卷积神经网络进行实验：模型一包含有五个卷积层和五个池化层以及两个全连接层；模型二包含有八个卷积层和五个池化层以及两个全连接层。两个模型输入为统一尺寸 224×224 大小的 RGB 图像，卷积核和池化核的滑动步长分别为（1，1）和（2，2），两层全连接层的节点数分别为 512 和 2，具体结构如表7.6 所示。

表 7.6　模型结构

模型一	模型二
conv1_1　3×3　　16	conv1_1　3×3　　16
max-pool　2×2	max-pool　2×2
conv2_1　3×3　　32	conv2_1　3×3　　32
max-pool　2×2	max-pool　2×2
conv3_1　3×3　　32	conv3_1　3×3　　32
max-pool　2×2	conv3_2　3×3　　32
conv4_1　3×3　　64	max-pool　2×2
max-pool　2×2	conv4_1　3×3　　64
conv5_1　3×3　　128	conv4_2　3×3　　64
max-pool　2×2	max-pool　2×2
FC6 512	conv5_1　3×3　　128
FC7 2	conv5_2　3×3　　128
	max-pool　2×2
	FC6 512
	FC7　2

其中，（conv1_1　3×3　16）表示卷积层 1_1 使用大小为 3×3 的卷积核，卷积核个数为 16。学习率设置为 1×10-5，批次大小为 64，共训练 4000 个批次。

四、实验结果

实验准确率和训练时间如表 7.7 所示。

表 7.7　准确率和训练时间

	模型一	模型二
准确率	0.653	0.693
训练时间	633 秒	706 秒

模型二相较于模型一多了三层卷积层，训练时间增加了 73 秒，但是准确率提升也较为明显，说明深层网络能更好地提取特征。

第五节　基于 CNN 模型的音频分类算法

一、音频分类 CNN 结构

对于音频数据，本章使用语谱图作为音频分类卷积神经网络的输入，能很好地提取出音频中所包含的信息。语谱图由音频信号的 STFT（短时傅里叶变换）生成，其纵轴为频率，横轴为时间，图中颜色的深浅表示该点频率分量的振幅大小。语谱图能够反映语音信号的动态频谱特性，在语音分析中有重要的参考价值。一段愤怒情绪语音可以转换为如图 7.4 所示的语谱图。使用这种方法将音频分类转化为图片分类，其余步骤与图片 CNN 分类一致。

音频分类的卷积神经网络共使用三个卷积层、三个池化层和两个全连接层，其中第一个卷积层的卷积核大小为 11×11，步长为 4，数量为 32；第二个卷积层的卷积核大小为 5×5，步长为 1，数量为 64；第三个卷积层的卷积核大小为 3×3，步长为 1，数量为 64。池化层统一采用 2×2 的最大池化，步长为 2。第一个全连接层的节点数为 512。

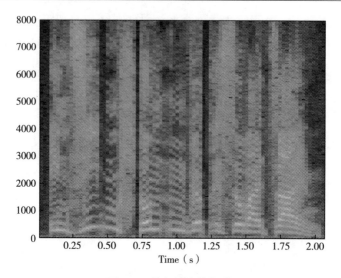

图 7.4　愤怒语音的语谱

二、算法步骤

（1）将音频信号转化为语谱图。使用 matplotlib. pyplot. specgram 函数进行短时傅里叶变换并生成语谱图。其中采样频率为 16000HZ，采用长度为 512 的海宁窗对音频的每一帧进行加窗，FFT 点数为 512，noverlap 设置为 128。最后使用 matplotlib. pyplot. savefig 对图片进行保存。统一改变图片尺寸为 224×224，输入卷积神经网络中。

（2）搭建卷积神经网络。此步骤与图片分类 CNN 的具体步骤一致，先定义卷积层、池化层等必要函数，再根据所提出的网络结构进行调用，最终搭建出完整的神经网络。

三、数据集及模型参数

实验数据采用 EMO-DB 语音情感数据集，EMO-DB 是由柏林工业大学录制的德语情感语音库，由 10 位演员（5 男 5 女）进行七种情感（neutral、anger、fear、joy、sadness、disgust、boredom）模拟得到，共包含 535 句语音。按 7：3 的比例划分训练集与验证集，各类分布数据如表 7.8 所示。

表 7.8　数据集分布

	neutral	anger	fear	joy	sadness	disgust	boredom
Train	55	89	48	50	43	32	57

续表

	neutral	anger	fear	joy	sadness	disgust	boredom
Test	24	38	21	21	19	14	24
total	79	127	69	71	62	46	81

网络结构共使用三个卷积层、三个池化层和两个全连接层,其中第一个卷积层的卷积核大小为 11×11,滑动步长为 4,数量为 32;第二个卷积层的卷积核大小为 5×5,步长为 1,数量为 64;第三个卷积层的卷积核大小为 3×3,步长为 1,数量为 128。池化层统一采用 2×2 的最大池化,步长为 2。第一个全连接层的节点数为 512,第二个全连接层的节点数为 7。学习率设置为 $1×10^{-5}$,批次大小为 64,共训练 4000 个批次。

四、实验结果

实验准确率与训练时间如表 7.9 所示。

表 7.9　准确率与时间

准确率	训练时间
0.875	299 秒

分类结果的 precision、recall、F1 值如表 7.10 所示。

表 7.10　分类结果

	anger	boredom	disgust	fear	joy	neutral	sadness
Precision	0.8837	0.96	1	0.8462	0.6452	0.9583	1
Recall	1	1	0.5	0.5238	0.9524	0.9583	0.9474
F1	0.9383	0.9796	0.6667	0.6471	0.7692	0.9583	0.973

实验总体准确率较高,为 0.875,但是各类的分类情况差别较大。厌恶和恐惧情感的召回率仅在 0.5 左右,说明这两种情感不能很好地识别。从 F1 看,厌恶、恐惧和快乐三种情绪的分类情况较差,易于混淆。

除语谱图提取的特征外,可以加入其他的音频统计特征,如一段语音中基频、MFCC 的最大值、最小值和平均值等,再送入全连接层进行训练分类。使用全局统计特征可以避免维数增长过多。

第六节　本章小结

　　本章基于 TensorFlow 库，对卷积神经网络文本、图片、视频和音频分类的结构和具体实现步骤做出了详细介绍。由于实际问题是复杂的，卷积网络的参数在使用中也应不断地调整，以达到最优的准确度。在接下来的研究中，需要进一步地改进卷积神经网络的模型结构，如增加其他结构，或提取深度特征进行分类，实现更高的准确率或者更快的训练速度。此外，由于多媒体形式的多样性，还应考虑如何结合三种分类算法对多媒体数据进行分类，采用多模态识别的方法进一步提高准确率。

第八章 基于情感三元组的 UGC 情感极性计算

人们生活越来越离不开网络，人们不再是单一地从网络中获取信息，同时又成为信息的制造者、传播者以及评论者。用户生成内容（User-Generated Content，UGC）指的就是普通用户在电商平台、社交软件、问答社区、视频软件等平台上发布的内容，包括对商品的评论、对热点事件的围观、对问题的答疑过程等，这些平台又被称为 UGC 平台。UGC 的形式可以是文本、图片、视频或音频，也可以是简单的表情符号、点赞关注，等等。近年来用户生成内容已成为学术界研究的热点。

第一节 引 言

Web 2.0 时代，国内外越来越多的学者开始提出对 UGC 相关内容的探索和思考，主要包括 UGC 的生成动因、意见挖掘、质量检测等方面[3]。在企业界，互联网企业的成功营销也越来越离不开 UGC。针对不同的用户群体，电商平台会根据其地理位置、历史评论、收藏商品等信息为其推荐特定商品，这就大大增加了用户购买的可能性，也使电商平台赚取更多的广告费用[30]。基于层次主题建模（hierarchical topic modeling），Zhang 等[113] 提出了一种分层主题建模和矩阵分解相结合的生成模型——个性化话题回归模型（Personalized Topic Regression，PTR）。

分类算法问题中，Salton 等提出的 TF-IDF 特征权重的计算方法目前在文本特征表示领域应用最广泛[114]。Martineau 等改进了 TF-IDF 特征权重计算方法，提出了 Delta TF-IDF 加权模式，应用 SVM 进行分类时正确率得到提高[115]。传统的 TF-IDF 权重计算方法只考虑了特征词频和反文档频率的影响，忽略了特征词语间存在的关系。徐凤亚等在传统特征权重的计算方法上研究了特征词语的类间、类内的分布，以及存在的低频率高权重特征对文本分类产生的影响，在这些研究的基础上提出了新的特征权重计算方法，并把该方法应用于文本分类，取得了很好的效果[116]。张瑜和张德贤等在传统的特征权重计算基础上引入了类间偏斜度、类内离散度以及权重调整因子来改进特征权重的计算，并用分类算法进行了测试，与其他改进方法相比有更好的分类效果[117]。

第二节　基于情感三元组的 UGC 分类模型

一、模型介绍

该模型的研究对象是电子商务场景中的单条 UGC。UGC 是由若干语句和图像构成的，语句可以是"这件衬衫很漂亮！"之类的简单句，也可以是由多个简单句堆积的复杂句，还可能是具有转折关系或递进关系的复杂句，对于语句利用 Python 分词包和 hownet 词典进行情感词提取。对于图像 UGC 利用前述方法自然场景图像中的文字进行提取，获得图像 UGC 情感特征词，并利用 Python 机器学习方法进行对比。由于电商领域用户发布的每张图像 UGC 往往只包含一个主题信息，因此可以将该图像的主题特征作为相应 UGC 的一个特征词。然后对整个UGC 进行情感词的自然顺序组合，若不包含情感词，说明该 UGC 是情感中立的。对于包含情感词的 UGC，提取相应特征词向量之后，根据上下文进行情感词、否定副词和程度副词的匹配，构造出情感三元组，从而计算出每一条 UGC 的情感极性。

然后，通过累加等方式得到单个对象所有 UGC 的情感极性，设定合理的阈值，防止个别 UGC 的情感程度影响商品的整体情感，对情感极性强烈的 UGC 进行情感弱化或异常剔除。最后对所有 UGC 的情感极性进行累加，若最终得分为正数，说明该商品的整体情感倾向是积极的；反之，说明广大用户对该商品的态度是消极的。如图 8.1 所示。

二、数据获取与预处理

在数据的获取阶段，选取 Python 语言爬取 UGC。爬虫通常是指在定义的范围内访问和跟踪 URL 的策略。爬虫在链接（URL）上发现文档并将其保存在本地，从而构建远程站点的本地副本或索引，然后可以查询该站点的副本或索引。发现网页 UGC 的方法是提供应用程序编程接口（API）。这些 API 通常允许访问

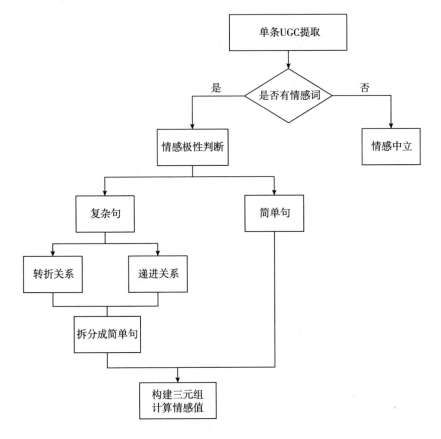

图 8.1　情感计算流程

源数据，但可能在访问频率和范围上受到限制。当 API 访问没有提供或限制时，通常 Web 表单作为 IR 系统的替代接口可用。

通过爬虫得到的 UGC 信息还需要进行中文分词、图像文字提取、去除停用词等操作，Python 中分词工具很多，包括盘古分词、Yaha 分词、Jieba 分词等。

关键步骤包括：安装 Python 中 pytesseract 包用于图像元素提取；安装 2. tesseract-ocr 字库并设置环境变量。

图像特征提取部分代码如下：

```
picdir = os. listdir(' pictures ')
for file in picdir：
    image = Image. open(' pictures \ \ '+file)
    imgry = image. convert('L')#转化为灰度图
    table = get_bin_table()
```

```
out = imgry. point(table, '1')
s = pytesseract. image_to_string(out, lang = 'chi_sim')
s = re. sub(r'  ', ', s)
with open(r'text. txt', 'a+', encoding = 'utf-8') as f:
    f. write(s)
print("提取完成!")
```

三、提取特征词及构造 UGC 三元组

互联网中大量的数据可以分为结构数据和非结构数据。由于计算机不可以直接对文本进行计算，故在得到 UGC 特征词后，需要对其进行合理表示。UGC 情感特征采取特征向量表示法，通过特征词来构建语义向量空间表示模型，再采用 TF-IDF 进行特征选择。其中，word2vec（word to vector）是 Google 于 2013 年开发的一个向量表示工具，刘丽等[118]通过训练可以用 K 维向量空间来表示文本，然后对向量进行运算，得到空间上的相似度，计算微博文本语义上的相似度。

本章考虑到中文语法特性，一条语句的情感主要与情感词、否定副词和程度副词相关。因此可以提取出单条 UGC 的情感特征词，构造三元组 $Ni = (a, b, c)$，其中，a 表示程度副词，b 表示否定副词，c 表示情感词。

四、情感极性计算

那么单条 UGC 的情感极性计算公式为 $E_i = a \times (-1)^b \times c$。以"这件衣服我非常不喜欢！"为例（见表 8-1），这条 UGC 的情感值的 $E_i = 2 \times (-1)^1 \times 1 = -2$。对于复杂句，简单分为转折关系和递进关系。"虽然物流很慢，但是衣服我很喜欢。"这条 UGC 的情感值的 $E_i = 0.8 \times 2 \times (-1)^0 \times 1 = 1.6$。"不但物流很慢，而且对衣服也非常失望！"这条 UGC 的情感值的 $E_i = 2 \times (-1)^0 \times (-1) + 2 \times (-1)^0 \times (-1) = -4$。

表 8-1 情感极性表示示例

情感值范围	表现
$(2, +\infty)$	情感异常
$(1, 2]$	正向情感，且较强烈
$(0, 1]$	情感偏正向
$[-1, 0)$	情感偏负向
$[-2, -1]$	负向情感，且较强烈
$(-\infty, -2)$	情感异常

第三节　案例分析

以淘宝评论为例，用户在购买某商品后会被要求填写评价，而用户发布在线评论的动机可以简单地分为帮助别人购买产品或确保将来没有人购买产品。而这两种情况都可以通过用户发布 UGC 的情感倾向来表示，若用户对该商品较为满意，发布 UGC 的动机是帮助其他用户购买此商品，那么其发布的针对该商品的 UGC 极有可能是包含积极情感词的；反之，若用户对商品不满意，将发布带有消极情感词的 UGC 以阻止其他用户的购买行为。

Dilip Raghupathi 等[30] 提出了一个整体的情感评级算法，并认为该算法十分精确，能对产品评论提供全面的评价，而不需要对产品领域或客户极性进行冗长的定制。算法从一个文本分析开始，使用一个影响语言字典来评价单词树的叶子，并使用一系列基本的启发式计算向后的整体情绪评级。

第四节　本章小结

本章介绍了 UGC 情感极性计算的过程，主要包括数据获取与预处理、特征词的提取和单个 UGC 情感极性计算。并最终通过实际案例进行分析，得到某商品下所有评论的情感极性。

本章不是单一地提取 UGC 中的情感词，考虑到程度副词与否定副词对文本类型特征词情感极性的影响，在情感分析的准确性上有一定的提高。但由于中文的复杂性，不同的依存关系、反讽、网络热词等加深了中文情感分析的难度。接下来将根据中文的特点对文本类型特征向量表示方法进行优化，使其更加准确地表达其原始含义。表情符号、表情包深受用户的青睐，用户的情感可以借此得到更生动的体现，故可以将其加入现有情感词库中，作为 UGC 情感极性计算的另一指标。

第九章　基于依存句法的
UGC 情感极性计算

第一节　引言

数据分析已在很多领域或平台被公众所熟知，如百度舆情，其依托百度长久以来的技术优势和数据积累，使用户可以发掘对自己最有意义的信息，直接、客观地反映网民的兴趣和需求。随着 Web 2.0 的兴起与普及，以用户为基础的网络平台层出不穷，如豆瓣、知乎、抖音、贴吧、微博等。为用户提供平台发表多种形式的 UGC，如影评、商品评论、短视频、知识问答等，这些信息均被称为 Web 2.0 下的用户生成内容（User Generated Content，UGC）。近年来，UGC 快速发展，在社交网络、线上购物、问答社区、旅游评论等领域有广泛的应用，如在线上购物领域，由于平台的虚拟性，消费者在浏览想要购买的商品时，无法触摸和直接感受商品性能，所以对商品的感知不全面。针对这一问题，平台在为消费者展示商品特征相关信息（如材质、大小等）的同时，还设计平台对评价信息进行展示，让购买过该商品的用户在收到商品后进行更具体的描述。这些商品评价的用户生成内容将为后来其他消费者购买该商品提供重要的决策参考。因此，产品评价的好坏，会对其他消费者的购买决策产生严重影响，同样受影响的产品口碑以及店家的未来销售量[119]。当商品评论过少时，三五条评论对消费者的参考作用微乎其微，用户无法根据稀少的数据做出购买判断，但当购买商品的消费者增多，产生的商品评价数目也随之上涨，普通消费者又没有充足的精力从上千条评论中提取有用的、真实的信息。因此，针对商品海量的评论信息，消费者需要准确、快速地从 UGC 中提取到用户包含的情感色彩，以判断目标商品是否获得其他已购买用户的认可。

目前针对 UGC 情感分析的内容研究主要聚焦对文本 UGC 进行情感极性分

析。方法大致可以分为基于机器学习的方法和基于情感词典的方法。由于用户生成内容评论信息文本较短、稀疏性等特点，导致基于机器学习的文本分析方法的应用受到限制。很多学者对短文本的情感极性分析进行了基于中文词典和规则的方法研究，取得一定的成果[120]。

结合以往的研究，首先，通过 Hownet 情感词库识别出情感词之后，将情感词与修饰其的副词、否定词组合成情感短语，计算情感词语权值，获得更加细腻的极性值；其次，以极性短语为基本单元，用求和的方式计算得到整条评论的情感倾向值，更直观方便地为购买者提供参考。

情感词是 UGC 中具体表示某一情感色彩的文本词语，它可以是名词、动词、形容词、副词等，很多学者认为文本的情感倾向可以由中文情感词来区分。

情感倾向是指某一情感词语或短语与所表达主题的偏离程度。对于文本 UGC 的情感分析，重点是判断出人们对某些事情的情感倾向，即对自身的观点、态度、立场的一种度量。

情感倾向通常有两个度量维度：

（1）偏离的方向，即该情感词所要表达的是正向情感，还是负向情感。

（2）偏离的程度，即情感词在表达正向或者负向情感的强度，不同的情感词语表达的情感强度是不同的。例如，"我很开心！"和"我开心！"，这两个句子都是表达了正面的情感，则表示情感的偏离方向是一致的。但是情感偏离程度存在明显区别，前者的开心程度高于后者。

第二节　基于依存语法的情感极性计算模型

一、模型构建

本章所提出基于依存语法的情感极性计算模型（Qualifier Considered Normalized Sentimental Polarity，QCNSP）基于情感挖掘的两个维度，既通过识别情感词分析了 UGC 中用户表达的情感极性倾向，又进一步通过确定作为修饰词的程度副词、否定词对情感词的影响程度获得情感倾向的偏离程度，从而更加细腻地分析 UGC 情感。

模型构建步骤：

（1）文本预处理：对评论进行分词，去除停用词、标点符号、空格符等无效字符。

（2）基于 Hownet 词典进行特征提取：

1）正向情感词个数；

2）负向情感词个数；

3）否定词个数与位置；

4）程度副词个数与位置。

（3）识别短语：情感词及其修饰副词、修饰否定词。

（4）短语依存关系计算：根据词典获得情感词的情感值，其中正向情感词的情感值为 1、负向情感词的情感值为-1；获得程度副词的权值；否定词的权值为-1。程度副词和否定词的权值同乘以情感值后得到的积作为该短语的情感极性值，当存在 n 个程度副词时，对该短语的情感极性值绝对值取 1/n 次幂，且保持幂的符号与原值符号相同。

（5）句子情感极性值计算：句子中所有正向情感词所在短语情感极性值平均值与所有负向情感词所在短语情感极性值平均值的和，经正规化为取值范围 [-5，5] 的值为最终整个句子 UGC 的情感极性值。

基于依存语法的句子 UGC 情感极性求解过程如图 9.1 所示。

二、情感词典的选择与扩充

词语的情感分析主要基于词典和语料库两类方法，均依赖于情感词典数据库。相较于 General Inquirer、Senti WordNet、Opinion Lexicon 等英文词典，中文词典的构建起步较晚。目前被广泛接受且应用的中文词典主要有：知网 HowNet 情感词典、大连理工大学的 DUTIR 情感词汇本体库、台湾大学的 NTUSD 词典等。受中文的特有属性以及现有词典的限制，中文情感词典的构建还有很大改进空间。例如，情感词的情感极性会随着领域的变化而变化、情感词之间存在着强弱的关联，等等。正是由于现有情感词典的种种不足，对情感词典的选择和优化显得更为重要。

在现有的理论基础上，为保证情感词典方法的准确性，需要对现有词典进行整合与扩充。情感词典的构建包括两个步骤，收集主观词语和分配情感极性。由于现有词典主要依靠词汇资源来分析正式内容，因此不能很好地处理新近出现的俚语。

根据 QCNSP 模型需要，在对 Hownet 词典、褒贬义词典、BosonNLP、台湾大学 NTUSD 词典等进行分析的基础上，本章对情感词语根据词性不同进行重新分类。

如图 9.2 所示，最终将中文情感词典分为三大类：情感词词典、程度副词词典和否定词词典。再根据这些词的含义，不同权重分配，划分为 9 个小库。其中，对于程度副词权重的划分，可以更加细化文本表达的含义。

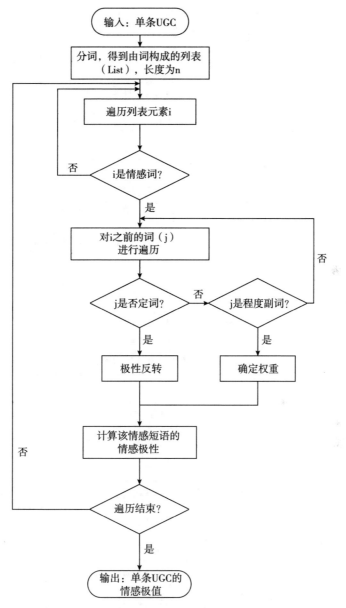

图 9.1 单个 UGC 的情感极性计算流程

根据分类任务可知，文本 UGC 情感分析主要涉及情感词、程度副词以及否定词，其中，情感词分为积极情感词（positive）和消极情感词（negative）。经过对 HowNet、BosonNLP、NTUSD 等词典统计，主要中文情感词典的情感词个数如表 9.1 所示。

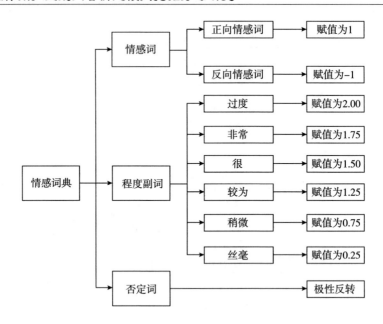

图 9.2　情感词语分类规则

表 9.1　不同类型情感词的个数

名称	类别	个数
HowNet 词典	积极情感词	4566
	消极情感词	4370
BosonNLP	积极情感词	83085
	消极情感词	31681
褒贬义词典	积极情感词	5567
	消极情感词	4469
NTUSD 词典	积极情感词	2810
	消极情感词	8276

　　根据领域专家对领域情感词的整合与筛选，最终选定以 HowNet 为基础，添加部分情感词的方式，确定积极情感词与消极情感词。此外，程度副词和否定词的确定也参照该方法。最终确定程度副词 219 个、否定词 58 个，分别见表 9.2 至表 9.4。

表 9.2　情感词词典示例

名称	类别	个数	词语示例	权重
情感词词典	积极情感词	7176	爱、巴不得、高兴、叫好	1
	消极情感词	12062	皱巴、缺点、讨厌、不妥	−1

表 9.3　程度副词词典示例

名称	类别	个数	词语示例	权重
程度副词词典	over	30	过度、过分、超额、出头	2.00
	most	69	百分之百、非常、绝对、要命	1.75
	very	42	多么、分外、很、何等、实在	1.50
	more	37	较为、还要、越发、足足	1.25
	ish	29	略加、未免、相当、有点	0.75
	insufficiently	12	丝毫、半点、不甚、相对	0.50

表 9.4　否定词词典示例

名称	个数	词语示例	赋值
否定词词典	58	不、别、甭、没有、不必、毫无、未曾	−1

三、依存语法分析

大多数中文文本情感分析只考虑语句中的消极情感词与积极情感词的个数，为增强分析结果的精确性，还必须要考虑到中文特有的复杂性。比如，在中文语境里常常存在一词多义的现象，使基于情感词典的情感分析结果会产生一定的误差。比如：

A："最近大城市已经开始垃圾分类！"

B："这件衣服我不喜欢，太垃圾了！"

上述两句话中都包含着"垃圾"一词，但 A 中的"垃圾"没有表达用户情感，属于中性词，B 中的"垃圾"一词包含强烈的负向情感；除一词多义的情况外，文本中词语的不同排列顺序也会导致差异，比如：

C："这件衣服，算不上很喜欢。"

D："这件衣服我很不喜欢。"

以上两句评语中都包含了相同的否定词"不"、程度副词"很"和情感词"喜欢"。但两者所体现的情感强度是不一样的，后者所表达的情感强度明显更高。因此，还需要考虑不同词语出现的前后位置关系，即语义依存关系。

为降低中文语义带来的情感计算偏差，可在情感极值计算过程中引入中文依存句法分析（Dependency Parsing, DP）。在依存句法分析的加持下，中文的语言结构可划分为包括主谓关系（SBV）、定中关系（ATT）、状中关系（ADV）、动宾关系（VOB）在内的 14 种类型，具体分类如表 9.5 所示。句法分析的基本任务是确定句子的语法结构或句子中词汇之间的依存关系，如图 9.3 所示。目前，句法分析又可划分成分句法分析和依存句法分析。本章为简单起见，仅考虑修饰情感词前面的副词和否定词与情感词之间的依存关系。

表 9.5　中文依存语法结构统计

关系类型	Tag	Description
主谓关系	SBV	subject-verb
动宾关系	VOB	verb-object
间宾关系	IOB	indirect-object
前置宾语	FOB	fronting-object
兼语	DBL	double
定中关系	ATT	attribute
壮中关系	ADV	adverbial
动补关系	CMP	complement
并列关系	COO	coordinate
介宾关系	POB	preposition-object
左附加关系	LAD	left adjunct
右附加关系	RAD	right adjunct
独立结构	IS	independent structure
核心类型	HED	head

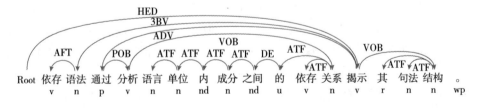

图 9.3　依存语句实例

四、极性计算

句子 UGC 情感极性计算分为两步：首先，计算各情感短语的情感极性值。本章所提模型仅考虑简单结构形式的情感短语，其结构的一般形式为：（否定词）×｜（副词）×情感词，情感短语极性值计算公式为：$PS = (w_n)^m \times (\prod_1^n w_a)^{(1/n)} \times S$，其中 w_n、w_a 分别为否定词权重和程度副词权重；m、n 分别为否定词、程度副词的个数；S 为情感词的情感极性值，正、负向情感词的情感极性值分别为 1、-1。

本章中程度副词的权重按其强度采用均匀设置的方法，以 0.25 的步长分别从 0、1 递增，取值范围为 [0.25，2]。

在情感短语极性值的计算过程中，当正向情感词的修饰成分中含有否定词时，应将该情感短语计入负向情感词集中；同理，当负向情感词的修饰成分中含有否定词时，应将该负向情感短语计入正向情感词集中。无论正向情感词还是负向情感词，其对应的情感短语中每遇到一次否定词即变换一次情感极性。

其次，计算 UGC 句子的情感值，计算公式为 $SS_{QCNSP} = \left(\frac{5}{2}\right) \sum_{i=1}^{j} PS_i$，$PS_i$ 为第 i 个情感短语的情感极性值，j 为句子 UGC 中情感短语的个数。由于单个情感短语的情感极性值的区间为 [0.25，2]，为消除程度副词数量过多造成情感值数值过大的问题，情感短语极性值计算时采用1/n 方、求平均的计算方法来调整短语中程度副词对情感词情感极性值的影响。目前电商平台较为普遍的评价等级采用 5 级评分制，因此，在计算句子 UGC 情感极性值时将其取值范围调整为 [-5，5]。

第三节　实例

本章实验的 UGC 数据是利用 Python 爬虫程序在某电商网络平台爬取获得。UGC 数据内容为用户针对消费情况所发表的评论，数据类型是包括标点、字符和空白符在内的文本数据。本节以单条 UGC 为例说明 QCNSP 模型的工作过程。

一、数据预处理

数据预处理阶段的主要任务是文本分词、去停用词、去标点，如图 9.4 所示。

原始UGC:
['快递收到了，外观很好看，使用了一会儿，运行速度也很流畅，物流、服务也都挺不错的，总体很满意。']

分词后的UGC:
['快递 收到 了 ， 外观 很 好看 ， 使用 了 一会儿 ， 运行 速度 很 流畅 ， 物流 、 服务 都 挺不错 ， 总体 很 满意 。 \n']

预处理阶段完成:
[['快递','收到','了','外观','很','好看','使用','了','一会儿','运行','速度','很','流畅','物流','服务','都','挺不错','总体','很','满意']]

图 9.4 单条 UGC 的预处理

图 9.4 为单条 UGC 由原始的评论文本，经过分词、去标点符号、去停用词、去换行符等预处理，将 UGC 以列表（List）形式存储，每个元素填充的是单个的词语，以字符（string）类型存储，列表的长度由词语个数决定。

二、单个 UGC 的情感极值计算

数据预处理得到的结果列表通过字符匹配，首先确定情感词（word）及其位置（s），接着遍历相邻情感词之间的程度副词和否定副词，计算出该情感词所在情感短语的情感极性时，当全部词遍历结束后，则通过计算积极情感得分与消极情感得分的和，确定句子 UGC 的最终情感得分。下面比较未考虑修饰词的简单方法 SP、考虑修饰词但未对程度副词进行规范化处理的方法 QCSP 和本章所提 QCNSP 模型下的句子 UGC 情感极性计算方法所得情感极性值的情况。

其中，SP 方法计算公式为：$SS_{SP} = \sum_{i=1}^{j} S_i$，其中 S_i 为第 i 个情感词的情感极性值；QCSP 方法计算公式为：$PS = (w_n)^m \times (\prod_{1}^{n} w_a) \times S$，$SS_{QCSP} = \sum_{i=1}^{j} PS_i$。

由图 9.5 可知，该示例文本 UGC 中，共包含 4 个积极情感词，分别是"好看""流畅""不错"和"满意"。所以该示例 UGC 句子的情感极性值为 4，或认定该条 UGC 为肯定的 UGC。

```
SPScore ×
D:\temp\multipleUGC\venv\Scripts\python.exe D:/temp/multipleUGC/SPScore.py
posword: 好看
posword: 流畅
posword: 不错
posword: 满意
numPosSentiWord: 4 numNegSentiWord: 0
single_UGC_sentiment_score: 4

Process finished with exit code 0
```

图 9.5 SP 情感极性值

如图 9.6 所示，这条 UGC 共包含 4 个积极情感词，即"好看""流畅""不错"和"满意"。每个情感词都对应一个程度修饰成分，"好看"对应的程度副词为"挺"，"挺"属于程度副词中的"-ish"类，权重为 1.25，因此，"好看"这一情感词对应的积极情感得分为 1.25 分。而"流畅"对应的程度副词为"很"，"很"属于程度副词中的"very"，权重为 1.75，因此，"流畅"这一情感词对应的积极情感得分为 1.75 分。最终，该条 UGC 的积极情感得分为 6.5 分，消极情感得分为 0，该 UGC 的情感极值计算结果为 6.5。

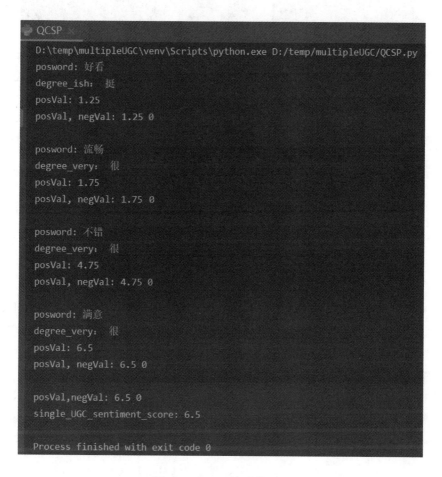

图 9.6 QCSP 情感极性值

如图 9.7 所示，QCNSP 模型计算得到的情感极性值为 4.062，大于 SP 方法计算得到的结果 4。原因是 SP 方法仅考虑了句子 UGC 中情感词的数量，没有加入作为修饰成分的程度副词、否定词对情感极值计算结果的改变。

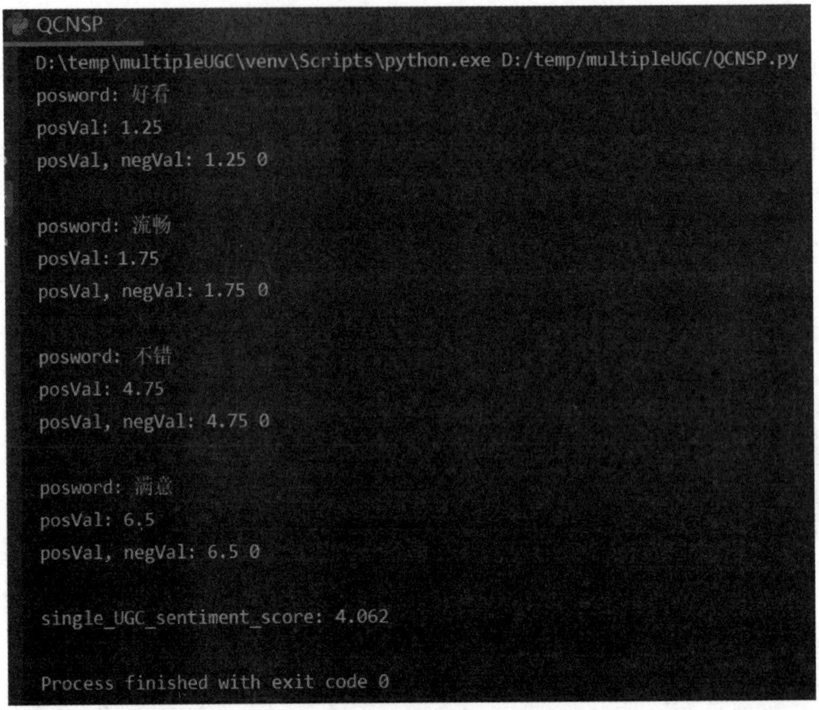

```
QCNSP
D:\temp\multipleUGC\venv\Scripts\python.exe D:/temp/multipleUGC/QCNSP.py
posword: 好看
posVal: 1.25
posVal, negVal: 1.25 0

posword: 流畅
posVal: 1.75
posVal, negVal: 1.75 0

posword: 不错
posVal: 4.75
posVal, negVal: 4.75 0

posword: 满意
posVal: 6.5
posVal, negVal: 6.5 0

single_UGC_sentiment_score: 4.062

Process finished with exit code 0
```

图 9.7　QCNSP 情感极性值

QCNSP 值 4.062 小于 QCSP 值 6.5，原因是 QCSP 方法没有考虑不同用户表达习惯的差异导致表达同一意思的程度副词数量差异现象，将程度副词、否定副词的权重直接应用于情感极性值进行调整。而 QCNSP 模型，既考虑了程度副词对情感极性值的影响，又考虑了表达同一含义的程度副词重复出现修饰同一情感词时的回归问题，采用在 QCSP 方法中情感词的情感极性值基础上对其求（1/n）方、平均值并进行规范化处理，以达到调整表达习惯差异导致的程度副词过度重复问题。由示例结果可知，QCNSP 模型计算得到的情感极性值具有更好的参考价值。

三、情感偏好值计算结果分析

（一）实验一：50 条 UGC 数据

本实验针对 50 条评论 UGC 数据利用三种求解方法计算 UGC 情感极性值的

分析实验结果。

如图 9.8 至图 9.11 所示,每条评论 UGC 在数据预处理之后,由文本类型转为列表(List)类型,分词后的每个词语作为列表的元素按原先顺序进行排列,以字符串(str)的方式表示。当评论 UGC 的情感极值结果大于 0 时,即表示正向情感得分大于负向情感得分,单条评论的整体情感倾向为正向(积极)。当评论 UGC 的情感极值结果小于 0 时,即表示正向情感强度小于负向情感强度,单条评论的整体情感倾向为负向(消极)。

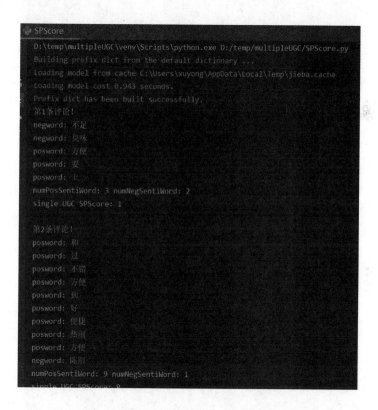

图 9.8　50 条规模数据上 SP 方法执行结果

例如,第 1 条评论在 SP、QCSP、QCNSP 三种方法下计算得到的情感极性得分分别为:1、-1.5、-2.292。

同样的评论 UGC 在三种评价方法下得到的情感极性结果不一样,观察第 1 条评论原始信息"总的来说还可以。有几点不足:第一,卫生间有臭味;第二,打车不方便,要走过桥到大街上招呼;第三,中餐厅菜偏贵"可知,虽然三种计

```
QCSPScore
D:\temp\multipleUGC\venv\Scripts\python.exe D:/temp/multipleUGC/QCSPScore.py
Building prefix dict from the default dictionary ...
Loading model from cache C:\Users\xuyong\AppData\Local\Temp\jieba.cache
Loading model cost 0.816 seconds.
Prefix dict has been built successfully.
第1条评论!
negword: 不足
degree_more: 还
negval: -1.5
posVal, negval: 0 -1.5
negword: 臭味
negval: -2.5
posVal, negval: 0 -2.5
posword: 方便
degree_inver: 不
posVal: -1
posVal, negVal: -1 -2.5
posword: 要
posVal: 0
posVal, negVal: 0 -2.5
posword: 上
posVal: 1
posVal, negVal: 1 -2.5
single UGC posVal, negval: 1 -2.5
single UGC QCSPScore: -1.5
```

图 9.9　50 条规模数据上 QCSP 方法执行结果

```
QCNSPScore
D:\temp\multipleUGC\venv\Scripts\python.exe D:/temp/multipleUGC/QCNSPScore.py
Building prefix dict from the default dictionary ...
Loading model from cache C:\Users\xuyong\AppData\Local\Temp\jieba.cache
Loading model cost 0.973 seconds.
Prefix dict has been built successfully.
第1条评论!
negword: 不足
negval: -1.5
posVal, negval: 0 -1.5
negword: 臭味
negval: -2.5
posVal, negval: 0 -2.5
posword: 方便
posVal: -1
posVal, negVal: -1 -2.5
posword: 要
posVal: 0
posVal, negVal: 0 -2.5
posword: 上
posVal: 1
posVal, negVal: 1 -2.5
numPosSentiWord 3numNegSentiWord 2
single UGC posVal, negval: 0.3333333333333333 -1.25
single UGC QCNSPScore: -2.292
```

图 9.10　50 条规模数据上 QCNSP 方法执行结果

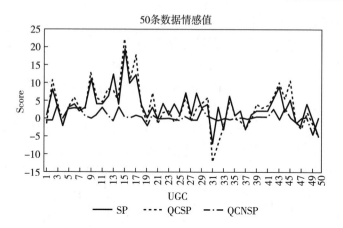

图 9.11 50 条数据规模上三种计算方法的情感值比较

算方法均识别出来相同的正向、负向情感词，但是 SP 计算方法中只统计了正向、负向情感词的数量，没有考虑到情感词前的修饰成分对情感强度的改变，从而直接得到代表正向情感极性的正数情感值"1"。而 QCSP 与 QCNSP 的得分均为代表负向情感的负数情感值，这是因为计算方法考虑了修饰副词对情感词情感表达强度的影响，从而得到更加精确的情感极性值。

QCNSP 方法计算得到的情感极性值绝对值大于 QCSP 方法计算得到的情感极性值绝对值并不是因为 QCNSP 方法判断该评论的负向情感更加强烈，而是因为 QCNSP 通过规范化处理计算结果，使得所有评论 UGC 无论是长文本还是短文本，其情感得分均匀分布在 [-5，5]，降低了用户表达习惯简洁或详细对情感极性值造成的误差。

因此，通过基于情感词典、考虑修饰副词的情感极值计算，不仅可以判断文本 UGC 的情感倾向（正向或负向），还可以根据数值的大小，判断不同 UGC 之间的情感强度，可以更好地衡量文本 UGC 所包含的用户情感。

由表 9.6 可知，三种计算方法的时间性能在同一数量级上，三种计算方法时间的大小关系为 $T_{SP} < T_{QCSP} < T_{QCNSP}$。

表 9.6 50 条数据规模上三种计算方法的时间比较

Equation	Time（s）
SP	2.25
QCSP	2.31
QCNSP	2.49

（二）实验二：1000 条 UGC 数据

本实验针对 1000 条 UGC 数据进行评论 UGC 情感值及执行时间的实验结果与分析。

由图 9.12、表 9.7 可知，SP、QCSP、QCNSP 计算方法得到的情感极性值范围分别在 [-7, 28]、[-12, 52.5]、[-5, 5]，显然 SP、QCSP 方法计算得到的情感极性边界值将会随着评论 UGC 的变化有显著的变化，从而可能会导致这两种方法得到的同一情感极性值在不同领域 UGC 语料中表达的情感强度是不一样的。例如，对于同样的数值 2，若 A 领域 UGC 语料分析中得到的情感极性值范围为 [x, 2]，则 2 表示最为强烈的肯定情感；若 B 领域 UGC 语料分析得到的情感极性值的取值区间为 [2, x]，则 2 表示最弱的肯定情感，从而导致信息表达的不确定而造成混乱。而 QCNSP 方法计算得到的情感极性值在 [-5, 5]，不会出现随评论 UGC 长短差异出现较大幅度的波动，从而具有更好的参考价值。

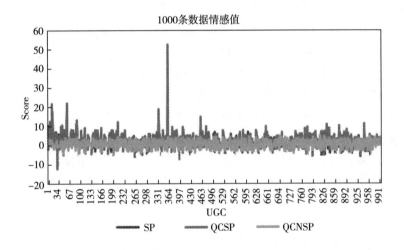

图 9.12　1000 条数据规模上三种计算方法的情感值比较

表 9.7　1000 条数据情感值的统计指标

	最大值	最小值	平均值	方差
SPScore	28	-7	1.25	6.42
QCSPScore	52.5	-12	1.68	13.34
QCNSPScore	5	-5	0.69	3.83

由表 9.6、表 9.8 可知，1000 条数据规模上的三种计算方法的执行时间比 50

条数据规模上分别比增长了约 152%、210. 39%、189. 96%。QCSP 方法的时间耗费比 SP 方法多 26. 5%，QCNSP 方法的时间耗费比 SP 方法多 27. 3%。三种计算方法的执行时间位于同一数量级。

表 9.8　1000 条数据规模上三种计算方法的时间比较

Equation	Time （s）	rate of increase （%）
SP	5. 67	60. 3
QCSP	7. 17	67. 8
QCNSP	7. 22	65. 5

第四节　本章小结

基于情感倾向偏离的方向和程度，本章提出基于依存语法的情感极性计算模型 QCNSP，既通过识别情感词分析了 UGC 中用户表达的情感极性倾向，又进一步通过确定程度副词、否定词对其所修饰的情感词的影响程度，以获得情感倾向的偏离程度，从而更加细腻地分析 UGC 情感。同时对现有词典进行整理扩充，使中文文本情感分析更加细粒度化，为接下来基于聚类的 UGC 主体识别工作和商品评论情感偏好的计算奠定基础。

由于用户生成内容的产生速度十分迅速，情感词典也需要与时俱进。接下来的研究中，可尝试构建可自动更新的情感词库，可根据应用领域对情感词典进行划分。由于目前研究中，在情感量化方面没有统一标准，大多研究在权值的分配问题上描述得都比较宽泛，如何将情感词量化得更符合现实意义，也是值得探究的方向。

第十章　考虑时间因素的 UGC 情感分析

第一节　引　言

电商、旅游等领域的 UGC 数据越来越丰富，其目的是为了给潜在用户提供尽可能多的决策参考。首先，当 UGC 数量急剧增多时，潜在用户反而变得无法有效地从数量众多的 UGC 中获取有用的参考信息；其次，由于网络信息表达习惯的差异，不同主体发布的相同 UGC 表达的情感强度等也存在一定的区别，导致对 UGC 进行计算得到的情感极性绝对值具有一定的内涵差异，潜在用户无法准确地从 UGC 情感极性绝对值获得 UGC 主体的真实情感信息；最后，随着时间的推移相同情感极性值的 UGC 数据对评论对象的意义也存在差异。

因此，本章从时间因素角度动态计算评论对象的平均情感极性值，以更加充分地反映用户对评论对象的评论情况及其演变过程。

第二节　模型建立

一、UGC 主体的情感标准化

随着网络在我们生活中的不断渗入，如手机购物、阅读、浏览新闻等，人们每天使用网络的时间一直居高不下，从而给用户留下网络消费、商品评论、新闻关注、点赞、转发等专属自己的网络足迹。由于用户行为的格式多样、内容丰富等特点，用户画像也随之更加形象与生动[68]。目前针对线上商品评价的 UGC 情感分析，大多只聚焦单一文本，忽略了评论的创造者，即 UGC 主体。众所周知，人的性格、生活习惯、说话方式都或多或少存在差异，不同的人会有不同的情感表达方式。同样，在发表线上评论时，有些人习惯加入个人情感、语气强烈，而有些人则习惯保持冷静、中肯的态度。因此，不同于对所有评论的情感极值简单求和、无量纲化，在情感分析模型中考虑用户情感表达习惯因素具有重要的意义。

UGC 是用户在网络环境下发表，具有一定创新度的内容。因此，对 UGC 充分利用是用户画像描绘中的关键一环。众所周知，人的性格多多少少存在一定差异，因此在情感表达时会有所不同。如某用户在网络上发表商品评论时，情绪总是高昂，如"这件衣服美爆了，从没买到过这么合适的！特别喜欢！特别赞！"，等等。在这种情况下，单纯地对评论进行情感分析，将会放大用户对该商品喜爱程度。因此，更为准确的方法是了解该用户平时的评论习惯，得到该评论的相对喜好值，作为该用户对所评价商品的喜爱程度。即考虑到用户情感表达强度差异后，对商品评论进行情感分析所得到的结果是更加真实可靠的。用户情感均值挖掘流程如图 10.1 所示。

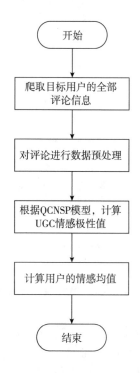

图 10.1 用户情感均值计算流程

以单个 UGC 主体为对象，基于情感词典的情感标准化的流程为：第一，爬取某 UGC 主体的所有历史 UGC 信息，包括时间信息、文本信息等；第二，基于依存语法的句子评论情感极值计算模型（QCNSP），计算每条文本型 UGC 的情感极值；第三，计算用户的整体情感均值。通过对用户情感标准的计算，为接下来针对线上商品评价的情感分析奠定了基础。

二、商品情感分析模型

目前商品评价通常包括五星打分、文字评论、附加图片、短视频等。评价的形式越来越多样化，其目的也是为了给用户提供足够多的参考。对普通用户来说，没有足够的精力，也并没有综合评价的能力。因此，商品评价的情感分析模型可以使用户了解其他用户对目标的偏好程度，以及广大用户对该商品的整体情感变化情况。图 10.2 是商品情感分析流程。

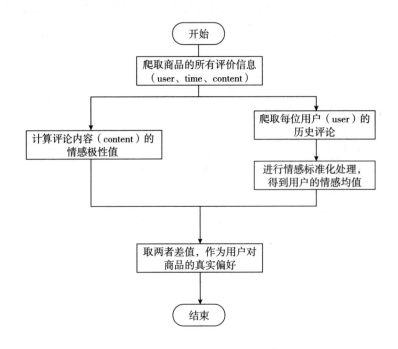

图 10.2　商品评论的情感分析流程

针对商品评价的情感分析流程为：①网络爬虫获取商品 G 页面下的用户评论信息：用户名（User）、评论时间（Time）、评论内容（Content）；②根据对涉及的评论者进行情感标准化处理，得到每个评论者的情感均值；③通过基于依存句法的句子评论的情感极值计算方法，得出每条评论的情感极性值（绝对值）；④取每条评论的情感值与评论者的情感均值的差值，作为这条 UGC 最终情感值（相对值）。

目标商品的每一条评论都对应着一个评论主体，因此，商品的第 i 条评论的情感偏好值计算公式为：

$$\text{sent}_i = s_i - E(U_i) \tag{10-1}$$

其中，s_i 指的是商品的第 i 条 UGC 的情感极性值，s_i 可根据 QCNSP 模型得出；$E(U_i)$ 表示第 i 条 UGC 所对应用户的情感均值；sent_i 即为商品第 i 条 UGC 的最终情感极值。

在得出每位用户对目标商品的情感偏好情况下，继续计算用户整体对目标商品的情感偏好值。这里需要考虑时间因素，UGC 发布时间越近，其情感偏好更接近于商品的真实情况；反之，参考价值会减弱。即 UGC 发表时间至今的时间间隔越长，其情感极值的权重应该越低。计算公式如下：

$$\text{Dist}_i = T_{now} - T_i \tag{10-2}$$

$$\text{Score} = \frac{1}{m} \sum_{i=1}^{m} \left(\frac{1}{(\text{Dist}_i + 1)} \cdot \text{sent}_i \right) \tag{10-3}$$

其中，Score 表示目标商品的最终情感偏好，为了使最终结果更加具有可比性，对其进行标准化处理；T_{now} 指的是现在的时间；T_i 指的是第 i 条 UGC 的发表时间；m 指的是 UGC 的数量；Dist_i 即为两者差值，指的是第 i 条 UGC 发表至今的时间，以"月"为计算单位。

第三节　情感分析的模型应用

一、数据采集、清洗与存储

根据网络爬虫技术，使用 Python 语言爬取某电商平台商品 G 的在线评价信息。爬取内容包括用户名（user）、评论时间（time）、商品颜色（color）、版本（version）、评论文本（comment）和点赞数（praise），共计 850 条。

对文本进行分词与词性标注时，选取 Python 平台中的 jieba 库实现。分词结果如图 10.3 和图 10.4 所示：

图 10.3　商品 G 的评论信息

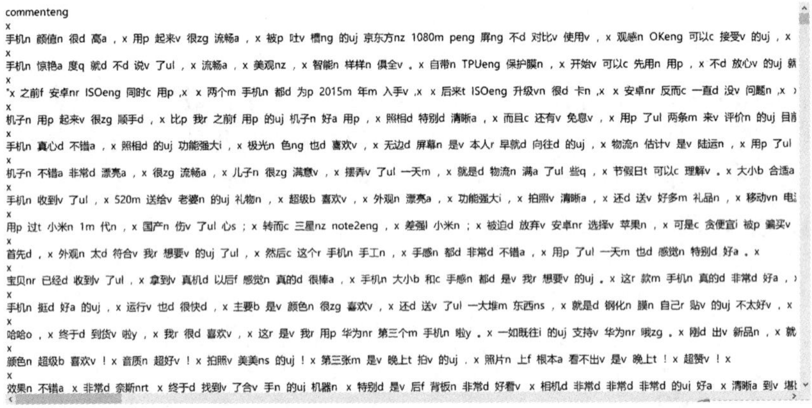

图 10.4　UGC 分词和词性标注

二、商品评论的情感极值计算

基于依存语法的情感极性计算模型（QCNSP），对于采集到的 850 条评论，逐一进行情感极值的计算，图 10.5 为部分结果截图。

首先，按照基于依存句法的句子评论情感极值计算方法，得出商品的全部评论的情感极值。加入每条评论所对应的主体这一影响因素，即评论者的情感均值。图 10.6 表示商品 G 全部评论所对应的情感极值。这个得分是基于依存句法

cutting_data:['手机', '颜值', '很', '高', '起来', '很', '流畅', '被', '吐', '槽', '京东方', '1080p', '屏', '不', '对比', '使用', '观...
sentiment_score:12.25

cutting_data:['手机', '惊艳', '度', '就', '不', '说', '了', '流畅', '美观', '智能', '样样', '俱全', '自带', 'TPU', '保护膜', '先用'...
sentiment_score:11.75

cutting_data:['之前', '安卓', 'ISO', '两个', '手机', '都', '为', '2015', '年', '入手', '后来', 'ISO', '升级', '很卡', '安卓', '反而...
sentiment_score:7.0

cutting_data:['机子', '起来', '很', '顺手', '比', '我', '之前', '机子', '好用', '照相', '特别', '清晰', '免息', '了', '两条', '来', '...
sentiment_score:3.75

cutting_data:['问题', '物流', '是', '快', '狠', '头条', '下午', '拍', '第二天', '上午', '就', '到', '了']
sentiment_score:3

cutting_data:['手机', '真心', '不错', '照相', '功能强大', '极光', '色', '喜欢', '无边', '屏幕', '是', '本人', '早就', '向往', '物...
sentiment_score:11.828

cutting_data:['机子', '不错', '非常', '漂亮', '很', '流畅', '儿子', '很', '满意', '摆弄', '了', '一天', '物流', '满', '了', '些', '节...
sentiment_score:18.75

cutting_data:['手机', '收到', '了', '520', '送给', '老婆', '礼物', '超级', '喜欢', '外观', '漂亮', '功能强大', '拍照', '清晰', '还...
sentiment_score:9.0

cutting_data:['用过', '小米', '1', '代', '国产', '伤', '了', '心', '转而', '三星', 'note2', '差强', '小米', '被迫', '放弃', '安卓', '...
sentiment_score:6.0

cutting_data:['外观', '太', '符合', '我', '想要', '了', '手机', '手工', '手感', '都', '非常', '不错', '了', '一天', '感觉', '特别', '...

图 10.5 单条 UGC 的情感极值计算结果

计算而来，属于对文本 UGC 的计算结果。其次，加入评论主体（评论者）这一因素，即不同的主体拥有不同的情感评论习惯。而通过评论者与商品评论意义对应的关系，可以计算出用户对商品 G 的真实偏好程度。

三、情感偏好值的计算

在情感极值的计算过程中，需要注意用户主体和评论的一一对应关系，每一条商品评论都对应一位 UGC 主体。在商品评论的情感极值计算阶段，已经得到了长度为 850 的向量（见图 10.6）。为了得到每条评论的情感偏好值，还需要根据评论所对应的 UGC 主体，计算 UGC 主体的情感均值。用户的情感均值是基于用户的历史评论得出的，因此需要爬取 850 位用户的历史评价。但由于电商平台的用户隐私保护，用户的数据通常只供企业内部使用，因此无法成功爬取。考虑到当用户数量十分充足的情况下，全部 UGC 主体的情感均值分布情况应服从正太分布。因此，采取随机数的方式，构造一个长度为 850 的随机数列，并使其满足正太分布，结果如图 10.7、图 10.8 所示。

图 10.6 表示商品评论的情感极值，图 10.8 表示商品评论对应主体的情感均值，二者为一一对应的关系，数据结构均为向量表示，且长度为 850，即评论和

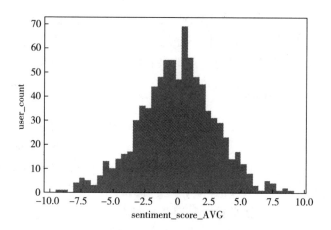

```
IPython console
Console 1/A
Goods_sentiment_score:
[12.25, 11.75, 7.0, 3.75, 3, 11.828, 18.75, 9.0, 6.0, 5.75, 17.75, 3.5, 11.5, 7, 19.0, 4.0, 8.75, 8.812, 2.75, 7.5, 4.75, 11.25, 9.75,
6.5, 6.0, 6.75, 12.5, 4, 4.0, 1.75, 7.0, 5.25, 8.875, 12.438, 4.75, 7.5, 7.5, 0, 1, 2.75, -1.75, 1, 1, 6.5, 10.0, 4.75, 3.75, 6.0,
6.5, 6.5, 0.25, 7.75, 8.0, 5.5, 2.75, 15.562, 8.0, 5, 6.25, 0.125, 7.0, 8.25, 12.0, 4.75, 8.25, 5.5, 7.5, 5.25, 3.5, 5.5, 5.375, 6.75,
3.5, 6.5, 3.75, 4.75, 2.75, 2, 8.5, 7.0, 5.359, 26.25, 7.25, 6.0, 3.5, 5.5, 11.875, 3.75, 3.469, 3, 2.75, 11.5, 16.0, 8, 4.0,
0, 1.75, 0, 5.75, 3.75, 4.5, 6.25, 10.5, 3.75, 2.25, 2.25, 3.5, 7.0, 3.25, 3.5, 10.25, 5.75, 8.75, 8.062, 1.0, 32.0, 4.75, -4.0, 8, 5.0,
2.75, 7.25, 3.75, 4.75, 6.75, 7.0, 3.5, 6.75, 1.75, 5.75, 3, 6.0, 6.25, 5.0, 8.0, 1.0, 10.5, 3.625, 9.5, 6.562, 3.0, 4.75, 8.75, 11.25,
2, 1, 3.062, 2.5, 7.25, 7.5, 5.0, 2.75, 3.75, 5, 4.375, 4.5, 3.25, 2.75, 6.812, 1.25, 6.5, 4.75, 3.75, 4.75, 10.5, 10.25, 6.75, 3.5,
4.25, 3, 4.75, 8.0, 6.25, 4.75, 5.5, 11, 6.625, 2.75, 3, 6.5, 4.75, -0.25, 1, 7.562, 2.75, 3.0, 4.75, 4.5, 5.25, 10.0, 3.75, 3.5,
3, 1, 4.75, 3.75, 3.5, 5.75, 3, 1, 6, 6.0, 9.0, 6.75, 4.75, 3, 1.75, 4.75, 6.5, 3.0, 5.188, 4.5, 1.75, 5.75, 5.0, 4.5, 8.0, 5.0, 5.0,
2.75, 4.0, 4.5, 6.0, 3.75, 2.75, 8.25, 4, 3.75, 0.75, 3.75, -2, 0.0, 3.75, 4.5, 2.75, 3.75, 2.0, 3.75, 3, 5.75, 1.75,
-0.75, 5.5, 2.0, 5.5, 4.938, 4.75, 4.0, 2.75, 4.75, 1, 0, 3.75, 4.75, 3, 9.938, 2.75, 5.688, 4.25, 1, 2.75, 2.75, 6.25, 6.5, 3.75, 1.0,
5.75, 5.5, 0, 5, 5.75, 3.75, 6.5, 4.5, 4.5, 6, 3.25, 1.75, 4.75, 2.0, 3.75, 5.5, 5, 4.5, 3.188, 6.812, 6.75, 2.5, 4.0, 3.5,
2.75, 0.25, -1.188, 2, 3.75, 1, 3.062, 5.0, 2.75, 2.75, 5.75, 3.75, 1, 2, 5.0, 3.75, 2, 4, 2.75, 3.5, 2, 3, 6.75, 4.5, 3.75, 1.75, 3.75,
3.75, 3.75, 2, 5.75, 4, 3.75, 4.5, 2.5, 3.75, 1.75, 2.75, 3.5, 0.75, 1.75, 1.75, 1.5, 1.75, 4.75, 1, 7.5, 5.0, 7.5, 1.75, 5.75,
3.75, 3.75, 4.5, 4.5, 1, 2.75, 3.5, 3.0, 0.75, 3.75, 4.812, 2, 5.0, 2.75, 5.5, 2, 4, 6.25, 4.5, 4.0, 4.75, 4.5, 2, 4.0,
-0.5, 2.75, 4.75, 3.75, 0.25, 4.75, -1, 3.0, 3.0, 3.75, 1.75, 3.75, 2.75, 4.0, 2.75, 2.75, 5.25, 3.75, 3.75, 3.75, 1.75, 1.75, 1.75,
1.75, 2, 1, 3.75, 2, 0, 2.0, 4.75, 3.75, 0.75, 3.0, 1.75, 3, 2, 0, 1.0, 1, 1.75, 1.0, 2.188, 4.0, 3.75, 2.75, 4.25, 1.75, 4.75, 2.75,
6.0, 3.5, 2, 0, 2.0, 6.0, 2, 0, 1.75, 3.75, 1.75, 1.75, 2.0, 3.5, 1, 3.5, 3.25, 2.75, 1.75, 3, 2.75, 4.0, 1.75, 1, 1, 2.75, 4.0, 3.0,
3.75, 3.75, 4, 3.5, 4, 0.75, 3.5, 4, 2.0, 1.75, 3.75, 1.75, 3.0, 2.75, 2.75, 0, 4.0, 0, 2, 1, 3.0, 0, 2.75, 4.5, 4.75, 3.75, 6.125,
7.5, 4, 3.25, 2, 21.469, 1.25, 0.5, -0.25, 5.75, 2, 2, 3.625, 3, 4.0, 4, 2.75, 1, 0, 0.5, 3, 7.25, 4, 3.5, 4, 3, 8.5, 6, 6, 4.75,
1.25, 3.0, 9.875, 3.25, 0.5, 3.75, 3.25, 4.5, -1.5, 1, 6.25, 7.188, 0.5, 3.5, 4.5, 0, 4.25, 0, -4, 16.0, 6.0, 1, 0, -1, 1, 0, 5.328, 1.75,
7.5, 2.5, 2.75, 5.484, 1, 8.0, -2.938, 1, 4.5, 2, 1, 4.875, 3, 2, 3.5, 1.25, 1.5, 3, 2.5, 3, 3, -2.25, 2.125, -2.0, 6, 4.75, 2, 4.0,
-0.5, 5.281, 0, -0.5, 3, -0.75, 1, 1.5, 3.25, 2, 2, 2.25, 0, 6.75, 3, 5.5, 4, 2, 1, 1, 2.5, 2, 3.25, -0.25, 3.5, 2, 1.5, 1.0, 0.875,
3, 1, -0.625, 2, 0, 2.5, 2, 1, 1, 1.25, 1, 4, 2, -1, 5.5, 4.0, 3, 1, 3.75, 4, 2, 1.5, 1.75, 3, 1, 5, 4, 5.102, 0, 2, 2.5, 2, 1.5,
3.75, 3, 3, 1, 3.25, 1.25, 1, 0.0, 2.75, 4, 1, 2.75, 4, 1, 1.75, 3.5, 2.5, 2, 1.25, 3, 4, 1, 3, 3, 4, 1, 3, 1.5, 2, 1.5, 0,
2.5, 2, 2, 3, 2, 0, 2, 0, 2, 3, 3.0, 2.25, 4.25, 2, 1, 2.25, 2.5, 0, 3, 1, 2.5, 4, 1, 1, 1, 2, 1.25, 1, 2, 2, 0, 2, 0, 0.25, 1.5,
1, 2, 1.5, 0.5, 1, 1, 3, 0, 1, 0, -1, 1.25, 1.5, 2, 1, 1, -2, -2, 0, 0, 2.0, -1, 0, -1, 0, -1, -0.5, 0, 1, 2, 2, 1,
-1, 0, -1, 1, -1, 0, 6.0, 3.5, 2, 0, 2.0, 1.75, 2, 3, -0.5, -1, 2, 0, 1.75, 1.25, 1, 3, 1, 1.75, 0, 0, 2, 1, 2, 0, -1, 2, 2, 1, 1,
1.5, 0, 2.75, 0, 2, -1, 2, 2.0, 2, 0, 1, 1, 1.75, 0, 3.75, 0.25, 4.0, 2.75, 4.0, 2, 0.75, 2.75, 3.0, 0, 1.5, 2, 2.0, 1, 2, 2.25, 1, 1,
3.0, 3.75, 3, 1, 1.5, 1]
In [27]:
```

图 10.6　850 条评论的情感极值

图 10.7　构造的 850 位 UGC 主体情感均值分布情况

主体数量。通过取差值，即可得到 850 位用户对商品 G 的情感偏好（见图
10.9）。最终，通过对商品评价的情感分析，成功将 850 条评论文本转化为 850
位消费者对目标商品的情感偏好值。

图 10.8 850 位 UGC 主体的情感均值

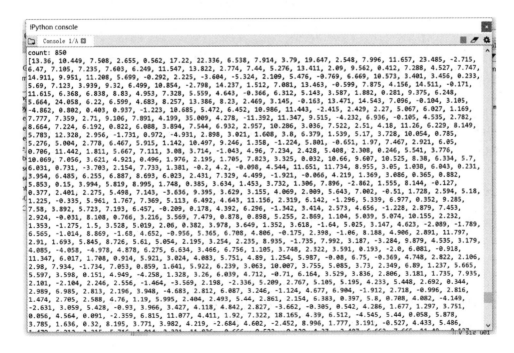

图 10.9 850 条商品 G 评论的情感偏好

第四节　情感分析模型的结果可视化

　　商品评论在一定程度上反映了商品的实际情况，而针对在线评论进行情感分析可以映射出用户对商品的喜好程度。纵观整个数据分析流程，先是将生活中的文字、图片、视频、表情符号甚至用户轨迹等信息转变为计算机可以识别的数据类型，将类型转变后的数据作为输入，导入提前设计好的算法中，就可得到确切的分析结果。但这些结果数据并不容易被普通用户所理解，因此，数据可视化作为数据视觉变现形式，将结果转变为常人易懂的信息，便于信息的理解、接收与传播。目前的线上平台的商品评价，会通过单一的数值表示，而情感曲线的绘制，可以实现用户对商品喜好的动态跟踪。情感曲线的绘制，为潜在消费者提供了更加形象的商品信息，为商品的评价提供更加细粒度的刻画。

　　Python 中含有若干用于数据可视化的库，如 Altair、Bokeh、Matplotlib、Seaborn、PyGraphviz 等。其中，Matplotlib 是 Python 中最基本的绘图库，和 MATLAB 的绘图方式有类似之处，pandas 等分析库能够直接调用其进行绘图，可以满足基本的数据可视化分析要求。

一、情感曲线生成的流程

　　现实场景中，消费者为了全面地了解商品的质量、服务等方面的真实信息，不仅浏览商家推送的内容，更愿意相信其他已消费用户的在线评论，在线评论存在的目的就是为其他潜在用户提供购买参考意见。首先，消费者往往没有充足的精力去逐一查看每一条评论，因此，需要以直观的形式，将商品评论中的情感偏好展示出来。其次，随着同行竞争、价格变化等因素，不同时间段内的用户，对商品的偏好也会发生变化。商品评论情感曲线则很好地解决了上述问题，图10.10 为情感曲线绘制流程。

　　由于单条商品评价与商品本身可能具有一定偏差，因此选择计算连续的 10 条商品评价情感偏好，取其均值作为这一时间节点的情感偏好。为体现广大用户对目标商品的偏好在时间维度的变化情况，情感曲线的横坐标表示评价的前后时间，纵坐标表示商品评价中包含的用户情感偏好值。

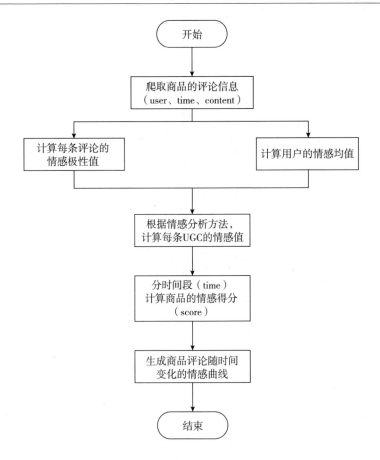

图 10. 10　情感曲线绘制流程

二、情感曲线的应用与分析

根据用户生成内容情感分析模型的应用，得到了商品 G 共 850 条评论文本的情感偏好数值（见图 10.9）。下面根据时间前后排序，计算相邻 10 个 UGC 的情感偏好均值，即得到相邻的 85 个值，如图 10.11 所示。

利用 Python 中的 Matplotlib 绘图库，即可得到商品 G 的情感曲线，如图 10.12 所示。

根据变化曲线可以看出，目标商品评论所反映出的情感偏好基本大于 0，说明用户对目标商品的情感倾向是积极的。但变化曲线的趋势是下降的，前几条评论的情感偏好接近 8，而后续的情感偏好在 0 附近，在一小段时间内，商品评价中所展示的用户情感色彩是消极的。商品的情感分析模型，可以抛开用户自身的

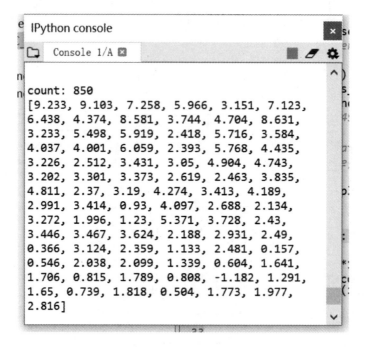

图 10.11　商品情感偏好分段计算后的结果

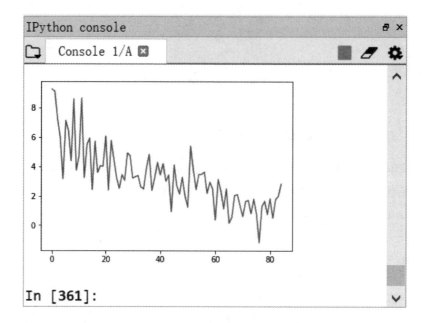

图 10.12　商品 G 的情感偏好变化曲线

评价习惯，得到每位用户对目标商品的真实偏好情况。通过绘制商品的情感分析曲线，可以看出广大用户对商品的偏好变化情况。对于消费者而言，减少了单一评分带来的信息不对称，使消费者能够看到其他用户对目标商品的真实反馈；对商家而言，也不用被单一的评分或店铺等级所限制，可以了解用户对商品的真实偏好情况，便于收到用户反馈，及时改进；对于电商平台而言，削减了网络水军带来的负面影响，每件商品所反映的情感偏好都是真实有效的，净化了购物环境。

第五节　本章小结

本章结合每位评论者的情感表达均值，得出不同商品的情感平均得分。相较于单条 UGC 情感值，评论的情感均值更加形象地描绘了用户对商品的偏爱程度，有利于推荐系统在情感特征提取的细化。

接下来可以考虑综合用户的其他因素如用户的粉丝量、关注度、注册时长等，更加细腻地计算用户偏好程度，全面地、从不同维度分析商品的情感偏好情况。同时，基于信息载体的多样，用户表达情感的方式多种多样，如何进行多模式的混合情感分析是下一步的研究点。

第十一章 基于情感分析的 UGC 模糊综合评价方法

第一节 引 言

随着 Web 2.0 技术的不断发展，针对商品、服务、话题等对象，由普通网络用户自发在网络平台上的发布信息越来越多，这些信息统称为用户生成内容（User Generated Content，UGC）。近年来，UGC 以其快捷、去中心化的信息生态特点逐步被人们所接受，并在新闻论坛、博客、微信、旅游评论、电商商品评论等领域都有广泛的应用。例如，在电子商务领域的网络购物过程中，由于购物平台的非实体性，消费者在选择商品时，无法实时体验商品性能，因而无法更加全面地了解商品。针对此问题，电商平台不仅为消费者提供产品自身特征相关信息（如多方位的商品外观展示、特性文字信息等），还展示了其他消费者对商品的评价，让购买过该商品的消费者根据其自身的购物体验，对商品做出具体的评价。这些评价形式的网络用户生成内容将作为其他消费者购买决策的重要参考。因此，消费者对商品的评价将会直接影响其他消费者购买该商品的意愿[121]。但是，随着评论条数的不断增多，消费者评价系统的作用似乎在减弱，几乎没有消费者为了了解商品的属性而去阅读成千上万的评价信息。评价丰富了，但其后消费者从评价信息中获取的有用信息却越来越少。为了更好地利用消费者评价信息，就需要针对这些海量的评价信息构建一个准确、高效的综合评价系统。为电子商务、旅游体验等网络平台构建一个可靠、有效的用户生成内容综合评价方法，不仅能帮助后续其他用户快速、精确、深入地了解商品、景点、服务等信息，也有利于企业稳定老客户，进一步挖掘消费者的深度需求，提高产品和服务的质量，从而提高企业竞争力[122]。

模糊综合评价是一种利用模糊数学理论把定性评价转化为定量评价的有效方

法。李梵蓓首先将模糊数学的思想应用到商品质量综合评价问题上，其次利用编程实现该评价方法，操作简单方便、结论可靠[123]。王跃进等将多级模糊综合评价方法用于绿色食品的研究[124]。乌云娜等运用模糊度量方法分析企业存在的风险，评价结果可为控制风险和优化并购方案提供决策参考，是一种行之有效的评价企业并购风险的方法[125]。王涛从电子商务层面构造出电子商务产品指标体系，应用模糊数学综合判断方法，对电子商务企业产品进行整体分析和综合评判，评价出产品优劣。其不足是采用指标两两进行评价方法确定权重，主观性太强，对商品的综合评价结果说服力不够强[126]。杨静着眼于电子商务网站售后商品评价环节存在的问题，构建的评价模型考虑了评价的公正性和易于理解性，但是对于模糊评价矩阵是用调查统计的方法得到，此过程需要更多的人力、物力。并且在各指标权重的判断过程中，采用了专家经验判断，主观性较强[127]。

在分析、研究以上模糊综合评价方法各自优缺点的基础上，本章将情感标签的抽取、情感极性的判断、模糊统计等方法引入到用户生成内容的模糊综合评价。首先，利用情感抽取、情感极性判断的方法，将相关用户生成的评价信息情感分为若干评价等级；其次，通过模糊统计方法确定模糊综合评价矩阵；最后，构建综合评价模型 FCE。由于因素集、指标权重和模糊评价矩阵的确定是模糊综合评价方法的重要环节，所以 FCE 模型中不仅统计情感特征表达的主题，还考虑相关因素集被提及的次数，从而能够更加客观地确定评价指标模型中因素的指标权重。模型中的指标权重和模糊评价矩阵可以用机器学习的方法得到，计算途径方便可靠。

第二节　相关知识

一、结构模型

经过收集、分析消费者在淘宝购买商品时的评价信息，归纳得出消费者在进行淘宝购物时比较关心的因素，借鉴相关学者研究成果、建立电子商务商品评价指标结构模型[127]。结构模型如图 11.1 所示。

在商品评价指标结构模型中，指标的确定是消费者比较关心的要素，但是并非所有评价问题领域只有这几个指标，不同评价领域可以根据实际情况调整评价要素集。

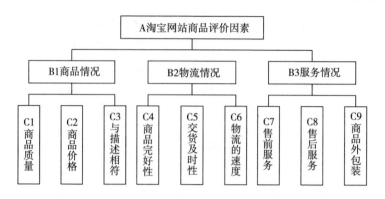

图 11.1　淘宝网站商品评价指标结构模型

二、文本情感分析

（一）信息抽取

随着 Web 2.0 的兴起，越来越多的消费者习惯在网络平台分享自己的观点、消费体验等，这些观点提供了大量的有用信息供其他消费者参考。所以阅读和分析消费者评价信息，提取消费者对商品的情感倾向，对于其他消费者的决策具有重要的参考价值。

消费者评论情感分析，就是对某种商品的消费者评价信息进行有效的分析和挖掘，识别出消费者评价信息的情感趋向，如消费者对商品质量的评价是好、一般或者坏；对商品物流环节、售后服务环节等相关情况可以分别进行分析。针对某一特定商品，统计所有消费者的评价信息可以更好地了解商品的具体情况，弥补网络用户无法实地体验拟购商品，从而可能会带来一些误判的不足。

一条评论信息就是消费者对某商品的观点。S. M. Kim 等认为一个观点由主题、意见持有者、情感描述项和褒贬倾向性四个部分来描述，即意见持有者针对某一特定商品表达出自己对该商品喜欢与否、对该商品质量的情感倾向性[128]。在商品评论信息的分析过程中，意见持有者都是买过该商品的消费者，但是在评论信息中很难找到意见持有者身份信息，所以本章的分析对象——商品信息评论不考虑意见持有者身份信息的提取。评论信息与意见持有者个人信息之间存在的关联关系对用户生成内容综合评价的影响本章不作考虑。而褒贬倾向都是来自于对相应情感描述项的分析，所以主题（即评论对象）与对主题的情感描述是产品评论中最核心的两个元素。

评价信息的情感抽取可以通过人工标记与统计，准确判断每一条评论的情感极性。但是随着商品信息评论的增多，单纯地依靠人工抽取，已经不能满足

Web 2.0时代信息更新的需求，所以通过机器学习，利用文本情感分析中语句情感标签抽取与标注的方法，对淘宝网站商品评价信息进行提取与标注，在大数据时代更加有效。

本章主要通过文本情感分析的方法，利用语句情感标签抽取方法分析商品评价信息，挖掘消费者对商品的评价意见，并且累计关于商品的"好的评价信息"和"坏的评价信息"的数量[129]；然后利用模糊统计方法确定模型中因素的权重和模糊评价矩阵，对商品评论信息进行模糊综合评价。

评论信息是一小段文字，而非一个短语，所以首先要利用分词器将一段话分割成一系列短语，然后再进行情感标签的抽取与统计[129]。以一件女式上衣商品的评论信息为例，展示情感标签抽取的结果，如表11.1所示。

表 11.1 情感标签抽取情感样例

观点语料		情感标签抽取结果			
语句编号	观点句	评价对象	否定词	副词	情感词
1	衣服面料很好，是丝光那种很柔软	衣服面料	—	很	好
2	细节处做工粗糙	做工	—	—	粗糙
3	拿到之后试穿了，大小刚好，挺喜欢的	大小	—	—	刚好
4	这种款型的衣服不会过时	款型	不会	—	过时

（二）情感极性判断

对评价信息的情感标签抽取结束之后，就要对其结果进行情感极性的判定。对于极性很明显的一些词语，我们可以直接利用 hownet 情感词语集和同义词词林建立情感词典来直接确定其极性，如好、漂亮等相关褒义词语记为"1"；如果在褒义词之前加有否定词，如不好、不喜欢记为"-1"；如果一般或者其他中性的描述，就记为"0"。如果无法直接查找到情感词语的极性，则利用上下文关系进行判断。如果消费者评论语句中出现转折词语，如"尽管……还是……""可""但是"等词出现时，则在基本情感提取结果上减1；如果出现递进关系的词语，如"不但、不仅、而且"等词出现时，原来在评论语句的基本情感基础上加1。

情感描述性词语被副词修饰的情况下，情感极性强度会被加强。好的情感倾向在程度副词的修饰下会更好，坏的情感倾向则会更坏。例如，"很好、超符合、极其差"等。当一个评论中的情感描述词被程度副词修饰时，如果情感极性通过前文中的方法被判断为"1"，则将其更改为"2"；如果情感极性通过前文中的方法被判断为"-1"，则将其更改为"-2"。

其中本章用到的程度副词库是从 Hownet 提供的 219 个中文程度级别词语中筛选出来的，级别为"极其、最""很""超"这三个类别共 112 个程度副词[130]。

评论信息的情感极性判断完成之后，会得到一个相对应的数值，有五种可能 2，1，0，-1 或者-2。分别将这五种可能与五个等级相对应，如 {2，1，0，-1，-2}={较好，好，一般，差，极差}。用这样的方法很容易分析每条评论信息中商品情况、物流情况以及服务情况的评价等级，然后用计算机统计商品各个因素、各个评价等级评论信息的数量，以用于第三节确定模糊综合评价矩阵。

第三节 模糊综合评价

一、模糊统计

无论是定量领域还是定性领域，模糊现象都是一种普遍现象。例如，商品质量的好坏、青年人的年龄范围等问题，都没有明确的界限。在利用模糊综合评价方法处理这些问题时，指标权重、模糊综合评价矩阵的确定以及模糊算子的选取等方面都存在主观随意性。很多研究者从不同的角度对模糊综合评价方法做出了改进。熊德国等通过分析模糊综合评价方法，指出模糊合成算子中取大取小算法和最大隶属度只是取得了部分信息，不全面、不合理，之后提出加权平均的模糊综合算法，评价结果较为合理[131]。韩志刚认为得到的评价集 B 本身模糊性较强，根据极大隶属度原则得到的综合评价结果较为粗糙，提出了将 B 当作百分制，将各个等级定量化，最后用矢量 B 分别与各个等级最高分数、中间分值、最低分相乘，得到数值，可以准确确定分数落在哪个区间、软件处于哪个评价等级，较一般的最大化原则更加可靠[132]。刘力等将信息熵的理论引入模糊综合评价法，用相关熵权本身的效用值来修正指标的权重系数，并且设立有效度指标来判断评价结果的有效性。通过实例化发现该方法有效地提高了模糊综合评价方法在工程上的实用性[133]。陈蓁蓁等提出利用层次分析法和主成分分析法相结合来确定选取因子的权重，把评价标准使用自然对数线性化，并结合数据统计情况，生成对数形式的降半梯形隶属函数，进而确定湖泊营养化级别，该方法计算结果真实、准确，具有可行性[134]。

本章在确定模糊评价矩阵 R 时选用模糊统计的方法，与其他学者选用主观确定、比较法、专家法等方法来确定模糊评级矩阵相比，本章提出的方法可以更好地反映客观事实。

模糊统计方法可理解为"变动的圈"是否覆盖住"不动的点"。由于每个商品评价信息的内容是一定的，但是评价等级是不确定的，指标集可以是极好、好、一般、差、极差五个等级中的任何一个。从这个角度来说，我们将要研究的问题是：哪个变动的等级可以覆盖住不动的商品评价指标集。所以确定模糊评价矩阵更加适合选用模糊统计的方法。

基本步骤：

（1）在每一次试验中都要确定指标集 U 中的固定元素 Bi 中的一个 u_0 是否属于可变动的等级集合。并且每一次试验中，指标集都必须属于一个确定清晰的集合。而每一个消费者对商品的评价都可以看作一个试验。例如，针对一条消费者评价，商品的质量情况属于五个等级中的哪一个，必须清晰、明确。

（2）在每一条消费者评论中，u_0 是固定的，而评价等级 A 在随机变动；如果在所分析的 n 条评论中，元素 u_0 属于 A 的次数为 m，则元素 u_0 对 A 的隶属频率定义为：

$$u_0 \text{ 对 A 的隶属频率} = \frac{u_0 \text{ 属于 A 的次数}(m)}{\text{消费者总的评论条数}(n)} \tag{11-1}$$

当商品评论条数 n 足够大时，元素 u_0 的隶属频率总是稳定于某一数（大数定律），这个稳定的数即为元素 u_0 对 A 的隶属度。模糊统计可以用来确定模糊评价方法的隶属度。

二、模糊综合评价方法

模糊综合评价方法是一种把模糊数学理论引入综合评价的一种方法。常用的确定模糊数学隶属度的方法有：直觉、模糊统计、模糊分布等，通过这些方法可以将定性评价问题转化为定量评价问题。即用模糊数学的方法对受到多因素制约的事物和对象作出相对客观的总体评价。模糊综合评价的流程如图 11.2 所示。

（一）构建模糊综合评价方法指标

根据商品评价指标结构模型确定指标集。一级指标集记为 U = {U_1, U_2, …, U_m}，其中 i = 1, 2, …, m_i，表示有 m 个一级指标；二级指标记为 U_i = {u_{i1}, u_{i2}, …, u_{in}}，表示第 i 个一级指标有 n 个二级指标。由图 11.1 可得，一级指标集为 U = {B1, B2, B3}，二级指标集为 B1 = {C1, C2, C3}。

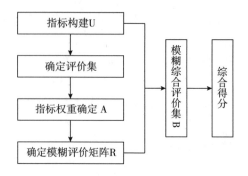

图 11.2　模糊综合评价流程

（二）确定评价集

定义评价集为 $V = \{V_1, V_2, \cdots, V_n\}$，每一个评价指标 U_i，有 n 个评价等级，淘宝评分系统大多用五颗星的评价方法，在这里不妨用常见的方法确定五个等级 {较好，好，一般，差，极差}，为了更加精确地利用模糊综合评价方法确定商品好坏，需要对每个等级给予一定的分数，以便可以量化计算商品最终得分，为消费者提供一个有价值的参考评分。评价等级与分数的对应关系为 {较好，好，一般，差，极差} = {5, 4, 3, 2, 1}。

（三）评价指标权重的确定

要对电商商品评论利用模糊评价方法进行统合评价，就需要合理地计算每个要素对综合评价的影响程度，即权重系数。评价指标权重的确定是模糊综合评价的重要环节。权重确定的恰当与否，直接关系到最后综合评价的有效性和可靠性。

通常来说，理论上可以将确定指标权重的方法分为主观赋权法和客观赋权法两类。主观赋权法是对指标的权重依据人的主观判断来确定，它们各有优缺点。

本章提出一种更加简洁、便于理解的权重赋值方法。首先，统计商品的评论信息条数（n）；其次，利用本章第二节情感分析方法中的情感抽取方法，实现情感抽取；再次，统计评论中提及的商品情况（m）、物流情况（f）、服务情况（x）；最后，分别计算这三个指标的评论条数占总评论条数的百分比作为权重，具体权重计算方法为：商品自身情况的权重为 m/(m+f+x)，物流情况权重为 f/(m+f+x)，服务情况权重为 x/(m+f+x)。同一条评论中可能同时提及多个商品的指标，即 (m+f+x)≠n；并且要对商品评价信息提到的要素进行归类，如商品评价提到做工，面料都要归结为商品情况。在统计数量时，商品情况+1。统计结束得到的权重要进行归一化处理，最后的结果作为模糊综合评价的各个指标的权重，记为 $A = \{a_1, a_2, \cdots, a_m\}$，m 表示指标的个数。对于二级指标权重的确定，该方法同样适用。

本章使用的这种权重确定方法与之前研究者使用的方法相比，更符合客观事实，不仅可以利用大规模的评价信息，使得权重的确定更具有说服力，而且可以进行增量权重计算，对于之前评价信息的分析不需要重复地做，只需要在原有统计基础上，累计新的评论信息就可以减少重复计算的烦琐，节省了很多的时间，并且最大限度地利用了评价信息。

（四）确定模糊评价矩阵

确定模糊评价矩阵实际上就是确定所有评论信息中，每一个因素集属于每一个等级的隶属度。利用模糊统计的方法，依据第二节商品评论情感分析方法，确定各个指标属于哪一个评价等集，即确定在所有评论信息中，有多少人认为商品情况较好、有多少人认为商品情况较差等。在商品情况（物流情况，服务情况）这个指标下，计算每个评价等级所占的比例，就可以得到以下 m 个指标构成的模糊评价矩阵 R。

$$R = \begin{bmatrix} r_{11} & r_{12} & \cdots & r_{15} \\ r_{21} & r_{22} & \cdots & r_{25} \\ \cdots & \cdots & \cdots & \cdots \\ r_{m1} & r_{m2} & \cdots & r_{m5} \end{bmatrix} \tag{11-2}$$

对于一级指标下的二级指标，也用同样的方法确定模糊评价矩阵。

（五）计算综合评价值

模糊综合评价模型为：

$$B = A \circ R = (a_1, a_2, \cdots, a_m) \begin{pmatrix} r_{11} & r_{12} & \cdots & r_{15} \\ r_{21} & r_{22} & \cdots & r_{25} \\ \vdots & \ddots & \vdots & \vdots \\ r_{m1} & r_{m2} & \cdots & r_{m5} \end{pmatrix} = (b_1, b_2, \cdots, b_5)$$

其中 b_j 表示被评级对象从整体上看对评价等级模糊子集隶属程度。A 表示评价指标的相关权重，R 是模糊评价矩阵。常用的模糊合成算子以及特点如表 11.2 所示。

表 11.2　模糊合成算子以及特点

特点	算子			
	M（∧，∨）	M（·，∨）	M（∧，⊕）	M（·，⊕）
体现权数	不明显	明显	不明显	明显

特点	算子			
	M（∧，∨）	M（·，∨）	M（∧，⊕）	M（·，⊕）
综合程度	弱	弱	强	强
利用 R 的信息	不充分	不充分	比较充分	充分
类型	主因素突出型	主因素突出型	加权平均型	加权平均型

权重的确定采用统计的方法，模糊评价矩阵的确定先对评论进行情感分析、极性判断，然后用模糊统计的方法得到，相对目前的权重赋值方法更客观。所以在选择模糊合成算子时，重点突出权数和评价矩阵 R 的信息。经上表对比分析后，本章选择模糊合成算子 M（·，⊕）。

$$b_j = \min \left(1, \sum_{i=1}^{m} a_i r_{ij} \right), \ j = 1, 2, \cdots, n$$

然后对 B 进行归一化处理，得到模糊综合评价集 $B' = B / \sum_{j=1}^{5} b_j$，最后用 W =

$B' \times \begin{bmatrix} 5 \\ 4 \\ 3 \\ 2 \\ 1 \end{bmatrix}$ 的值确定该商品的综合得分。

第四节　实证分析

一、某商品综合评价示例

现在以淘宝平台某商品评论信息综合评价问题为例，说明模糊综合评价方法的具体应用过程。首先，利用爬虫技术从淘宝平台收集某商品评论信息，共收集了 10000 条商品评论信息，根据上文构建的商品指标体系结构模型，选择指标集 U = {B1，B2，B3}，评价等级为 {较好，好，一般，差，极差}。

利用本章提出的确定模糊综合评价矩阵的方法，统计得到模糊评价矩阵元素如表 11.3 所示。

表 11.3　某网站某商品的模糊评价矩阵元素

指标	R1	R2	R3	R4	R5
	较好	好	一般	差	极差
商品情况 B1	0.56	0.20	0.15	0.05	0.04
物流情况 B2	0.11	0.10	0.25	0.20	0.34
服务情况 B3	0.40	0.20	0.20	0.10	0.10

其次，利用第三节提出的确定权重的方法，对评价指标进行权重确定。10000 条商品评论信息中，9500 条评论提及商品情况，5000 条评价信息提到物流情况，6000 条信息说明了服务情况。则得到相关要素的统计频数为{商品本身的情况，物流情况，服务情况} = {0.95, 0.5, 0.6}。但是并非每条评论中只会说到该商品的某一个要素，可能同时提到对三个指标的看法，所以统计的结果不满足权重 $\sum_{i=1}^{3} w_i = 1$ 的要求。将统计结果进行归一化处理，就得到指标的相应权重 A = {0.46, 0.24, 0.30}，用这种方法就可以可靠地获得指标权重，而不受主观意识的影响，更加能够反映客观事实。得到模糊综合评价矩阵和商品信息各要素的权重，就可以利用综合评价模型进行计算，如下：

$$B = A \circ R = (0.46 \quad 0.24 \quad 0.30) \circ \begin{pmatrix} 0.56 & 0.20 & 0.15 & 0.05 & 0.04 \\ 0.11 & 0.10 & 0.25 & 0.20 & 0.34 \\ 0.40 & 0.20 & 0.20 & 0.10 & 0.10 \end{pmatrix}$$

$$b_1 = \min\left[1, (0.46 \quad 0.24 \quad 0.30) \cdot \begin{pmatrix} 0.56 \\ 0.11 \\ 0.40 \end{pmatrix} \right] = 0.404$$

$b_2 = 0.176$, $b_3 = 0.189$, $b_4 = 0.101$, $b_5 = 0.13$

将其归一化处理，

$B' = B / \sum_{j=1}^{5} b_j$，由于 $\sum_{j=1}^{5} b_j = 1$，所以 $B' = \{0.404 \quad 0.176 \quad 0.189 \quad 0.101 \quad 0.13\}$，即有 40.4% 的消费者认为该商品"较好"，17.6% 的消费者认为该商品"好"，18.9% 的消费者认为该商品"一般"，10.1% 的消费者认为该商品"差"，13% 的消费者认为该商品"极差"。由于评价等级标准对应的级别分值为 {5, 4, 3, 2, 1}，则该商品的最终得分为：

$$w = (0.404 \quad 0.176 \quad 0.189 \quad 0.101 \quad 0.13) \times \begin{pmatrix} 5 \\ 4 \\ 3 \\ 2 \\ 1 \end{pmatrix} = 3.623$$

由计算结果可得，该商品综合评价结果的定量表示介于在"一般"和"好"之间。这是商品总的综合评价，消费者在购买该商品时可以做到心中有数。对于商品的二级指标，该方法同样适用。通过计算二级指标的综合评价结果，可以分别得到商品情况综合得分，物流情况综合得分和服务情况综合得分，这样消费者和卖家都可以更好地了解商品的信息。以便商家更好地提高商品整体的质量与服务。

二、模糊综合评价方法分析

模糊评价通过定量手段处理模糊的评价对象，能对蕴藏信息呈现模糊性的分析对象作出比较科学、合理、贴近实际的量化评价。评价结果是一个矢量 B′，也可以通过 B′ 与等级标准对应的分数相乘，得到一个综合评价的值，包含的信息比较丰富。其优点是综合评价值既可以比较准确地刻画被评价对象，又可以进一步加工，得到综合参考信息。但是，该方法计算复杂，对指标权重矢量的确定方法不一致，目前尚无有效计算权重的方法。并且在指标集 U 较大及权重和为 1 的条件约束下，相对隶属度权系数往往偏小，权矢量与模糊矩阵 R 不匹配，结果会出现超模糊现象，分辨率较差，无法区分谁的隶属度更高，甚至造成评判失败。

第五节　本章小结

模糊数学法在很多领域的综合评价方面得到了广泛应用，模糊综合评价方法适用于评价因素多、结构层次复杂的对象系统。合理的结构指标模型的构建，指标权重和模糊评价矩阵的确定，这些方面是模糊综合评价法比较重要的环节，对于提高综合评价的准确性和可靠性具有重要的影响。

随着 Web 2.0 和多媒体技术的发展，图片、短视频越来越多地出现在网络用户生成内容中。在对文本评论信息进行模糊综合评价的基础上，图像、视频信息的评价也越来越多地受到关注。如何将模糊综合评价方法应用到图像、视频信息的评价领域，以及将用户生成内容的主体身份信息与用户生成内容之间的关联关系对评价结果的影响纳入评价模型是下一步要研究的问题。

第十二章 基于情感聚类的用户生成内容主体识别

第一节 引言

随着网络带给人们越来越多的便捷，人们逐渐花费更多的时间用于线上社交、线上购物、线上点评等。类似于真实生活的每个人具有不同的品格、习惯、信用等，网络用户同样具有一定特征。网民的线上活动的可记录、易计算等特性使得针对网络用户的相关特性分析成为可能。

社会推荐系统或基于信任的推荐系统中，恶意用户可以通过注入大量虚假的个人资料和建立虚假的信任关系来影响推荐。现有的先令攻击检测方法在社会推荐系统中检测攻击时，由于主要关注攻击剖面与真实剖面之间的等级模式差异，忽略了用户之间的信任关系，导致检测精度较低。Xu 等通过构建评级分布时间序列，提出一个社会推荐系统动态评级分布预测模型[135]。虚假主体不同于真实主体，它存在若干特征。虚假主体通常目标相同、数量巨大且行为异常[136,137]；此外，还存在着若干特点：第一，UGC 情感关键词聚类结果偏离正常分布。短时间内 UGC 情感关键词严重偏向某一类别；第二，电商平台的水军刷单情况，常用词较为集中且言论易重复；第三，从 UGC 发布时间来看，若单用户短期大批量发表类似的 UGC，则很有可能是在某些团队的作用下产生的，如商家雇用人员对商品进行刷单使好评率短期内迅速上升；第四，基于虚假主体；第五，评论内容与商品严重不符；第六，主体评价所展示的兴趣点严重分散。

充分考虑用户所包含的信息是主体表示的关键，也是 UGC 主体识别的重要前提。在电子商务、社交媒体等 UGC 平台中，用户的信息可分为显性信息与隐性信息。显性信息指的是用户在注册时需要填写或选择的各项内容，如性别、职业、年龄、地址、选择的兴趣点等；隐性信息指的是用户在网络平台中所留下的个人痕迹，如购买过的商品、发布的评论、浏览记录、历史检索，以及随时会变动的信息，如粉丝的数量、关注的人数、发帖数量等，如图 12.1 所示。

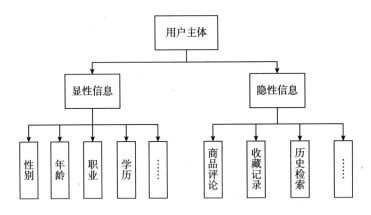

图 12.1　电商平台用户的主体表示因素

第二节　主体识别模型构建

一、基本思想

电子商务平台的主体类别可简单分为真实主体和虚假主体两类。真实主体指的是存在真实购买行为，且其评论真实反映商品好坏以及自身喜恶的用户；虚假主体指的是在利益驱使下，发布与商品本身不符的评论个人或团体，又被称为网络水军。本章以单个主体的历史评论为研究对象，提出基于聚类的用户生成内容主体识别模型的方法，图 12.2 为该模型的数据流程。流程主要包括：①爬取目标用户的全部历史评价信息，包括评论时间和评论内容；②根据评论时间、评论长度、情感表达强度和语言习惯，构造出 UGC 表示向量；③按照文本 UGC 划分的时间段，对向量分进行聚类，得到若干特征簇；④由聚类得到的若干聚类中心计算出不同簇之间的类间距离；⑤根据类间距离的大小判定该主体的真实性。

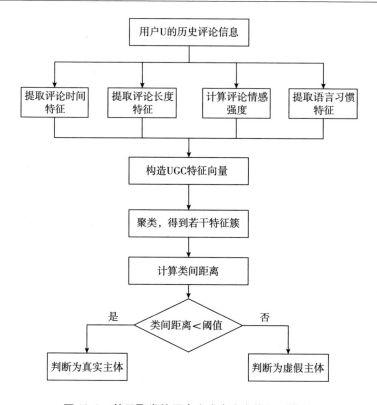

图 12.2 基于聚类的用户生成内容主体识别模型

二、向量构造

向量表示形式是数据分析研究中常用的一种方法。虽然单条评论文本包含的词数量不多，但当针对用户的全部历史评论时，其包含的词语量是非常大的，若根据词袋模型构造 UGC 特征向量，向量的维度过大，算法对应的时间复杂度也会很高。因此，在深入考虑真实主体与虚假主体之间存在的差异后，决定通过用户的评论时间（time）、文本长度（length）、情感表达强度（sentiment_strength），以及表达习惯（expression）作为 UGC 主体特征进行特征提取，如图 12.3 所示。其中，语言成分通过分析评论中包含的名词、动词、形容词、语气词等词性个数来表示。结合以上特征构造 UGC 特征向量，即将单条评论转化为单条向量，那么一位用户就拥有若干条 UGC 特征向量，再将这些特征向量带入 k-means 聚类，即可得到若干聚类中心、特征向量的分类结果等结果。由于真实用户往往会有稳定的情感表达习惯、语言表达习惯以及评论的时间，因此可通过计算这些特征簇的类间距离，实现目标主体的身份识别。

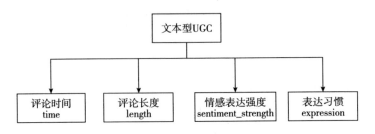

图12.3　构造特征向量选取的四大特征

评论时间（time）是指消费者在购买商品后，选择发表在线评论的时间，由系统准确生成的，目前电商平台的评论时间可精确到分钟。之所以选择评论时间这一特征，是考虑到真实用户往往具有固定的作息。某些人习惯在午休时发表评论，而有些人习惯在晚上发表。综观来看，真实主体的评论时间往往具有稳定性，而虚假主体很可能是接到任务，在团队或者商家的要求下进行评价，评论时间不具稳定性。将每天 24 小时按一小时一个区间可划分为 24 个区间，这一特征的取值范围在 0~24，即 $time \in [0, 24]$。

评论长度（length）是指评论在经过分词后可以得到的词数。英文单词由空白分隔符将单词分割开，因此英文文本长度可根据单词个数计算。不同于英文，中文文本是连续的，其最小的计数单位是词，因此选择词语作为文本长度的计算单位。有些用户喜欢发表简短的评论内容，有些用户喜欢发表详细的评论内容，不同的用户主体在评论文本长度的把控上具有潜在的习惯。但虚假用户为了追求利益，往往通过复制粘贴或统一好评。那么虚假用户的文本长度这一特征则不具备稳定性。

情感表达强度（sentiment_strength）是指消费者所发表评论文本中的情感色彩的强度大小。前期计算文本型 UGC 的情感极值时，是根据积极情感得分与消极情感得分作差。现实中，若一位用户的情感极性值时而非常高，时而非常低，那么直接使用 UGC 情感极性值计算出的结果是有出入的，即这位用户只是情感表达强烈，则被误判为虚假用户。所以不可以直接使用 UGC 的情感极值，而是应该转换为情感表达强度。情感表达强度的计算公式为：

$$sentiment\_strength(u_i) = poscount_i + negcount_i \qquad (12-1)$$

其中，$sentiment\_strength(u_i)$ 代表用户 U 第 i 条评论所包含的情感表达强度，$poscount_i$ 指的是 UGC 中包含的积极情感得分，$negcount_i$ 指的是 UGC 中包含的消极情感得分。

表达习惯（expression）是指用户发表评论中包含的具有个性的特征，此处选择用文本中的各种词性的个数表示，如表 12.1 所示。

表 12.1 中文词性分类

序号	词性类别	字符表示	示例
1	名词	cx_n	大街、朋友、酒店
2	时间词	cx_t	14：00：00
3	处所、方位词	cx_s	前、后、境内
4	动词	cx_v	打开、收到、喜欢
5	形容词	cx_a	不足、清晰、好
6	代词	cx_r	这里、那个、这样
7	状态、区别词	cx_z	主要、所有
8	数、量词	cx_m	20、第二天、一个
9	副词	cx_d	也、日常、非常
10	介词	cx_p	用、给、以、在
11	连词	cx_c	可以、但是、而且
12	助词	cx_u	着、所、等等
13	拟声、语气词	cx_o	唰、哗、轰
14	前后缀	cx_h	老、儿、阿
15	字符串	cx_x	abcd、233333、o3o
16	标点符号	cx_w	（、[、|
17	英文字符	cx_eng	Ipad、IBM、X200

根据上述方法，即可构造出维度为 20 的 UGC 特征向量，其中，每个维度所代表的含义为：

[time, length, sentiment_strength, expression, cx_n, cx_t, cx_s, cx_v, cx_a, cx_r, cx_z, cx_m, cx_d, cx_p, cx_c, cx_u, cx_o, cx_h, cx_x, cx_w, cx_eng]

以单条文本型 UGC 为例："快递收到了，外观很好看，使用了一会儿，运行速度也很流畅，物流、服务也都挺不错的，总体很满意"，通过 Python 进行算法的编写即可得出特征向量，图 12.4 是由单条 UGC 构造的特征向量实例。

结果显示，该条 UGC 的评论时间为 14：04：00，因此特征向量的第一维数值取 14，根据分词结果，评论长度为 23，根据词性标注的统计，确定第 4 维到第 20 维的数值。文本型在线评论成功转化为 20 维的 UGC 特征向量，实数向量表示法使日常应用的文字信息转换为机器可以辨认的语言。

三、算法伪代码

通过对用户评论数据（UGC）进行分词、去停用词、去标点等操作，得到有效的数据集，进而对 UGC 进行文本聚类。K-means 聚类算法作为聚类算法中基

```
评论时间:
 14:04:00
分词结果:
['快递', '收到', '了', '外观', '挺', '好看', '的', '使用', '了', '一会儿',
'运行', '速度', '也', '很', '流畅', '物流', '服务', '都', '很', '不错', '总
体', '很', '满意']
词性标注:
['v  v  ul  x  n  d  v  uj  x  v  ul  m  x  v  n  d  d  a  x  n  x  vn
d  d  a  x  n  zg  v  x  \n']
评论长度:
 23
特征向量:
 [array([14.  , 23.  , 6.45, 5.  , 0.  , 0.  , 6.  , 2.  , 0.  ,
         0.  , 1.  , 5.  , 0.  , 0.  , 3.  , 0.  , 0.  , 7.  ,
         0.  , 0.  ])]

In [88]:
```

图 12.4 单条文本型 UGC 转化为向量的实例

础的一种，属于一种无监督学习方法，可以完全根据训练数据的特征进行聚类，非常适合对实验所得的无标签、杂乱的数据进行处理。K-means 聚类过程中各个中心坐标点的位置由 Mid.core 函数来进行计算，如果多次计算出的中心点相同，则停止函数的循环，否则继续循环，直到所有聚类的中心点都相同，从而得到用户的若干消费特征簇，如图 12.5 所示。

输入: 簇个数=K, 迭代终止阈值=δ

输出: 聚类结果

For t=1,2,……,T

  For x_i //遍历所有的特征向量

    根据公式 j, 计算距离 d(x_i, $Center_k$);

    每次计算出的 d, 与上个相比较。

  //通过循环, 使每个 x_i 找到距离簇中心最近的簇。

  End for

  进行迭代, 更新所有簇中心;

  计算两次迭代的差值 ΔJ;

  If ΔJ < δ

    Then 输出聚类结果;

    Break;

  End if

End for

图 12.5 K-means 聚类算法的思想

第三节　主体识别模型的算法实现

一、数据预处理

相比于传统的问卷调查等数据收集方式，网络爬虫速度更快、成果更多、数据更全，成为数据获取的一大途径。现有的网络爬虫技术包括通用网络爬虫（General Purpose Web Crawler）、聚焦网络爬虫（Focused Web Crawler）、增量网络爬虫（Incremental Web Crawler）和深层网络爬虫（Deep Web Crawler）。针对大规模的网络爬虫现象，各大门户网站也有对应的反爬虫技术，主要通过分析请求的头、用户行为和 Web 目录和数据加载模式。为应对这些反爬虫机制，获取所需数据，用户可通过改变访问请求频率、设置代理服务器或者伪装用户浏览器方法。

本书基于京东平台的用户评论研究 UGC 主体识别问题，所用的数据对象为文本形式的用户评论。在数据采集阶段，采用 Python 爬虫技术，提取京东平台中用户 U 的所有的评价记录（包括消费日期、商品标题、商品评论及评分）。需要注意的是，出于隐私保护的角度考虑，除了电商平台自有的数据处理系统外，无法准确爬取任一消费者的全部评价内容。因此，采取数据糅合的方式解决该问题：首先爬取多个商品的评论信息进行整合（共 600 条），从中随机抽取 50 条评论，即作为用户 U 在该平台的历史评论信息，如图 12.6 所示。

从爬取到的数据中筛选有用的信息，如时间和文本内容。同时，为了削弱无关因素对分析结果的影响，结合 python 中的 jieba 库，对原始爬取数据进行 Jieba 分词、去停用词，以及去标点等处理，得到有效数据。使用列表（list）表示该用户全部评论信息，其中，列表中的每个键代表着该用户的一条评论，如图 12.7 所示。

二、向量归一化

向量归一化可解决数据指标之间的可比性，常用的向量归一化方法有 min-max 和 Z-score 标准化方法。在 UGC 特征向量的构造过程中，第 1 维代表评论时间，第 2 维代表评论长度，第 3 维代表情感表达强度，第 4 维到第 20 维代表不同词性个数。可以看出，每个维度的数据不具备统一量纲，因此，UGC 特征向量归一化处理十分有必要。图 12.8 是根据用户 U 历史评论构造的 UGC 特征向量。图 12.9 为 UGC 特征向量归一化处理后的结果。

Time	Content
14:04	前几次和朋友一起住过这家酒店,总体感觉还不错停车很方便,这次到宜宾还是选择住这里,酒店的地理位置较好,交通便捷,周边较热闹。晚上旁边有烧烤,吃住都很方便。大堂装修还可以,房间略显陈旧,服务质量还将就。
12:08	总的来说还可以有几点不足: 1) 卫生间有臭味; 2) 打车不方便,要走过桥到大街上招呼3) 中餐厅菜偏贵
10:08	价格还可以,我是6768元拿下的(用了一张500返20的券),第二天就涨回到6999元了。送的正品泰格斯包很漂亮,也很扎实。
18:05	刚买的这款电脑,在自提点打开的,就发现键盘已经坏了,有个按键都快掉了,自提点不管,让去联系退换货部门,退换货部门说键盘坏了不管退换,让去惠普自己更换新键盘。在京东刚买的东西出现问题就要四处跑去修理,它们把责任推得一干二净
18:38	送蒙牛...健康才是最好的礼物。
13:45	倍感欣慰巴西进口的香蕉+有机原奶,当然好喝。有品位!!蒙牛是很不错的乳企 彭枭:多谢支持蒙牛产品!
13:09	质量好,做工也不错,尺码标准,
20:40	裤子质量很好,裤型不错,而且穿起来显瘦,性比价高,是我喜欢的布料,不起球,值得购买,
21:24	之前一直用华为手机,觉得不错,想试一下平板,前天下单,昨天到货,试了一下,感觉还不错,家里也有iPad,两者不能比较,各有各的好,只是近年一直用华为手机,用起来都不错,现在是老妈用苹果手机用iPad,我都用华为,用习惯了。大小也正合适,挺喜欢的,唯一欠缺的一点就是没有耳机。后面多用几次再追评吧。
21:56	说实话,非常喜欢,这个是送给客户的,之前送的iPad,但是不能拷文件,自从找到这款,物美价廉,经济实惠,很喜欢!!!买了好几个了
19:41	货收到了,十分满意,物流很快,客服态度很好,还有礼品,好评,全5分,有需

图 12.6 用户 U 的历史商品评论信息 (部分)

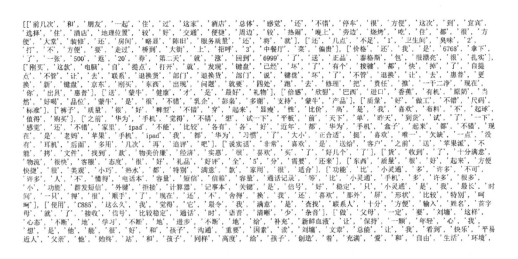

图 12.7 数据清洗后的数据格式 (可用数据)

```
data_VSM.txt

1 data_VSM:
2 [14.  51.  13.5 12.   1.   2.  10.   6.   3.   0.   1.   8.   0.   3.
3   1.   0.   0.  14.   0.   0.]
4 [12.  26.   6.5 6.   0.   1.   6.   4.   0.   0.   1.   2.   0.   2.
5   1.   0.   0.  11.   0.   0.]
6 [10.  31.   4.25 5.   0.   0.   7.   1.   1.   0.   6.   4.
7   1.   1.   5.   0.   9.   0.   0.]
8 [18. 68. 14. 17.   1.   0.  19.   4.   5.   0.   1.   6.   4.   3.   7.   0.   0. 11.
9   0.   0.]
10 [18.   8.   3.   2.   0.   0.   2.   0.   0.   1.   1.   0.   1.   0.   0.   2.
11   0.   0.]
12 [13.  25.   7.75 14.   0.   0.   5.   0.   0.   0.   0.   2.
13   0.   0.   2.   0.   0.   0.   0.   0.]
14 [13.   7.   3.   3.   0.   0.   1.   2.   0.   0.   0.   0.   0.   0.   0.   7.
15   0.   0.]
16 [20.  22.   4.75 7.   0.   0.   5.   4.   0.   0.   0.   0.   2.
17   0.   1.   1.   0.   0.   8.   0.   0.]
18 [21.  79.  21.5 16.   3.   0.   5.   3.   3.   3.  12.   7.   1.
19   5.   1.   0.  21.   0.   2.]
20 [21.  30.   7.75 5.   0.   1.   8.   0.   2.   0.   0.   0.
21   1.   1.   5.   0.  12.   0.   0.]
22 [19.  20.   4.75 6.   0.   0.   7.   1.   0.   0.   0.   1.   3.
23   0.   0.   0.   0.   9.   0.   0.]
24 [22.  22.  10.25 6.   0.   0.   3.   1.   0.   1.   1.   0.   5.
25   2.   0.   0.   1.   0.   7.   0.   0.]
26 [20. 71. 10. 22.   1.   0.  10.   6.   0.   0.   7.  10.   0.   0.   0.   0.  21.
27   0.   0.]
28 [10.  33.   6.   9.   0.   0.   8.   3.   4.   0.   1.   2.   0.   2.   3.   0.   0.  10.
29   0.   1.]
30 [ 22.  136.   41.75 31.   0.   1.  31.  10.   9.   1.
31   5.  12.   4.   6.  18.   0.  25.   0.   0. ]
32 [18.  95.  21.75 30.   0.   1.  26.   2.   4.   0.   2.   7.
33   5.   3.  11.   0.  23.   0.   0.]
34 [20.  57.  21.5 30.   0.   0.   8.   3.   0.   2.  11.   1.   2.
```

图 12.8　UGC 特征向量

```
data_norm =
[[2.75804383 1.82468566 0.56370973 1.60485185 1.33203154 2.02278349
  1.51494981 2.38147746 1.28336448 0.          0.39934879 2.42108751
  0.          1.6555646  0.26907788 0.          0.          2.26276682
  0.          0.        ]
 [2.36403757 0.9302319  0.27141579 0.80242592 0.          1.01139174
  0.90896989 1.58765164 0.          0.          0.39934879 0.60527188
  0.          1.10370973 0.26907788 0.          0.          1.77788822
  0.          0.        ]
 [1.97003131 1.10912265 0.17746417 0.66868827 0.          0.
  1.06046487 0.39691291 0.42778816 0.          2.39609276 1.21054375
  0.62869461 0.55185487 1.34538942 0.          0.          1.45463581
  0.          0.        ]
 [3.54605635 2.43291421 0.58458787 2.27354012 1.33203154 0.
  2.87840465 1.58765164 2.13894079 0.          0.39934879 1.81581563
  2.51477845 1.6555646  1.88354519 0.          0.          1.77788822
  0.          0.        ]
 [3.54605635 0.2862252  0.12526883 0.26747531 0.          0.
  0.30298996 0.79382582 0.          0.          0.39934879 0.30263594
  0.          0.          0.26907788 0.          0.          0.3232524
  0.          0.        ]
 [2.5610407  0.89445375 0.32361114 1.87232715 0.          0.
  0.75747491 0.39691291 0.          0.          0.          0.60527188
  0.          0.          0.53815577 0.          0.          1.45463581
  0.          0.        ]
 [2.5610407  0.25044705 0.12526883 0.40121296 0.          0.
  0.15149498 0.79382582 0.          0.          0.          0.30263594
  0.          0.          0.          0.          0.          1.13138341
  0.          0.        ]
 [3.94006261 0.7871193  0.19834231 0.93616358 0.          0.
  0.75747491 1.58765164 0.42778816 0.          0.          0.60527188
  0.          0.55185487 0.26907788 0.          0.          1.29300961
  0.          0.        ]
```

图 12.9　UGC 特征向量归一化

三、模型应用与分析

在经过数据处理阶段后，用户 U 的 50 条文本评论已转化为 UGC 特征向量，并对向量进行归一化处理，解决了无量纲不一致问题。接下来，将 UGC 特征向量作为输入，带入基于聚类的 UGC 主体识别模型，将 k-means 聚类的簇数设置为 5，即得到以下结果如图 12.10 所示。

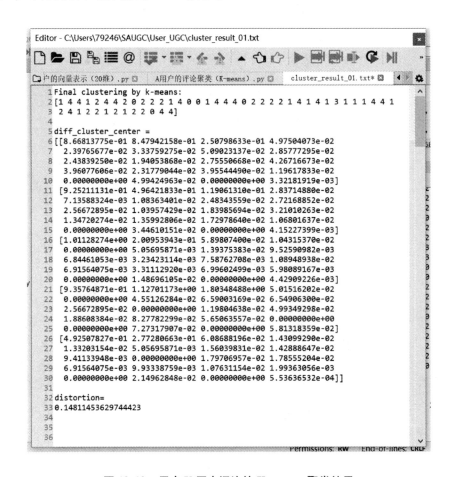

图 12.10　用户 U 历史评论的 K-means 聚类结果

图 12.10 为用户 U 的生成内容主体识别模型应用结果，50 条 UGC 最终聚类为五类，diff_cluster_center 是指各个聚类中心的向量，Final clustering by k-means 指的是每条 UGC 所属类别，distortion 的数值是指五个中心向量的类间距离，本案例中，用户 U 的类间距离约为 0.14811。distortion 数值的大小代表类与类的距

离，与簇间的相似程度呈负相关。

　　由于现阶段在判断真假主体时，没有明确的类间距离阈值。因此，为了更加形象地展示不同用户主体之间的差异，并确定基于聚类的用户生成内容主体识别模型的阈值，采用网络爬虫与人工标注相结合的方法，整理出 20 位真实用户的历史评论，每位用户主体的评论数均为 50，带入主体识别模型运算，得到实验结果如表 12.2 所示。

表 12.2　20 位用户的主体识别模型应用结果

用户编号	运行结果（distortion）	用户编号	运行结果（distortion）
1	0.14811	11	0.22745
2	0.18411	12	0.22170
3	0.21270	13	0.22945
4	0.21831	14	0.21761
5	0.22029	15	0.21795
6	0.21951	16	0.20910
7	0.20046	17	0.2147
8	0.20189	18	0.20870
9	0.21646	19	0.23918
10	0.19866	20	0.21711

　　可以看出，正常用户的 UGC 主体识别模型应用结果在 [0，0.25] 以内。当拥有无限大的真实用户信息时，即可以确定一个准确的判定阈值，在本次实验中，阈值确定为 0.25。用户 M 的模型运算结果约为 0.148，在阈值内，故判定为真实用户。

第四节　本章小结

　　本章主要介绍了用户生成内容主体识别概念与意义，基于聚类的用户生成内容主体识别模型的构建过程与步骤，UGC 主体情感表达倾向的计算过程，以及模型的实际应用和结果分析。本章的主要贡献包括两点：第一，从评论的时间、文本长度、情感表达强度和表达习惯四个特征出发，构建维度为 20 的 UGC 特征向量；第二，结合真假主体的特征，提出基于聚类的用户生成内容主体识别模型，并进行实例分析。通过基于聚类的用户生成内容主体识别模型对虚假用户进行剔除，可以缓解虚假用户经常发布不实信息所带来的 UGC 价值密度低的问题。

　　用户生成内容主体识别非常具有现实意义，主体识别的关键在于寻找可区别真假主体的特征，但考虑到不同平台中的真假主体具备不同特性，接下来可尝试寻找出不同平台、不同领域的真假主体是否存在共同的识别特征。

第十三章　考虑情感属性特征的
电商用户画像

第一节　引言

用户画像作为一种数据分析工具，它能更好地获取有效信息，了解用户实际需求，从而提高用户的使用满意度。2016CCF 大数据竞赛中客户画像这一赛题要求参赛选手通过使用电力用户的 95598 工单数据、电量、电费等营销数据，挖掘电费敏感客户的特征，从而构建客户电费敏感度模型，对敏感用户的敏感度进行量化表示，进而帮助供电企业快速、准确识别敏感客户，有针对性地提供相应的细化服务，这正体现了用户画像的魅力所在。目前，在数据时代的背景下，三大互联网巨头：百度、阿里巴巴、腾讯也均对剖析混乱数据下用户的潜在特征方面取得了一定成就。其中，阿里的数据超市——GProfile 全局档案就是一个很好的案例，它以用户产生的数据为基础，分析消费者的基本属性、消费特点等以描绘用户画像，这对于区别不同用户购买的需求特征，实现用户分类、热门商品推荐、用户偏好分析、商品设计等起着不可缺少的作用。

交互设计之父 Alan Cooper 在 *Why High-tech Products Drive us Crazy and How to Restore the Sanity* 一书中较早提出了用户画像（Persona）的概念，用户画像是建立在一系列真实数据之上的用户模型[138]。目前，国内对于该领域的研究方向可大致分为两类：一类是研究用户画像模型的构建方法，如邱云飞等使用卷积神经网络模型，同时考虑了网络结构和文本内容两种数据类型，将用户表示成向量形式，并使用了一种改进的 k-means 聚类算法，得到用户群体画像[139]。袁润等以学术博客为例，分别从用户基本属性、用户积极性、用户权威性、用户影响力和用户兴趣主题偏好五个维度对博客用户构建用户画像。[140]另一类是研究用户画像的应用，包括应用于个性化服务、精准营销、用户识别以及行为预测等。如康海燕等通过 KNN 文本分类算法对网页文本进行主题归类后，并结合大五类性格进行"性格—主题—关键词"模型的构建，从而对拥有不同关键词和主题的用户进行性格的分类及预测[141]。李泽中等将用户情境和社交网络两个要素的用户信息进行深入融合从而形成用户综合画像，并找寻相似群体，利用改进的最大团算法提出了一种虚拟知识社区的个性化知识推荐算法[142]。但针对网购用户来说，主要通过观察研究用户的行为数据，来进一步探索用户的网购水平、效率等，这就造成用户画像构建的完整性不足，用户多方位的展示效果不佳等。

因此，本章使用熵权法、情感分析以及 TF-IDF 方法分别对用户的互动属性、反馈属性以及情感属性特征进行量化赋值，这更有利于针对不同属性喜爱度进行更加细粒度的差异化展示，使得单个用户的画像之间存在更大的区别，这不管对于当代社会日益追求的个性化、精准化、差异化都有更好的效果。

第二节　电商用户画像模型构建

用户画像的构建首先需要依托于数据采集的完整度如何，用户相关数据越多，对于挖掘用户偏好就越有利，从而用户画像也就更加有效；其次好的标签体系能够考虑到用户的方方面面，更能使数据得到充分挖掘，并使用户画像更加完整贴合用户；最后用户画像的模型设计是必不可少的，通过各种数据挖掘技术对采集的数据进行分析处理，并基于所构建的指标体系得到最终的用户画像。构建流程如图 13.1 所示。

一、数据收集

构建用户画像的首要工作就是采集数据，数据采集的完整性直接影响用户画像构建的精准性。现有的大多数研究是通过编写程序或直接运用数据采集器从API 这一入口进行数据爬取来获取数据，这与传统的通过问卷、深度访谈等方式相比，能够降低改善数据获取的难度，并能减少用户由于厌烦回答而不答或随意回答造成的数据量少或数据错误的现象。本章将所需数据主要分为用户基本信息、领域数据以及外部环境数据三部分。

用户基本信息：即为用户的静态数据，一般不会发生改变，相对较为稳定。主要包括用户 ID、性别、年龄、受教育程度、家庭住址、职业等。

领域数据：即为用户动态数据，该数据能够侧面反映用户的个人喜好，展示

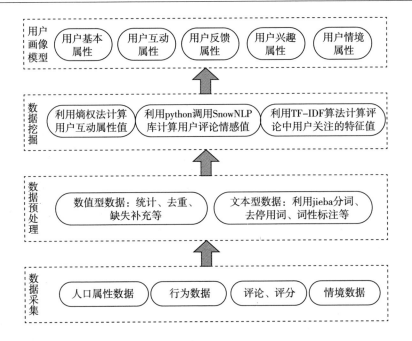

图 13.1　网购用户画像构建流程

用户特色的数据。主要为点击、浏览、收藏、分享、加购、发表的评论、评分、点赞等。

外部环境数据：此数据主要是指用户在发生上述行为时的情境数据，此类数据能够在一定程度上反映一些规律性，为预测用户行为以及判断用户兴趣方向有一定的帮助。一般包括发生的时间、地区、年月日、温度、湿度、天气情况、使用的设备、网络连接情况等。

二、标签体系设计

用户标签体系是实现用户画像的关键之一，只有完整有效的用户标签体系才能展示用户的全貌，立体化用户，保证其完整准确性。本章针对网购用户进行标签体系设计，将其分成五大属性维度（见图 13.2），包括：

基本属性：指用户的人口统计学信息，此处主要包括用户 ID、性别、年龄以及职业等。

互动属性：指用户之间的互动行为数据，主要包括用户的点击数、加购数、购买数、收藏数。通过该属性判断网购用户的活跃性如何，从而可将网购用户群体进行划分，针对不同类型的用户展开服务。

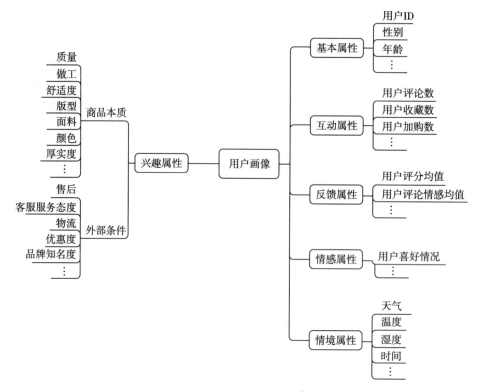

图 13.2　用户标签体系设计

　　反馈属性：此处将用户对于产品的所有评论进行情感分析，以得到相对于评分更加能显示用户对于产品所表现出的态度的情感值，这是由点击于评论中评分与文本之间的巨大差异造成的。从而将评分与评论情感值进行融合，得到用户过去对于购买的产品所表达的态度。

　　情感属性：指根据用户历史的观看数据以及评论文本数据进行的深度挖掘，提取出的细化特征。为了更好地区别于不同特征对于用户兴趣的影响程度，因此，如何对所获得的用户细化标签进行量化表示，是进行定量分析的关键。用户的情感属性这一类别主要是文本形式的一个个特征，所以要进行转化。UGC 作为用户对产品所产生的评论数据，很好地表达了用户对于不同属性的喜好情况。在此处使用 TF-IDF 方法对特征进行权重量化，这是由于特征项的重要性随着它在文档中出现的次数成正比增加，但同时会随着它在语料库中出现的频率成反比下降。因此，此处通过使用此方法量化特征属性。

　　情境属性：考虑到用户的购买行为可能会受到外界因素的影响而发生变化，因此列出了几个外部因素，主要包括购买的时间、产品所在地以及天气等。

三、电商用户画像模型计算

为了更好地展示我们的用户属性，更好地区别其属性特征之间所存在的区别，同时为更好地使用我们的模型。因此，基于上述所设计的用户画像标签体系，对每一特征进行量化表示，展示特征层次之间的差异化程度，并将网购用户画像模型表示成一个五元组的形式，即为：

OSUser={B, A, F, P, S}

其中，OSUser 表示网购用户画像模型；B 表示用户基本属性；A 表示用户互动属性；F 表示用户反馈属性；P 表示用户情感属性；S 表示用户情境属性。

各属性特征量化值的计算对于能否更好地体现用户细粒度差异的程度至关重要。因此，每一属性的量化值以及其权重的确定方法如下所示。

（一）用户的基本属性

该属性下的指标通常可直接由用户的注册信息中提取出来，且其量化相对稳定。此处，为了更好地规范其表示结果，需对其指标进行等级量化表示，以实现结果的规范性。例如，性别可分为男、女两类，分别由 0 和 1 表示；同理，对于年龄可根据联合国世界卫生组织的划分标准，将其分为 4 个区段，孩童为 18 岁及以下，青年为 19~35 岁，中年为 36~59 岁，老年为 60 岁及以上，并分别由 0、1、2、3 进行表示。婚否可分为 2 类，0 表示已婚，1 表示未婚。具体如表 13.1 所示。

表 13.1　基本属性层级表示

指标	具体分类	量化表示
性别	男	0
	女	1
年龄	18 岁及以下	0
	19~35 岁	1
	36~59 岁	2
	60 岁及以上	3
婚否	已婚	0
	未婚	1

基本属性的获取对于后续用户画像的使用来说，主要起到辅助作用。该属性下的指标对于显示用户之间细微差别方面效果可能不太明显，但当用户作为一个

新用户时，由于没有任何相关数据进行分析，用户的基本属性特征在这时就对区别用户群体起到巨大的帮助作用。

（二）用户的互动属性

此处选择用户的点击数、加购数、收藏数、购买四个指标来在一定层面上体现其互动性的高低情况。

目前，确定指标权重的方法可大致分为两种。其一为主观赋权法，这里依赖人为进行赋权，因此，其主观性太强，对于不同性格的用户所给出的值相差可能较大，结果相对不稳定，外在的因素对其结果的影响巨大。因此，此处选择了另一种方法——客观赋权法。该方法主要依据各指标之间的相关性或变异程度等客观的信息计算指标权重，可有效消除人为的主观因素所造成的偏差[143]。熵权法作为一种客观赋权的方法，该方法仅利用了信息熵这个工具，根据指标的变异程度，计算指标权重。

熵在信息论中，指的是不确定性，信息量越大，不确定性越小，熵越小，权重越大；反之，指标之间数据差异越大，熵越大，权重越小[144]。因此，运用该方法，依据所收集的指标值来计算得到整体的互动值 A。具体计算公式为：

$$A = \sum \omega_j \cdot A_{ij} \tag{13-1}$$

其中，A_{ij} 即为单个用户互动属性下的每个特征 a_{ij} 进行数据标准化处理所得，公式为：

$$A_{ij} = \frac{a_{ij} - \min a_j}{\max a_j - \min a_j} \tag{13-2}$$

其中，$\min a_j$ 为第 j 个指标的最小值，同理，$\max a_j$ 为第 j 个指标的最大值。

ω_j 为各个特征所对应的权重值，依据熵权法所代表的各特征指标的不确定性来计算该值，其公式为：

$$\omega_j = \frac{1 - E_j}{\sum_{j=1}^{m} 1 - E_j} \tag{13-3}$$

信息熵 E_j 计算方法为：

$$E_j = -\frac{1}{\ln(n)} \sum_{i=1}^{n} p_{ij} \ln p_{ij} \tag{13-4}$$

p_{ij} 表示第 i 个用户第 j 个特征占该所有用户 j 特征值的概率，即：

$$p_{ij} = \frac{A_{ij}}{\sum_{i=1}^{n} A_{ij}} (i = 1, 2, \cdots, n) \tag{13-5}$$

通过该方法就可得到用户的互动值，该值的大小可反映出用户的互动性的高低，后期使用中可依据该值对用户进行分类操作，将用户分为高、中、低三类，从而分别对不同类型的用户进行针对性服务，有效改善服务质量，这一指标对于诸多领域都较为适用。

（三）用户的反馈属性

用户对于购买的商品会产生相应的反馈，而评论情感和评分值是最为直接的反馈结果。由于用户的性格特征不同，相同的打分值代表的用户对于产品的态度也存在一定区别。所以，单一的使用用户评分反映用户对于购买商品所表现出的情感状况不能很好地反映出用户更深层次的情感差异。因此，此处将同时考虑用户评分 sc 和用户评论情感值 se 作为用户反馈属性的指标。其反馈值计算公式为：

$$F = \alpha \times sc + \beta \times se \tag{13-6}$$

其中，当用户只有评分而没有评论时，$\alpha = 1$；否则，$\alpha = \beta = 0.5$。

用户评分 sc 是指单个用户所有评分的均值，但为保证量纲的一致性，所以先对评分进行标准化后再求平均，即：

$$sc'_j = \frac{sc_i - minsc}{maxsc - minsc} \tag{13-7}$$

$$\overline{sc} = \frac{\sum_{i=1}^{n_{sc}} sc'_j}{n_{sc}} \tag{13-8}$$

用户情感值 se 是指单个用户所有评论的情感值均值，由于用户发表的评论数量不一致，因此，需将评论整体情感与评论数量相除后得到用户情感值。即：

$$se = \frac{\sum_{j=1}^{n_{se}} se_j}{n_{se}} \tag{13-9}$$

对于用户每条评论的情感值 se_j 的计算分为以下两步展开：

（1）数据预处理：主要包括分词、去停用词、词性标注等。将采集的评论数据使用 jieba 分词算法对文本进行分词操作，并结合停用词表，删除无用词汇；最后，给分好的词打上词性标签。

（2）情感值计算：对于处理后的数据文件，将利用 Python 语言调用 SnowN-LP 库的 sentiments 方法，循环每条语句后得到每条评论的情感值，情感值在 $0 \sim 1$，越接近 0，表示情感越消极；越接近于 1，表示情感越积极。

（四）用户的情感属性

该属性通过将用户发表的所有评论文本进行采集处理后分析用户兴趣点所在。由于此处处理的主要是文本类数据，本章使用 TF-IDF 方法来挖掘文本数据中的用户关键特征及特征的权重值。

TF-IDF（Term Frequency-Inverse Document Frequency）是一种资讯检索与文本挖掘的常用加权技术，主要用以评估一个字词对于一个文件集或一个语料库中的其中一份文件的重要程度。字词的重要性随着它在文件中出现的次数成正比增加，但同时会随着它在语料库中出现的频率成反比下降。正如用户评论中用户关注的方面会被提到，甚至反复出现，所以该方法很好地体现了这一点。因此，通过该方法将用户关注的重要特征区分开来，得到各指标特征权值，从而展示的用户之间的差异。其计算方法为：

$$w_{ij} = tf_{i,j} \times IDF \tag{13-10}$$

其中，$tf_{i,j}$ 是指词 w 在评论 d 中出现的次数 count(w, d) 和评论 d 中总词数 size(d) 的比值。即：

$$tf_{i,j} = \frac{count(w, d)}{size(d)} \tag{13-11}$$

IDF 值可由总评论数 N 除以词 w 所出现评论数 docs(w, D)，再将得到的商取对数得到。即：

$$IDF = \log\left(\frac{N}{docs(w, D)}\right) \tag{13-12}$$

从而，依据所计算的关键词的权重值，依据其大小，将其展示出来，每个关键词对应一个权重值。该值很好地反映了用户对于每一产品或服务所关注的方面，差异化程度由此显示出来。

（五）用户的情境属性

此属性下的指标类似于基本属性的表示方法，也是相对固定的，可直接通过采集的数据得到，主要作为辅助属性使用。如访问源是移动端还是 PC 端，并将移动端表示成 0，PC 端表示成 1 等。

第三节　实证分析

一、数据来源

由于电商平台存在隐私保护情况，导致针对单个用户的所需数据的采集难以全部获得。因此，本章将使用阿里巴巴提供的一个用户行为数据集和利用八爪鱼采集器爬取的京东评论等数据处理后组成。其中，本章主要针对 120 名用户进行实验，评论数据共采集了 4423 条，删除重复数据 547 条，最终得到 3876 条数据。并运用函数将其随机分给 120 名用户，保证每个用户的评论数据数量随机，从而有效防止其主观性的干扰。其中，男女人数如图 13.3 所示，男女比例相对平衡，保证其对后续研究影响不大。

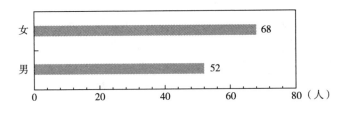

图 13.3 实验数据人数比例

二、实验与分析

根据式（13-1）、式（13-5），可计算出互动属性 A 下的各指标权重系数值，此处将使用 Python 进行实现，得到的结果如表 13.2 所示。

表 13.2 互动属性 A 下各指标信息熵与权重系数

	点击数	购买数	加购数	收藏数
E_j	0.920	0.851	0.808	0.706
ω_j	0.112	0.209	0.268	0.411

信息熵是借鉴了热力学中熵的概念，其代表的是混乱程度，信息熵越大，表明混乱度越大，其所含的信息量也就越小，从而权值越小。从表 13.2 可以看出，点击数、加购数、收藏数以及购买数对于用户互动性的影响是存在一定差别的，其中点击数的信息熵最大，而权值最小，因此，点击数对于互动性的影响最小。而收藏数相对来说其熵值最小，权重最大，说明其所含的信息量越大，对于互动性的影响也就最大。因此，电商平台为进一步促进消费者购买商品，可依据所计算的各个权重系数以及每个用户的互动性大小，从而对用户进行排序或分类，把互动性高、消费行为多的用户以及潜在用户、权威用户判别出来，有针对性地进行服务。

用户对于购买的产品最直接的反馈就是评分与评论，通过运用 Python 调用 jieba 分词工具对每位用户的评论进行分词、去停用词以及词性标注等预处理后，接着使用 SnowNLP 库的 sentiments 方法，循环每条评论后得到评论的情感值，从而得到单个用户的情感均值。结合所计算的用户评分值，计算最终的反馈值。如表 13.3 所示。

表 13.3　F 属性下各指标值及最终反馈值

用户 id	用户评分 sc	评论情感值 se	反馈值 F
东×××f（1）	0.98134	0.85291	0.91713
jd_158748siu（2）	0.97917	0.92697	0.95307
董×××g（3）	1.00000	0.87250	0.93625
jd_135207arf（4）	0.97561	0.85044	0.91302
jd_158825bjl（5）	0.96721	0.87062	0.91892
追梦 2019 奋斗（6）	1.00000	0.95359	0.97679
云雨枫（7）	1.00000	0.91383	0.95691
Zxpxlb（8）	1.00000	0.93207	0.96603
jd_133798kjs（9）	0.66667	0.47101	0.56884
1×××4（10）	0.94485	0.89803	0.92144

反馈值 F 的高低对于用户过去已购买产品所表现出的喜好更加直观，通过分析用户真实的反馈值，可间接反映用户对于该平台的整体购买感受，并对于判断用户性格特征，了解用户对于产品价值所表现出的包容度更加直观。表 13.3 是随机选取的 10 位用户，可以看出（3）、（6）、（7）、（8）这几名用户的 sc 是相同的，因此，如果仅仅以 sc 作为用户感受值就无法更进一步细化用户，而当同时考虑 se 时，用户最终的反馈值也就可以进一步细化。其中，用户（6）的反馈值最高，说明用户对于过去购买的所有产品整体满意度高达 97.679%，用户对于产品的包容度也很高，所以，该用户对于此平台的商品是很认可的，未来购买的可能性也就很高。反之，用户（9）的 F 值相对来说较低，说明用户对过去所购买的产品不太满意的，相应的包容度可能较低，未来在该平台购买的可能性可能会下降。

除用户的行为反馈外，用户的评论文本的分析是得到用户具体喜好的关键步骤，此处运用 TF-IDF 分别计算出单个用户喜好特征值并进行排序后，从而将每个用户所关心的前 n 个特征进行展示，可直观显示出单个用户所关心的产品方面属性特征。

表 13.4 以随机选取的 3 名用户为例，分别将排名前 10 的特征展示出来，可以根据所提取的特征进一步细化用户对于不同产品不同细节所表现出的关注程

度，这对于促进商家推荐更适合用户的产品，提高用户的黏性以及减少用户选择时间具有重要的意义。从表13.4中可以看出，用户（2）相对用户（3）来说，更加注重产品舒适度，对于固定的版型、款式相对来说没有太多的关注。而用户（3）更注重款式是否喜欢，是否好看。用户（1）在关注舒适度的同时也会考虑价格是否合适，喜欢在活动时期购物。因此，根据用户的文本评论细化用户对于产品的兴趣特征对于区别用户喜好是有一定用途的。

表 13.4　用户兴趣特征及权值示例

用户 id	东×××f（1）		jd_158748siu（2）		董×××g（3）	
	穿着	0.2751	面料	0.3469	好看	0.2839
	好看	0.2646	穿着	0.2653	款式	0.2839
	面料	0.2589	颜色	0.234	版型	0.2839
	质量	0.2513	做工	0.2169	进去	0.2720
兴趣特征	活动	0.1799	柔软	0.2041	上班	0.2144
	价格	0.1780	上身	0.1837	好用	0.2144
	收到	0.1780	效果	0.1837	拥有	0.2144
	效果	0.1780	好看	0.1668	百搭	0.214
	比较	0.1720	合适	0.1633	文静	0.2144
	尺码	0.1618	睡衣	0.1633	良心	0.2144

为了更清晰地对比男性用户与女性用户对于产品不同特征所表现出的差异情况，此处将男性用户与女性用户评论进行分开处理，通过调用 word cloud 库，根据 TF-IDF 值绘制词云图，如图13.4、图13.5所示。

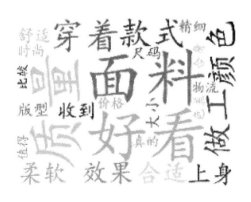

图 13.4　女性用户兴趣特征

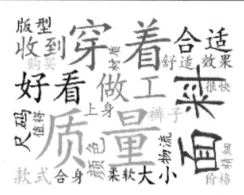

图 13.5　男性用户兴趣特征

　　词云图中文字的大小代表了用户对于产品特征关注程度的高低，字体越大，关注度越高，反之越低。从图 13.4 和图 13.5 的对比可以看出，女性用户对于产品细节主要关注面料、质量、好看、颜色、款式等，相对来说更加注重产品的外在；而男性用户主要关注其面料、质量、做工等，更注重其品质。

　　对于具体的用户 A、B、C 利用所设计的用户画像模型进行构建，结果如表 13.5 所示。

表 13.5　用户画像示例

属性		用户 A		用户 B		用户 C	
基本属性	用户 id	东×××f		jd_158748siu		j×××7	
	性别	1		1		1	
互动属性	A	6.16		13.546		12.972	
反馈属性	F	0.91713		0.95307		0.93625	
情感属性	P	穿着	0.2751	面料	0.3469	好看	0.2839
		好看	0.2646	穿着	0.2653	款式	0.2839
		面料	0.2589	颜色	0.234	版型	0.2839
		质量	0.2513	做工	0.2169	进去	0.2720
		活动	0.1799	柔软	0.2041	上班	0.2144
		价格	0.1780	上身	0.1837	好用	0.2144
		收到	0.1780	效果	0.1837	拥有	0.2144
		效果	0.1780	好看	0.1668	百搭	0.214
		比较	0.1720	合适	0.1633	文静	0.2144
		尺码	0.1618	睡衣	0.1633	良心	0.2144
情境属性	S	0		1		0	

三、画像模型的应用

构建用户画像模型的目的在于使平台、商家以及销售者对于他们所服务的顾客有一个更加深层次的了解，从而不管是平台对于提高用户的使用满意度，还是对于商家研究更加适用，且符合消费者偏好的产品，还是销售人员依据顾客属性展开个性化的推荐，均有着不可缺少的作用。

实现个性化推荐产品需进一步构建产品画像，且与用户画像属性相对应，如图 13.6 所示。当需要将产品候选集推荐给用户时可依据两个画像之间的相似情况进行筛选，从而得到前 top k 个推荐集合，进而可计算用户对于这 k 个产品的预测评分，从而得到最终的推荐集，相对于常用的推荐算法来说，考虑得更多，而不仅仅依据用户评分。

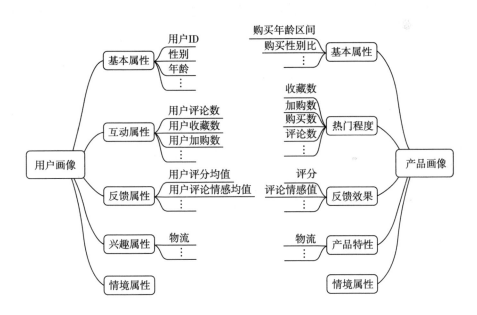

图 13.6 画像体系

第四节　本章小结

市场环境下用户作为直接的购买者与使用者，如何分析用户并了解用户实际需求，不管是对企业商家，还是用户自身的体验感受，都是至关重要的。而用户画像恰恰是一种分析展示用户特点的技术手段，因此，本章在考虑文本内容的分析中，引入了文本情感的量化运用，以体现用户的个性特点，并从文本中提取属性特征以及运用 TF-IDF 的方法作为特征的权重，使各单一用户的画像之间存在更大的区别，从而更好地把握用户属性特点，最终提出了一种考虑 UGC 情感的用户画像，为更好地构建用户画像以及将其应用于不同情境当中。

企业对于不同类型的用户所提供的服务应该是有区别的，那么，对用户进行分类至关重要。通过使用聚类的方法对每一用户的用户画像进行聚类分析，从而将诸多的用户划分为几个大类，每个类组中的用户具有很大的共性，类组之间的差异也要尽可能地大，这样将用户分类后进行初步的推荐和服务都能很好地改善用户情绪，提高企业竞争力。企业还可以通过分析用户画像模型以探索产品的下一步研究方向、研究产品缺点以及改进情况，这也是企业能够更好发展的关键所在。

第十四章　基于自适应在线极限学习机模型的预测方法

第一节　引　言

针对传统的 BP 神经网络学习速度慢、易产生局部最优及泛化能力差等缺点[145]，Huang 等提出了一种新的单隐层前馈神经网络训练算法——极限学习机（Extreme Learning Machine，ELM），相比传统 BP 神经网络基于梯度下降的训练方法，极限学习机通过随机设置输入层与隐藏层的连接权重和偏置值，通过 Moore-Penrose 广义逆矩阵计算，只需一步矩阵运算即可得到隐藏层与输出层的连接权重，大大提高了算法训练速度。并且得到的连接权重具有最小范数的优点[146]。根据 Bartlett 的理论，前馈神经网络的连接权重越小，模型的泛化能力就越好[147]。

为了适应训练数据成批次到达的需求，Liang 等提出了在线极限学习机的训练模式[148]。但无论是极限学习机还是在线极限学习机隐层参数（节点个数，连接权重，偏置值）的随机设置对于模型的泛化能力产生了一定的负面影响，造成单个极限学习机的输出不稳定性[149]。为了提高极限学习机的稳定性，国内外学者主要从极限学习机的增量学习和集成学习两方面展开研究[150]。

在极限学习机的增量学习方面，Huang 等提出了增量的极限学习机（incremental ELM）[151]，Huang 等提出了凸增量的极限学习机（Convex I-ELM）[152]。Feng 等提出误差最小极限学习机（Error Minimized，EM），在加入隐层节点后，需要重新计算输出权值[150]。Rong 等提出删除与模型输出相关性低的隐层节点以降低模型的训练时间，提高准确度[153]。Fan 等提出一种基于 $L_{1/2}$ 正则化方法修剪极限学习机的隐节点个数以寻求最优的隐层节点数的方法[154]。

在极限学习机集成学习方面，Lan 等提出了在线极限学习机的集成算法，它比 OS-ELM 具有更高的分类准确度和泛化能力[155]。Cao 将极限学习机的分类结果通过几个弱极限学习机投票数决定[156]。Heeswijk 等将自适应极限学习机集成算法用于时间序列的提前预测[157]，陆慧娟等将集成的极限学习机模型用于基因表达数据分类[149]，王权等将 l_1-正则化方法用于极限学习机的选择性集成学习[158]。

相比已有的集成算法研究，本章首先通过在集成权重的自适应调整阶段引入训练误差的方差这一因素使集成权重的调整更加合理化，避免将准确度高但稳定性差的模型赋予较高的权重。其次 ASE-OSELM 算法通过设定集成权重阈值，动态删除小于设定阈值的弱在线极限学习机以提高算法训练速度。最后根据 Zhou 等神经网络选择集成比全部集成拥有更好的准确性和泛化能力的观点，选择拥有最小训练误差的集成模型用于预测[159]。

第二节　极限学习机相关理论

Liang 等在 2006 年提出的在线极限学习机模型是在传统的极限学习机模型基础上，为了满足训练数据成批次到达的需求而提出[146]。Huang 等在 2012 年提出了基于 KKT 条件和最优化理论的最优化极限学习机模型，相比原先的极限学习机模型增加了岭回归参数，提高了模型的准确度和泛化能力[160]。本章根据 Huang 的相关理论[160]，在 Liang 的在线极限学习机模型中加入岭回归参数，以提高在线极限学习机的泛化能力。在提出本章的改进模型前，先对以上两个模型进行简要概述。

一、最优化极限学习机模型

极限学习机模型为单隐层前馈神经网络，其网络结构如图 14.1 所示。假设有 N 个不同的训练记录 (x_i, t_i)，其中 $x_i = [x_{i1}, x_{i2}, \cdots, x_{in}]^T$，$t_i = [t_{i1}, t_{i2}, \cdots, t_{im}]^T$。假设极限学习机隐层节点数为 L，激活函数为 $g(x)$，极限学习机的数学模型为：

$$\sum_{i=1}^{L} \beta_i g(w_i \cdot x_j + b_i) = t_j \tag{14-1}$$

其中，$w_i = (w_{i1}, w_{i2}, \cdots, w_{in})^T$ 表示第 i 个隐层节点与输入节点的连接权重，$\beta_i = (\beta_{i1}, \beta_{i2}, \cdots, \beta_{im})^T$ 表示第 i 个隐层节点与输出节点的连接权重，b_i 表示第 i 个隐层节点的偏置值。

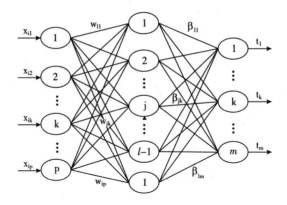

图 14.1 单隐层前馈神经网络结构

式（14-1）可以写成：

$$H\beta = T$$

其中

$$H = \begin{bmatrix} g(w_1 \cdot x_1 + b_1) & \cdots & g(w_L \cdot x_1 + b_L) \\ \vdots & \cdots & \vdots \\ g(w_1 \cdot x_N + b_1) & \cdots & g(w_L \cdot x_N + b_L) \end{bmatrix}_{N \times L}$$

$$\beta = \begin{bmatrix} \beta_1^T \\ \vdots \\ \beta_L^T \end{bmatrix}_{L \times m}, \quad T = \begin{bmatrix} t_1^T \\ \vdots \\ t_N^T \end{bmatrix}_{N \times m}$$

极限学习机训练目标的最优化模型可以表示成：

$$\text{Min}: L_{ELM} = \frac{1}{2} \| \beta \|^2 + C \frac{1}{2} \sum_{i=1}^{N} \varepsilon_i^2$$

$$\text{St}: h(x_i)\beta = t_i - \varepsilon_i, \quad i = 1, 2, \cdots, N \tag{14-2}$$

根据 KKT 条件式（14-2）可以表示成式（14-3）：

$$L_{ELM} = \frac{1}{2} \| \beta \|^2 + C \frac{1}{2} \sum_{i=1}^{N} \varepsilon_i^2 - \sum_{i=1}^{N} \alpha_i(h(x_i)\beta - t_i + \varepsilon_i) \tag{14-3}$$

其中 α_i 为拉格朗日乘子。

求解式（14-3），可得：

$$\beta = \left(\frac{I}{C} + H^T H \right)^{-1} H^T T \tag{14-4}$$

二、在线极限学习机模型

假设 t 时刻之前的数据（X_t，Y_t）已经被全部训练完成，其中 $X_t = \{x_i\}_{i=1}^{N_0}$，$Y_t = \{y_i\}_{i=1}^{N_0}$，$N_0$ 表示初始化训练数据个数，假设 t+1 时刻到达的数据为（X_{IC}，Y_{IC}），其中 $X_{IC} = \{x_i\}_{i=N_0+1}^{N_0+k}$，$Y_{IC} = \{y_i\}_{i=N_0+1}^{N_0+k}$，k 表示每次到达数据块的大小。因此，在 t+1 时刻隐层节点的输出矩阵可以表示成：

$$H(X_{t+1}) = \begin{bmatrix} H(X_t) \\ H_{IC} \end{bmatrix}$$

根据式（14-4），t+1 时刻隐层与输出层的连接权重可以表示成：

$$\beta_{t+1} = \left(\frac{I}{C} + H(X_{t+1})^T H(X_{t+1}) \right)^{-1} H(X_{t+1})^T T_{t+1} \tag{14-5}$$

令 $A_t = \left(\frac{I}{C} + H(X_t)^T H(X_t) \right)$，则 $A_{t+1} = A_t + H_{IC}^T H_{IC}$。

以下同 Liang 等的推导，这里不再赘述。最后，在线极限学习机的递推算法如下：

$$\beta_{t+1} = \beta_t + P_{t+1} H_{IC}^T (T_{IC} - H_{IC}\beta_t)$$
$$P_{t+1} = P_t - P_t H_{IC}^T (I + H_{IC} P_t H_{IC}^T)^{-1} H_{IC} P_t \tag{14-6}$$
其中 $P_t = A_t^{-1}$。

第三节 自适应集成在线极限学习机模型

由于传统的集成算法没有考虑训练误差的方差这一因素，导致对准确度高但稳定性差的模型也赋予了较高的集成权重，降低了集成模型的泛化能力。本章将这一因素引入到集成权重的调整中使权重的调整更加合理化。另外，根据 Zhou 等的选择性集成观点，本章从自适应调整阶段中选择准确度高、稳定性好的模型用于集成预测。而集成权重的自适应调整和多个模型的选择性集成是其中的两个关键问题。

一、集成权重的自适应调整

自适应动态调整各个模型的集成权重可以更好地反映其对于当前数据的预测能力，相比平均集成算法而言，能够更准确地描述当前数据的特征。具体调整方法为：若子模型的均方根误差大于所有模型的平均均方根误差，则减小其权重；反之则增大。然后，将各模型训练误差的方差与所有模型方差的平均值之比作为权重调节的比例系数，即若子模型训练误差的方差大于所有模型的平均方差，则应减小该子模型的集成权重；反之则增大。

该调整过程形式化描述为：

$$w_i = w_i + (-\varepsilon_i + average(\varphi_k)) \times \left(\frac{average(\chi_k)}{\sigma_i}\right)^{\eta}$$

其中 $\varphi_k = \{\varepsilon_i\}_{i=1}^{m}$ 表示 m 个模型对于第 k 批到达训练数据的均方根误差，$\chi_k = \{\omega_i\}_{i=1}^{m}$ 表示 m 个模型对于第 k 批到达训练数据绝对误差的方差，$\eta = sign(-\varepsilon_i + average(\varphi_k))$。

二、子模型的选择性集成

在完成对各子模型的训练后，需要有选择地集成那些准确度高、泛化能力好的子模型。本章首先对各子模型按集成权重排序；其次按权重大小依次增加子模型并计算当前集成模型的训练误差。训练误差最小的子模型个数即为最后选择集成的在线极限学习机个数。算法的伪代码如下：

算法：ASE-OSELM

输入：训练数据 X_train，测试数据 X_test，隐层节点数 L，激活函数 RBF，初始训练数据大小 N0，块大小 Block，子模型个数 N1，岭回归参数 C

输出：训练时间，测试时间，训练误差，测试误差

Function ASE-OSELM(X_train, X_test, L, RBF, N0, block, N1, C)

Begin：

随机生成各子模型的输入权重 IW 及隐层节点偏置值 Bias，令各子模型的集成权重 $w_i = 1/N1$，集成权重阈值为 k=0.01；

%初始化各子模型

For i=1: 1: N1

{

H(i) = RBF(P0, IW, bias)   %P0 为初始训练数据的输入值，H(i) 为第 i 个子模型的隐层输出

$M(i) = (I/C + H(i)^T H(i))^{-1}$ %I 为 L*L 的单位矩阵

$Beta(i) = M(i) * H(i)^T * T$ %T 为初始训练数据的输出值，Beta(i) 表示第 i 个子模型隐层与输出层的连接权重

}

%在线训练与自适应调整阶段

For i=N0+1：Block：nTrainingData

}

For i=1：1：N1

{

  根据式（14-6）更新 M(i) 和 beta(i)；

}

计算各子模型对当前第 k 个数据块训练的均方根误差 φ_k 以及绝对误差的方差 χ_k，根据式

$$w_i = w_i + (-\varepsilon_i + average(\varphi_k)) \times \left(\frac{average(\chi_k)}{\sigma_i} \right)^{\eta}$$ 调整各子模型的集成权重；

If wi<k then

删除第 i 个子模型的所有参数并重新调整各子模型个数 N1 和集成权重 wi；

}

%选择性集成与预测阶段

For i=1：1：N1

{

计算各子模型对于训练数据的输出值 Y(i)；

}

将子模型按照集成权重 wi 的大小进行排序；

For n=1：1：N1

{

选择前 n 个子模型用于集成，并计算其训练误差 error(n)；

}

选择训练误差最小的子模型个数 bestn 用于最后的集成，并输出该算法的训练时间，测试时间，训练误差，测试误差。函数返回值为该算法对测试数据的输出值。

End ASE-OSELM

第四节 实现结果与讨论

本章针对函数拟合、UCI 数据集以及真实股票数据，将 ASE-OSELM 算法与 OSELM、LS-SVM 及 BPNN 在时间复杂度、抗干扰能力和预测准确性三个方面进行对比以验证其有效性。算法设计工具为 matlab 2010b，计算机环境：Windows XP OS，3.0GHz Main Frequency，1G RAM，Intel Pentium 4 Processor。

一、参数设置

实验第一步需要对上述算法的参数进行设置。

首先是 ASE-OSELM、OSELM 及 BPNN 算法隐层节点数的选取问题。由于 ASE-OSELM 中的子模型与 OSELM 相同，因此两者的隐层节点可以设置为相同。本章采取文献 [146] 中的方法，将每个数据集的训练数据再次分为训练数据和验证数据两组，逐个增加隐层节点的个数，选取验证误差较小的隐层节点范围。如图 14.2 所示为针对 Auto-MPG 数据集，OSELM 与 BPNN 算法验证误差与隐层节点数的关系。由图 14.2 可知：OSELM 算法随着隐层节点数的增加其验证误差呈逐渐缩小的趋势，但隐层节点数在 20 以后变化已不再明显，同时考虑内存和计算成本等因素，针对 Auto-MPG 数据集，本章将 ASE-OSELM 与 OSELM 算法的隐层节点数设置为 [20，40]。另外，观察 BPNN 的误差曲线图，本章将其隐层节点数设置为 [10，25]。其次是 ASE-OSELM 子模型个数的选取问题，本章采取同样的方法选取子模型个数的合适范围为 [10，20]。最后是四种算法激活函数的选取问题，为了更好地对比算法的实验性能，本章将四种算法的激活函数统一设置为 Gaussian RBF 函数，核函数的扩展常数统一设置为 0.5。另外，针对每个数据集通过多次实验选定 LS-SVM 的正则化参数以期达到最小的验证误差。

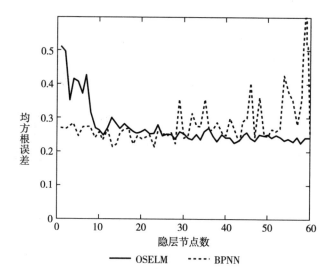

图 14.2 隐层节点数与验证误差关系

二、函数拟合实验

本章选取机器学习领域常用的测试函数 $Y = \sin(X)/X$ 来评估算法的改进效

果，共随机生成 5000 条训练记录、1000 条测试记录。为了比较改进算法的抗干扰能力，实验数据分为两组。第一组数据中训练数据和测试数据均未加入噪声，其中 X 的取值范围是 [-10, 10]，即 X = 20rand(1, 5000) - 10，Y = sinX/X；第二组数据中训练数据和测试数据均加入了噪声，具体设置如下：针对训练和测试数据中的 Y，加入噪声范围在 [-0.1, 0.1]，公式化表述为：

Y = sin(X)/X + 0.2rand(1, 5000) - 0.1。

针对第一组数据四种算法与真实值的拟合如图 14.3 所示。通过图可以看出，四种算法对于无噪声数据的拟合效果都很好。通过表 14.1 可以看出 LS-SVM 的测试误差最小，但其训练时间远远大于其他算法。而本章提出的 ASE-OSELM 算法与 LS-SVM 在测试误差相差不大的情况下，其训练时间远远小于 LS-SVM。

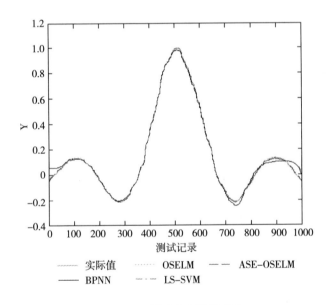

图 14.3　无噪声数据输出拟合

对于带有噪声数据的第二组，四种算法的拟合效果见图 14.4。通过图 14.4 可以看出本章所提出算法的输出拟合曲线几乎都在中间，拟合效果良好。具体测试结果如表 14.2 所示。通过表 14.2 可以看出 ASE-OSELM 算法具有最小的误差，且其训练时间远小于 LS-SVM 和 BPNN 算法。

表 14.1　无噪声环境下四种算法的性能对比

算法	时间复杂度（s）		误差（RSME）	
	训练时间	测试时间	训练误差	测试误差
ASE-OSELM	6.254	0.846	0.001	0.001
OSELM	1.265	0.015	0.002	0.002
LS-SVM	20.862	6.125	3.852×10^{-4}	3.602×10^{-4}
BPNN	12.482	1.198	0.010	0.023

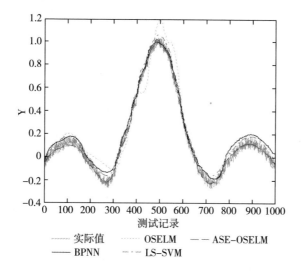

　　　　　　…… 实际值　　　…… OSELM　　　— — ASE-OSELM
　　　　　　—— BPNN　　　–– LS-SVM

图 14.4　噪声数据输出拟合

表 14.2　噪声环境下四种算法的性能对比

算法	时间复杂度（s）		误差（RSME）	
	训练时间	测试时间	训练误差	测试误差
ASE-OSELM	6.825	0.956	0.347	0.037
OSELM	1.387	0.015	0.782	0.079
LS-SVM	25.862	8.125	0.465	0.058
BPNN	13.859	1.202	0.576	0.063

三、UCI 数据集测试

为了更加全面地评测 ASE-OSELM 算法的性能，本章通过选取 UCI 数据集中的 Auto-MPG、Abalone 及 Concrete Compressive Strength 三个基准测试集，同样将其与 OSELM、BPNN、LS-SVM 三个算法在时间复杂度、准确度方面进行对比。其中 Auto-MPG 数据集是通过汽车的相关属性值预测其每加仑燃料所能行驶的英里数，Abalone 数据集是通过鲍鱼的物理特征预测其年龄，Concrete Compressive Strength 数据集是通过混凝土的时间和各成分的含量预测其抗压强度。为了消除属性间量纲的影响，在使用各算法对其预测之前，三个数据集的所有属性均被归一化到 [-1, 1]。四种算法对以上三个数据集的测试结果如表 14.3 所示。

表 14.3　四种算法对各数据集的性能对比

数据集	算法	时间复杂度（s）		误差（RSME）	
		训练时间	测试时间	训练误差	测试误差
Auto—MPG	ASE-OSELM	0.5831	0.0523	0.0891	0.2218
	OSELM	0.0625	0	0.0910	0.2363
	LS-SVM	0.1073	0.0226	0.0985	0.2659
	BPNN	1.7171	0.0750	0.0915	0.2358
Abalone	ASE-OSELM	3.2546	0.0741	0.1439	0.1645
	OSELM	0.7639	0.0156	0.1554	0.1831
	LS-SVM	4.3569	0.0863	0.1629	0.1845
	BPNN	2.7528	0.0562	0.1524	0.1753
Concrete Compressive Strength	ASE-OSELM	0.7250	0.0682	0.1345	0.1852
	OSELM	0.0653	0	0.2201	0.2186
	LS-SVM	0.4212	0.0468	0.2673	0.3843
	BPNN	4.7950	0.0967	0.2038	0.2110

通过表 14.3 可以看出 OSELM 算法是所有算法中时间复杂度最低的，这是因为其不需要迭代调整网络权重，通过一步逆矩阵运算即可得到，其训练和测试误差与 BPNN 和 LS-SVM 算法相差不大。但本章提出的 ASE-OSELM 算法在三个数据集的训练和测试误差都是最小的，其时间复杂度主要是由子模型的个数决定，由前文的实验可知：ASE-OSELM 算法并不需要过多的子模型个数，模型个数在 [10, 25] 即可达到较好的预测性能，并且通过与 LS-SVM 以及 BPNN 的对比可以发现：在数据量较小的情况下，BPNN 的训练时间最长，如 Auto-MPG、Con-

crete Compressive Strength 实验，这是由于其网络权重是通过递归下降的方法得到，在数据量较小的情况下也需要多次迭代；而在数据量较大的情况下，如 Abalone 实验，LS-SVM 的时间复杂度最大，这是由于其核函数的计算复杂度会随着数据量的增加而快速变大。

综上所述，本章提出的 ASE-OSELM 算法在时间复杂度允许的情况下，相比其他算法拥有更好的准确性。

四、股票数据实验

在对 ASE-OSELM 算法进行函数拟合和 UCI 数据集实验后，本章选取真实股票数据进行实验。股票数据来源于雅虎财经 API 接口，分别选取来自纽约证券交易所的 IBM 公司和上海证券交易所的方正科技有限公司，采集两家公司从 1999 年 1 月 1 日至 2014 年 11 月 30 日的股票数据。

算法的输入是每天的开盘价、最低价、最高价，输出是每天的收盘价。四种算法对两家公司股票数据的输出拟合如图 14.5 和图 14.6 所示，具体训练性能如表 14.4 和表 14.5 所示。通过图表对比可以看出：BPNN 和 LS-SVM 算法对两家公司的股票数据拟合效果相对较差，特别是针对方正科技公司的前 250 条测试数据，这是由于这一时期方正科技每天的股票价格波动较大，因此，从侧面也反映出本章提出的 ASE-OSELM 算法不仅具有最小测试误差，而且拥有更好的稳定性和泛化能力。

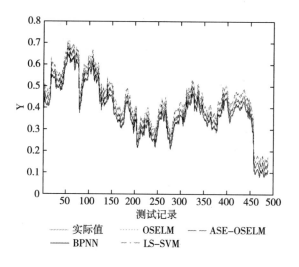

图 14.5　IBM 股票数据输出拟合

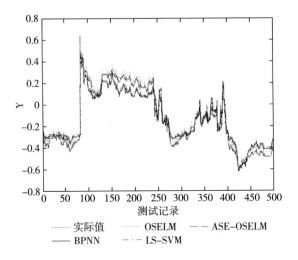

图 14.6 方正科技股票数据输出拟合

表 14.4 IBM 股票数据测试结果

算法	时间复杂度（s）		误差（RSME）	
	训练时间	测试时间	训练误差	测试误差
ASE-OSELM	3.6943	0.0236	0.0082	0.0094
OSELM	0.8085	0.0124	0.0126	0.0185
LS-SVM	4.5946	0.0958	0.0157	0.0216
BPNN	4.0549	0.0597	0.0139	0.0209

表 14.5 方正科技股票数据测试结果

算法	时间复杂度（s）		误差（RSME）	
	训练时间	测试时间	训练误差	测试误差
ASE-OSELM	3.5487	0.0228	0.0070	0.0131
OSELM	0.6983	0.0105	0.0097	0.0196
LS-SVM	4.4835	0.0946	0.0146	0.0269
BPNN	3.9358	0.0463	0.0135	0.0247

第五节 本章小结

针对在线极限学习机的输入权重和隐层偏置随机赋值造成单个在线极限学习机输出不稳定的问题，本章提出了一种自适应集成在线极限学习机模型。该算法根据训练误差及方差自适应地调整各个弱在线极限学习机的集成权重，同时动态删除低于设定阈值的子模型以提高模型的训练速度，最后选择泛化能力较好的弱在线极限学习机用于集成预测。通过函数拟合、UCI 数据集及股价预测的实验表明：本章提出的 ASE-OSELM 算法相比传统的 BPNN、LS-SVM 和 OSELM 算法具有更高的准确度和泛化能力，尤其是在含有噪声数据的环境下其优势更为明显。另外，由于本章提出的 ASE-OSELM 算法需要训练多个在线极限学习机模型，会造成时间复杂度的增加，而借助 MapReduce 的并行编程框架可以实现多个在线极限学习机的并行训练，将会提升该算法的运行效率，这也是一项值得研究的课题。

第十五章　考虑文本 UGC 情感特征的消费者决策预测

第一节　引言

随着互联网时代的发展，文本、音频、视频等各种各样的网络资源不断出现。网络平台运营商可以此为数据来源分析数据中包含的价值信息，获得消费者心理动态，制定有效的运营策略。在线评论作为一种重要 UGC 形式，大多以较为简单的文本形式展现，也是研究者分析用户特征与决策的重要影响对象。研究初期，大多数学者关注文本 UGC 的内容特征，主要从 UGC 数量、UGC 类型和 UGC 长度等方面研究其对消费者决策的影响。例如，杨颖等引入心理学领域可行性与愿望性分别与低、高解释水平相关联的理论，认为文字、图片信息分别对应高、低解释水平，分析消费者受文字和图片评论的影响差异[161]。吴维芳等对评论信息进行分析，提取评论关键词、评分、评论数量等数据，研究其对消费者决策的影响[162-164]。赵建欣等将评论数量、总体评分和价格作为自变量，探究在线信息对短租平台购买意图的影响[165]。苗蕊等则选取评论数量、星级评分作为在线评论特征进行研究，一定情况下评分不一致性对评论有用性的负向影响越强[166]。杨雪认为评论数量能够影响消费者决策[167]。王文君等认为在品牌调节作用下，评论数量对销量有显著的正向影响[168]。然而面对复杂的网络环境和外部影响，较易获得的评分信息只能在一定程度上描述消费者偏好，学者们寻求更加准确的消费者决策的影响因素。例如，Wei-Lun Chang 主要从评论情感角度利用在线词典匹配评论中的积极和消极词汇，计算评论情感构建评论可信度模型，发现评论情感与销量间存在线性关系[169]。李永海等则是通过评论中的动词、形容词、副词等内容计算评论情感指数，发现与消费者购买意愿的相关关系[35,170]。彭丽徽等选取的在线评论特征包括评论长度、图片数量、情感强度和产品属性特征词[171]。吴江等认为中间评分评论较极端评分评论更具有用性，因为极端评分评论的产生容易伴随更加激烈的情绪，相比中间评分评论缺少客观性[172]。蔡淑琴等学者则重点关注负面在线评论，认为负面评论的数量和强度影响消费者对商品的信任程度，从而导致购买行为变化的关系[74]。上述研究均证明了评论的情感特征对消费者决策有相关影响。在分析文本UGC对消费者决策影响的研究过程中，对文本UGC的特征选择采用定性分析的方法，根据特征选择的结果与消费者决策的关系构建概念模型进行相应研究。模型构建早期借鉴了经济学和管理学领域的模型，但随着人工智能领域机器学习的发展，逐渐有学者运用定量方法对这一问题进行研究。李哲等将PLS-SEM与贝叶斯网络模型相结合，确定了网络消费者购物意愿的影响因素及相关关系[173]。邓卫华等主要研究评论信息量、评论分数和评论发表时间对评论有用性的影响，认为评论有用性是影响消费者决策的重要方面[174]。万晓榆等认为商品销量信息与消费者的注意力和产品选择有一定关联，并通过实验验证了关联假设[175]。石文华等研究消费者在阅读矛盾性评论前后矛盾态度的变化，采用逐步回归构造不同类型的矛盾性评论和消费者购买意愿间的关系模型[176]。

综上所述，目前研究者借鉴心理学、数学、经济学和信息等领域相关理论和模型，选取不同的UGC特征作为自变量，确定调节因素并构建相应的影响模型，通过实验设计或调查收集到的数据进行分析，判断自变量与消费者决策之间的影响关系。然而很多研究工作仅聚焦于UGC内容或情感单个方面特征。内容和情感信息都是通过分析UGC所获得，理论上可以同时考虑两方面特征，近期有少量研究将这两个方面因素结合起来进行分析，却未给出相应的定量分析方法支持以及影响程度的判定。因此本章将文本UGC内容、情感特征和消费者决策作为输入，基于贝叶斯网络构建考虑UGC情感特征的消费者决策预测模型，研究不同数量下的文本UGC特征对消费者决策模型预测准确度的影响，以及在UGC内容特征一定的情况下UGC情感特征对消费者决策模型预测准确度的影响。

第二节　考虑文本UGC情感特征的消费者决策预测模型

一、文本UGC特征

内容和情感作为文本UGC的广义特征，无法作为具体变量在实验中进行研究，所以许多学者针对不同的研究问题，选择相应的文本 UGC 特征指标作为代表内容和情感的变量，进而研究这些特征对消费者决策的影响，如表 15.1 所示。代表文本 UGC 内容的特征集中于 UGC 数量、类型和质量，对应的特征指标主要有评论数量、评论类型（图片或文字）和评论得分等。代表文本 UGC 情感的特征集中于 UGC 极性和 UGC 强度，其对应的特征指标主要有评论情感分数和评论情感极性。由于评分的分值区间为 0~5 分，消费者在选择分数的过程中可能不能准确地选择表达自己情感程度的分数，但可以在评论中以文字形式表现，因此通过分析评论文本获得的情感分数较评分有更高的准确度。大多数研究已经发现这些特征在一定程度上代表商品的受关注程度，并对消费者决策、销量等有相关影响。但是不同文本 UGC 特征对消费者决策存在不同的影响，以文本 UGC 为基础构建消费者决策模型是提高模型预测准确度的关键步骤。

表 15.1　文本 UGC 特征

特征类别	具体特征	特征指标
UGC 内容特征	UGC 质量	评论得分、评论有用性
	UGC 类型	评论类型（图片/文字）
	UGC 数量	评论数量、评论长度
UGC 情感特征	UGC 强度	评论情感分数
	UGC 极性	评论情感极性

二、基本思想

贝叶斯网络模型是建立在朴素贝叶斯方法的基础上，利用贝叶斯原理对数据进行关联分析，推理出概率信息的有效理论模型。贝叶斯网络模型由有向图和概率表组成，有向网络图包含目标和预测变量之间的关系、变量的重要性等信息，表明每个变量在估计模型或条件概率时的相对重要性，它包含每个节点值的条件概率值，以及它的父节点中的每个值的组合。贝叶斯网络的基本原理是概率公式 $P(A\mid B)=\dfrac{P(B\mid A)P(A)}{P(B)}$。也就是使用概率方法进行不确定性推理。由于事先无法获知文本 UGC 特征间是否具有相关关系，因此选择贝叶斯网络方法进行建模具有一定的优势。基于上述分析，本章提出一种判断文本 UGC 特征对消费者决策预测影响的模型。模型工作的具体步骤如图 15.1 所示。

图 15.1　预测模型基本思想

基于贝叶斯网络的原理，首先确定文本 UGC 的特征指标，即是选择评论得分还是评论有用性作为 UGC 质量特征指标等相关问题；同时确定消费者决策的衡量指标。根据前人的研究，消费者满意度，在线评论的有用性，销量等都可作为消费者决策的指标。其次是以特征指标为输入，消费者决策指标为输出构建贝叶斯网络模型。通过贝叶斯网络模型构建的方法，能够直观地反映出文本 UGC 特征对消费者决策的影响程度，以及研究文本 UGC 特征间的相关关系。再次将贝叶斯网络模型的分类结果与实际结果进行对比，计算模型预测准确度。最后通过比较获得文本 UGC 特征对消费者决策模型预测准确度的影响。

假设已知具体数据如表 15.2 所示，根据上述提出的文本 UGC 特征选择方法，标记特征指标为 F1，分类预测的消费者决策指标为 S，已知 $P(S=0)=0.1$，$P(S=1)=0.9$，根据贝叶斯网络原理能够进行预测分类，

$$P(S=1 \mid F1 \leqslant 4.65) = P(F1 \leqslant 4.65 \mid S=1) \times \frac{P(S=1)}{P(F1 \leqslant 4.65)}$$

$$= P(F1 \leqslant 4.65 \mid S=1) \times \frac{P(S=1)}{\begin{array}{c} P(F1 \leqslant 4.65 \mid S=1) \times P(S=1) + \\ P(F1 \leqslant 4.65 \mid S=0) \times P(S=0) \end{array}}$$

$$= 0.111 \times \frac{0.9}{0.111 \times 0.9 + 1 \times 0.1}$$

$$= 0.4997$$

表 15.2　示例数据

父级	概率（特征 F1）			
销量	≤4.65	4.65~4.8	4.8~4.9	>4.9
0	1	0	0	0
1	0.111	0.444	0.333	0.111

在特征 F1 小于等于 4.65 情况下，S 大于 5000 的概率为 0.4997，同理 $P(S=0 \mid F1 \leqslant 4.65) = 0.5003$，即特征 F1 小于等于 4.65 情况下，S 小于 5000 的概率为

0.5003。因此当酒店评分小于等于 4.65 时，预测 S 大于 5000。通过对比预测结果与实际结果，即可获得预测模型的准确度。本章利用 Clementine 对不同数量和维度的文本 UGC 特征进行实验操作，根据获得的预测模型准确度的不同，确定文本 UGC 特征对消费者决策预测的影响。

第三节　实验验证

一、确定指标

实验以评论作为文本 UGC 研究对象，以评论情感分数为例，验证本章所提出的文本 UGC 特征选择方法的可行性。其中以评论数量和评论得分作为代表评论内容特征的指标，以评论情感分数作为代表评论情感特征的指标。评论数量是指美团网（××地区）酒店用户在住宿服务后所发表的评论总数，评论得分是指美团网（××地区）酒店用户对酒店服务、住宿环境等方面的总体定量评价。评论情感分数是指对获取到的评论文本数据通过分词、高频词提取、词性匹配获取情感分数作为衡量评论情感指数的指标进行分析。由于销量指标更为具体，且较易进行节点的划分，在研究过程中不易出现偏差，也方便进行准确度的对比，因此本章选择销量作为衡量消费者决策的指标。

确定指标后，本章主要采用 Python 网络爬虫技术进行数据的获取和预处理，然后以评论情感特征为主要变量进行数据分组和实验设计，再采用 Clementine 构建贝叶斯网络模型并计算模型的预测准确度，最后通过对比不同组实验，得出情感这一文本 UGC 特征对消费者决策预测的影响。具体实验步骤如图 15.2 所示。

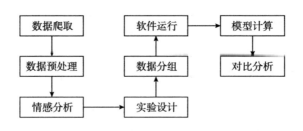

图 15.2　实验步骤

二、数据准备

研究数据为美团网评论相关数据，首先在 2018 年 9 月 10 日 21 点爬取获取××地区共 486 家酒店的名称、链接、评论数量、评论分数和评论文本信息作为初始数据。其次利用 NLPIR-Parser 对 31418 条评论文本进行情感分析。最后通过对销量数据的观察，发现获取结果为 5000+和 1000+两种结果。由于贝叶斯网络模型的最终结果是对销量的分类，因此将销量数据处理为布尔型的数值更直观，故将 5000+的数据类别设为 1，1000+的数据类别设为 0。取 10 家酒店数据预处理结果如表 15.3 所示。

表 15.3　10 家酒店数据预处理结果　　　　　　　　单位：分，条

序号	酒店名称	评分	评论数量	情感	销量
1	海友良品酒店（××火车站店）	4.8	3396	0.93	1
2	时尚东庭商务酒店	4.6	1817	0.86	1
3	希岸·轻雅酒店（嘉年华热浪岛店）	4.8	310	0.89	1
4	伯爵商务酒店（××火车站店）	4.5	1618	0.64	0
5	如家酒店（××淮河路百大名品店）	4.9	1848	0.85	1
6	优乐家连锁酒店（××南站店）	4.9	402	0.83	1
7	莫泰酒店（××淮河路火车站店）	5	2032	0.89	1
8	尚客优连锁酒店（××淮河路百货大楼店）	4.8	670	0.76	1
9	58 公寓酒店（××万达店）	4.8	1050	0.8	1
10	××世贸假日酒店	4.9	406	0.91	1

三、实验设计

（一）第一组实验

随机选择 200 家酒店数据作为训练集，特征变量包括评论数量、评论分数和评论情感分数，因变量为销量，输入不同特征变量构建分类预测模型，获得相关关系及变量重要性结果，从而进行特征选择。

（二）第二组实验

随机选择 300 家酒店数据作为训练集，特征变量包括评论数量、评论分数和评论情感分数，因变量为销量，输入不同特征变量构建分类预测模型，获得相关关系及变量重要性结果，与第一组实验进行对比。

（三）第三组实验

随机选择 400 家酒店数据作为训练集，特征变量包括评论数量、评论分数和评论情感分数，因变量为销量，输入不同特征变量构建分类预测模型，获得相关关系及变量重要性结果，与第一、第二组实验进行对比。结果对照如表 15.4 所示。

表 15.4　实验数据分组　　　　　　　　单位：家，条

分组	实验名称	特征数量	特征	评论数量
第一组	实验一	200	评论数量、评论分数	23238
	实验二	200	评论数量、评论分数、评论情感分数	23238
第二组	实验三	300	评论数量、评论分数	31418
	实验四	300	评论数量、评论分数、评论情感分数	31418
第三组	实验五	400	评论数量、评论分数	40707
	实验六	400	评论数量、评论分数、评论情感分数	40707

首先导入并预处理数据。过滤序号、酒店名称和酒店链接数据。将销量字段的类型设置为标记，并将其方向设置为 Out 即输出变量。对第二组和第三组数据的导入和预处理方法同上（见图 15.3）。

其次构建贝叶斯网络模型。建立树增强朴素贝叶斯（TAN）模型，对于参数学习方法选择贝叶斯调节小细胞计数。考虑到控制变量，所以实验一与实验二都采用第一组数据进行实验，不同点在实验二的输入数据增加了评论情感分数这一特征变量。由于第二、第三组数据与第一组数据相比只是数据量发生了变化，在线评论横向特征对应的属性字段不变，因此先对每组数据内部进行两次比较实验，进行单独的模型构建，得到增加数据量的贝叶斯网络预测模型。模型中包含了数据变量之间的所有可能的链接。

最后对含有不同在线评论特征的模型预测准确度进行比较。分别将第一组数据和第二、第三组实验数据组合，重复数据处理的步骤，取相应的对照组模型和两个实验组模型分别使用分析节点检查每个模型预测的变化情况，由分析节点获得的表格结果显示了正确和错误预测百分比的准确性。为了获得模型预测准确度更细致直观的结果，实验在分析表格的基础上使用评估图节点，通过构建一个增益图来更加精确地表示模型的预测精度。

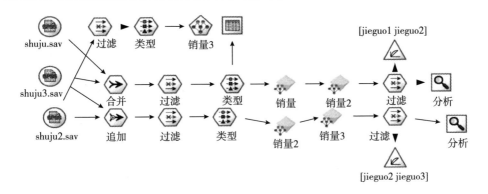

图 15.3　实验操作

四、实验结果与分析

通过对分析节点和评估图节点实验结果的总结，得到如表 15.5 所示数据。每次实验所构建模型的分类预测准确度都存在一定程度的差别，实验一模型分类预测的准确度为 77.5%，而实验六模型分类预测的准确度达到 93%，提高了 15.5%。对比每组实验中的两次实验结果表明，增加评论情感分数这一特征变量能够提高模型分类预测的准确度，同时随着特征数量的增加，提高速度减慢。再对比三组实验中的第一次实验和第二次实验，发现增加特征数据量能够提高模型预测的准确度，但随着数据量的增加，准确度的提高速度减慢，而评论情感分数这一特征变量能够加快模型准确率的提高速度。实验结果表明：相比只分析评论内容的分类预测模型，增加评论情感变量的模型分类预测精度更高；相比第一组实验模型，增加 UGC 特征数量的模型分类预测精度更高。因此在线评论对消费者决策影响的后续研究中，对评论特征选择的优先程度依次为评论分数、评论数量、评论情感分数，此外将评论内容和情感结合分析，更有利于确定影响变量和影响关系，对提高研究准确性有正向影响；同时增大一定的数据量也对提高研究准确性有正向影响，但随着数据量的增加，正向影响减弱。

表 15.5　实验结果　　　　　　　　　　　　　单位：家，%

分组	实验名称	特征数量	预测准确度
第一组	实验一	200	77.50
	实验二	200	83

续表

分组	实验名称	特征数量	预测准确度
第二组	实验三	300	84.50
	实验四	300	87.50
第三组	实验五	400	90
	实验六	400	93

第四节　本章小结

本章主要研究在文本 UGC 内容特征基础上增加情感特征，对消费者决策产生的影响。基于前人的研究结果，选择文本 UGC 数量和得分作为文本 UGC 内容的衡量因素，选择通过对文本 UGC 进行情感分析得到的情感分数作为文本 UGC 情感的衡量因素，选择销量作为消费者决策的衡量因素，选择预测销量的准确度作为对消费者决策影响研究所产生作用的衡量因素，在美团网（××地区）酒店评论数据上进行实验验证。首先对评论内容和评论情感数据进行处理，获得所需变量作为实验数据；其次将实验数据根据实验设计进行分组；再次通过贝叶斯网络模型；最后对比模型的预测准确度得出研究结论。研究结果显示：在评论内容基础上增加评论情感维度，可以提高对消费者决策行为预测的准确度，但随着样本量的增加，正向影响减弱。

本章为文本 UGC 对消费者决策的影响研究提供了选择研究变量的实证依据，同时研究仍具有一定的局限性，样本量并不是很大，在预测销量中考虑的自变量因素较少，因此在下一阶段的研究中会扩大样本量，结合内容与情感特征分析文本 UGC 对商家推荐结果的影响，同时考虑加入消费者偏好因素，进一步完善消费者决策预测模型。

第十六章　数字资源中个人隐私权
保护研究

随着信息技术的发展，数字领域公民隐私权有了更加丰富的内涵，相应的侵权形式也更为复杂。为了更好地保护信息时代公民的隐私权，许多学者对数字资源中个人隐私权的范畴和保护方法等开展了不同程度的研究，取得了一定研究成果。隐私权的产生与作为第一生产力的科技息息相关，也正是因为科技的发达使对个人数据的侵害途径越来越多、入侵手段也越来越广，如网站装有专门的软件在未经允许的情况下记录用户上网和购物习惯。

与信息时代的通信方式不同，传统社会的沟通与信息传播方式仅仅依靠于人工当面交流、书信传递等，这种方法下隐私权很难受到侵害，人们无法利用"人肉搜索"等信息手段非法获取到他人的信息。便捷的信息技术一方面使我们在很"小"的空间里能够很快地传输和搜索有用的信息，另一方面也隐藏了许多隐患，如使更多人有机会利用技术手段收集、传播或者肆意泄露别人的秘密。由于网络空间的虚拟性、信息储存的分散性，大多情况下都很难确定具体的侵权者。这就要求我们每个人都遵守道德规范和法律规定不随意收集和使用他人的个人信息，即使经合法途径获得信息也不去宣扬和披露，特定主体如网络经营者和政府机构还要采取必要的保护措施防止信息泄露和有关人员利用职务窃取客户或者被管理人员的信息。保护网络环境下的个人隐私权迫在眉睫：首先，个人数据中包含的大量信息一旦被公之于众很可能泄露个人秘密，如不想让他人知道的疾病，将侵害到个人的尊严；其次，个人隐私的经济价值在网络时代有所提升，对于有些人来说无用的信息在商业主体充分利用后却可以创造巨大的经济效益；最后，只有加强对个人隐私权的保护才能尽可能地防止侵权事件的发生，因为置于网络空间下的数字资源的获取是便捷的，很多时候我们甚至找不到真正的始作俑者。

第一节　个人数据隐私权的范畴

网络时代的迅速发展，带给人的不仅是信息资源的共享与便捷还有前所未有的挑战，尤其是基于特定应用场景的应用如金融活动、网上购物等实施实名制的应用场景，人们的信息被置于难以控制的网络空间。为了防止越来越多侵权事件的发生我们必须明确界定出数字资源下个人数据隐私权的范畴，捍卫隐私权作为独立人格权的重要地位，因为"就自然人而言，人格利益是其享有的最高法益"[177]。在网络时代，个人数据是隐私权的重要内容，当个人数据被入侵、干扰和非法收集利用时就可以主张隐私权被侵犯以寻求救济。隐私权的理论诞生于19世纪下半叶，涉及隐私权的法律制度始于19世纪与20世纪之交。目前，学界对于隐私权的具体定义主要包括：隐私权是保护个人私生活秘密的权利[178]；隐私权是指公民对自己的个人生活秘密和个人生活自由为内容禁止他人干涉的一种人格权[179]；隐私权是指公民享有的私人生活安宁和私人信息依法受到保护不被他人非法侵扰、知悉、收集、利用和公开等的一种人格权[180]；隐私权是自然人享有的对其个人的与公共利益无关的个人信息私人活动和私有领域进行支配的一种人格权。

对于个人信息隐私权的具体含义，学界的观点大同小异，如美国学者埃·威斯汀（A. Westin）将隐私权概括为不受旁人干涉打扰的权利，个人自由决定何时何地以何种方式与外界沟通，在一个限定的私人活动范围内，不受他人和群体的拘束[181]。具体概括起来主要包括某个自然人的诸如姓名、性别、肖像、出生日期、身高、体重、兴趣爱好、特长、学历、病历、健康状况、财产状况、社会关系、宗教信仰等可以据以确定自然人身份的内容，其范围非常广。这些信息演化为数字资源后很容易成为公开信息，因为任何人都可以通过技术手段了解到特定主体的隐私。

此外，不同国家的法律对个人数据主体的界定也有所不同。总的来看，可概括为以下两种观点：英国的《数据保护法》规定个人数据的主体只能是自然人，而欧洲理事会的《通用数据保护条例》则认为个人数据的主体不仅包括自然人还包括死去的人。就个人而言，个人数据应该是可以识别出自然人主体的个人信息，因此有关公司企业等法人或非法人组织及死去的人不能成为个人数据的主体。笔者比较赞同张新宝教授的观点，他认为"隐私权的主体只能是公民而不包括法人或其他任何社会组织，隐私权的主体只能是生存的公民而不包括任何死者"[180]。法人是具有民事权利主体资格的组织，但它是法律意义上的"人"而不是实实在在的生命体，区别于基于自然规律出生、生存的具有一国国籍的公民。而死者已失去生命，数据对于他们而言不再有任何价值，自然也不是个人数据的主体。生活中也会有因为对死者信息的不正当使用侵害到相关人利益的案例，但相关利益人采取法律手段保护的也只是他们自己的权益而非死者本身。相应的义务主体就包括所有知晓与掌握个人数据的机关、组织或者是个人，其中最主要的就是数据收集者、数据传输者和储存者以及数据利用者。

第二节　侵害个人数据隐私权的行为类型

近几年，我国常被报道个人数据被恶意利用的案例，实际上这些公布信息的网友只是想通过网络渠道引起公民对道德规范的重视，但这些信息被一些网友恶意泄露并严重影响了被公布信息人的日常生活。公民应该利用信息技术合法获取和传播有用的信息但无权在网络空间里传播他人的隐私，未经允许也不能窃取政府机关存有公民个人信息的数字资源。

实际生活中存在大量利用网络空间虚拟性非法获取和利用数字资源、侵害个人公民隐私权的事例，侵害的手段和途径也因人而异，至于侵权行为的严重性通常"从交易金额、信息份数、侵权次数、信息用途、对被害人和社会的影响等方面"综合判断该行为是否属于情节严重的行为，具体而言包括以下几种侵权行为类型。

一、数字资源的非法获取

在网络发达的信息化社会，网络服务提供者往往利用自己的优势地位要求网络用户提供自己的个人资料，在淘宝上买东西时要注册自己的手机号，在百度上下载论文时需要输入自己的邮箱，看视频必须填写自己的真实信息以取得活动会员的资格。例如，一些网站常常装有 Cookies 软件，通过这个软件可以追踪到网络用户的上网情况甚至是个人信息，网站经营者为了正常的经营或者是在用户允许的情况下使用自动保存用户个人信息的软件是可以的，但是如果事后不及时删除甚至将这些私人信息发布在公共网站的话将对网络用户的隐私权造成一定的侵害。对他人个人信息的收集必须是经过被收集人同意并采取合法的方式进行，通过欺诈、胁迫等手段获取证据都是对当事人隐私权的一种侵害，被侵权人有权采取法律手段寻求救济。

二、数字资源的超权限使用

世界上通过信息技术手段对个人数据进行恶意利用的首例出现在德国，当时的德国通过使用计算机对犹太人的信息通过整合成数字资源以进行追踪，政府很快就建立了集中营并对他们进行了惨绝人寰的屠杀。对个人数据的非法使用促使一个种族的近乎灭绝，这引发了人们对网上数字资源保护的重视。当代政府机关出于管理公共事务的目的会将收集到的公民信息存储在一个相对安全的系统内，包括年龄、性别、种族、民族、信仰、年龄状况、工作单位、手机号码收入等涉及医疗、保险、生育、财产、家庭等内容。政府机关在执行公务的过程中对公民的个人信息整合成一个数据库以便保存，但是也不能避免部分工作人员不履行安全保护的职责甚至滥用这些数据的可能。近年来曝光的中国人寿 80 万个人保单信息疑似泄露事件、社交网站 Facebook 用户信息泄密事件以及韩国 Nate 网站信息泄露事件无不凸显出个人数据隐私权深受侵害之现状。

三、私人信息在网络空间的传播

不仅是普通市民的隐私会受到侵害，一些公众人物的隐私也有可能受到侵害，如市民在反腐过程中出于强烈的正义感很可能把公务员的个人隐私也发布在网络中。公务员的一些不涉及违法违纪或者最多是有违道德、不利于家庭和谐的事情也会被网友们公之于众。人们在借助网络反腐的时候也要适度，应在合法的范围内寻找依据。当然，将公众人物的隐私公之于众也并非都是出于正义或者责任，法国前总统密特朗就是因为私人恩怨才受害的。1996 年 1 月，被他解雇的私人医生或出于报复或为了获取利益出版了记录该总统健康状况和其他私人生活情况的《大秘密》，此书虽然在巴黎法院的禁止之下不再发行，书里的内容却被上传至网上且还包括有英译的版本。至此，一个国家总统的私生活就成了公开的秘密，这对密朗特的生活造成了极大的干扰。不要说是一国之首，就是普通的公民也一定不会愿意自己的生活被人窥视还无法阻止，类似地也会有狗仔队报道明星的私生活后被报道的明星却无法在侵犯隐私权的诉讼中胜诉的情况。因而，一种行为是否侵犯了他人的隐私也要结合实际情况才能做出准确判断而不能一概而论。当然，对于确属泄露他人隐私的非法行为也应严厉打击。

第三节　数字资源隐私权的例外

数字资源的收集和整理或者是经营者合法经营的需要或者是政府公共管理的需要，生活中我们应该有效防止他人对个人数据的非法利用，但并非每个人的任何数据信息都受到保护，主要受到以下两种限制。

一、特定身份的限制

对于公民个人而言，其隐私范围与隐私权也会因其社会身份、社会地位的不同而有差异。例如，作为公众人物的娱乐明星也有自己的私生活，但由于职业的特殊性，其隐私权也具有特殊性。公众人物并不是一个政治概念，而是一个为了保护言论自由、限制隐私权等而创设的概念，它更多的应用在诽谤法和隐私法中。对政治公众人物隐私权的限制，其实是对公民知情权的延伸。具体到普通公民，如果被跟踪拍摄日常生活情况并被发布到网络上是有权寻求法律救济的。我们可以通过新闻报道知晓娱乐明星的财产状况、健康状况和感情经历等，但属于普通公民的同样内容我们就不能利用技术手段窃取。因此，被数据化的个人信息被合法主体如政府机关保存后就成为公民有力的保障措施。

二、公共利益的限制

有时公民的隐私权也会和公众的知情权发生冲突，这在很大程度上是公权利与私权利的冲突，在处理时就要坚持公法优先和公共利益优先的原则。

为了确保公民的知情权，公众有权了解政府官员的出生、家庭、教育、道德等生活情况，必要时还要公布自己的个人财产储蓄状况。政府官员是为公众服务的，应该受到民众的监督，监督的内容就会涉及官员的私生活内容但这并不构成对其隐私权的侵犯。就公民自己而言，国家征兵招工时有权对应征者的身体进行检查。在日常生活中，我们经常会遇到政府公务机关对个人信息的收集与征用，学生去学校报到要填写个人资料、病人在医院就诊的病历需要留在医院、购买社会保险时也需填写个人真实信息且需备案。一个地区甚至整个国家为了规划与发展经济往往会对资源、环境、人口状况等进行统计并予以分析如人口普查，这时我们就不能以保护个人数据为由拒绝接受调查。当然，对个人数据征集的范围和程度应该符合使用的目的，出于公共管理的目的政府机关可以将涉及隐私的个人数据信息进行统计并保存，但在未经允许的情况下仍然不能超越工作范围公开使用，并且有义务采取有效措施确保数据受到保护。另外，仅限于已经公开的个人数据，非国家机关可不经本人同意而径行收集，因为合法公开的个人数据已脱离了本人的专属支配[182]。

第四节　数字资源立法保护和道德体系的建设

一、数字资源的立法保护

近几年，随着计算机信息网络技术的迅猛发展，网络空间的个人隐私权受到前所未有的严峻挑战、内容也越来越丰富，人们对于网络隐私权范畴的界定并未达成统一的意见。目前，国外的规定较为详尽，如美国2012年出台《网络隐私保护框架》，旨在推动联邦立法，并进而制定具有强制力的实施细则，最低限度也有成为美国联邦贸易委员会强制执行的行为准则。而我国可以在宪法、法律及其他相关法律法规中找到大量的法律依据，如2009年的侵权责任法首次以法律形式将"隐私权"作为独立的权利纳入人格权的保护范围，其他法律对于公民个人信息等隐私的保护也有所涉及如宪法、刑法、民事诉讼法、刑事诉讼法。

关于隐私权的法律保护措施，理论上不同国家的学者针对民事法律领域提出了各自的主张：直接保护、间接保护和概括保护模式[180]。实践中美国对个人信息数据的保护采用的是直接的模式即国家根据行业的不同制定不同的部门法以规制政府机构的行为，对于商业机构则实行自律监管；英国则是间接保护模式典型国家，它不承认隐私权的独立地位，公民只能通过损害名誉、诽谤等理由提起诉讼；而日本则是分散立法与统一立法模式的结合，即除了统一立法之外还借鉴了美国的行业自律模式。

鉴于我国目前没有针对数字资源下隐私权的专门立法，毕竟"有限理性的立法者在创设权利之时不可避免地会遗漏一部分正当利益"[183]，可以尝试采用直接保护的模式即制定一部与网络信息时代相适应的关于隐私权保护的法律，至少要有一些原则性的规定。德国所制定的《联邦数据保护法》，就成为德国联邦法院实现个人信息保护功能的基本成文法[184]。对此，有学者认为立法应该明确数字资源收集和使用过程中的相关规则如数据收集时区别对待公职人员和公民，其中政府的收集行为应当是依据宪法和法律在其职责和工作需要来决定而其他组织和个人的收集行为必须经当事人的同意后才能进行。当然，如果短时间内还不能做到，就必须在其他已有法律法规中尽可能地明确其概念及被侵害后的救济途径。如此一来，公民就不用通过人格权如名誉权受害为由提起诉讼来保护自己的隐私权。

二、数字隐私权的道德建设

互联网环境下人们记录和表达情感的方式不再是单单依靠纸笔，也不再是容易隐藏的秘密。在我们有意无意地将个人数据发布到网上、填写个人资料供政府机构或者是经营者作为参考数据时就潜藏了巨大的危机。为了让公民都尽可能地遵守社会公德和法律法规而不任意收集和使用他人信息以保护数字资源下的个人隐私权，必须加强社会道德体系的建设。

首先，我们必须通过学校、家庭、企事业单位和社会各方面对社会公众进行道德建设的普及，让大家认识到尊重他人隐私的必要性和合理性。其次，推进道德建设的制度化进程。再次，推进道德建设的法治化。道德和法律的调整和适用范围有重合的部分，法律是最低限度的道德，只有推进道德建设的制度化进程才能更好地与法律共同担任起保护个人数据隐私权的大任。最后，发挥舆论监督作用。做错的事只有被曝光出来才能更好地督促行为予以改正并给那些具有不正当使用他人个人数据的人以警示。

第五节　行业自律与数据用户自身的防范意识

一、数字资源数据库的管理制度

对于数字资源中的隐私权保护，美国积极倡导行业自律模式，新加坡、澳大利亚也采取了这种做法。行业自律的做法是值得我国借鉴的，数字图书馆和政府建立的数字档案馆等其他可能获取公民个人信息的主体应当自觉维护消费者的信息。行业自律具体采用何种模式，有人主张整个互联网行业的自律，也有人主张单个网站的自律，对比而言，整个互联网的自律实际上很难操作，我们不能保证每个网站都能确保用户的个人数据隐私权不受侵犯；此外，单个行业自律的模式下网站大多采用在首页张贴隐私申明的做法，问题在于不是每一个数字图书馆的网站申明都很明显也不是每一个数据访问者多会注意到隐私申明，一旦申明被忽略就等于没有任何关于数字资源的隐私权保护主张。

各数字资源储存库应尽量避免用户个人数据的泄露并努力营造一个安全的环境，但法制尚不健全的我国不可能使每个网站都标明显著的隐私权申明更无法实现整个互联网行业的自律，而单个行业的自律模式更有利于保护数字资源下的个人隐私权。与直接保护模式相对应，我国可以建立一个专门的监督机构负责在各大主要网站如百度、腾讯、网易、淘宝等安装特定系统以监控网站申明是否到位，主要针对数字资源储存量较大、用户访问量也较大的网站。其他网站可以借助法律手段进行监管如加强用户信息保护不当的惩罚力度，要求市以上政府的数字档案馆建立自己的管理制度并在首页明确隐私权保护申明。隐私安全的情感需求日益强烈，技术进步逐渐抵消互联网商业成本的发展趋势表明，应明确网络服务商对用户隐私的注意义务[185]。

二、数据用户自身防范意识的加强

除了政府部门、私营部门和新闻机构等有意或无意的侵权外，很多时候信息的泄露也是我们自身防范意识不强所致。太过隐私的东西就不要存在不加密的电脑里，上网时及时清除聊天记录，也不要观看不健康的视频或者是浏览不正规的网页，经营者收集信息时也可以用其他的事项代替填写自己不想公开的秘密。当然，对于别人隐私也不能加以偷窥或泄露，这既是别人信任的基础也是赢得别人尊重的前提。

侵害网络空间个人信息的行为越来越多，无论是个人侵权、商业主体的侵权还是政府机构的侵权都是我们难以避免的，只有在填写信息或者登录网站的时候了解所填信息的去向和使用，注意个人信息的保护才能更好地规避信息泄露。我们在网上购物、收发文件、交友聊天等无一不涉及个人信息如写给他人的邮件、银行存款等，和书纸储存方式不易获取易被撕毁的特点不同，网上的个人信息一旦被泄露无异于将自己的私生活曝光于公众之下。

第六节　隐私权舆论监督和政府机构监督

科技日益发达的当今社会，人们越来越多地受到社会舆论的影响，上一秒发生的事在下一秒就有可能被媒体曝光而受到众人的谴责。我们应该充分利用媒体建立广泛的舆论监督机制，对不正当收集、使用、传播他人信息和泄露他人秘密的行为进行社会鞭挞和谴责。要让人们意识到，运用掌握到的数据信息将他人的隐私曝光于社会是有违道德规范的，也可能造成他人经济损失甚至是精神伤害，良心上的自我反省也能让社会主体适当控制自己的行为。同时也要平衡新闻媒体的舆论监督权与公民隐私权之间的矛盾，不能纵容新闻媒体滥用网络技术对非法窃取数字资源、恶意报道不实新闻。以公众人物为例，可以说公众人物的影响力是人们对其监督的主要原因[186]。

　　私人生活受法律保护，但是法律的调控和惩治能力是有限的从而导致很多时候法律都是"迟到的救济"，这就需要新闻媒体在新的侵权事件发生之前做好舆论宣传工作并在事后做好引导工作。

第七节　数字资源隐私权的技术保护措施

　　近几年数据泄露事件时有发生。隐私权信息交流中心的追踪记录表明，许多数据库的应用程序仍然存在大量的安全漏洞以及利用信息技术实现隐私保护的必要性。

一、信息技术对隐私权的保护

　　关于数字资源下隐私权的保护，大多数人都认同学者的观点即信息安全技术对网络隐私权的保护是必要且有效的。学者们根据日常实践和积累，总结得出很多不同的技术保护措施，并在理论研究中不断地完善和更新，立法上也有所涉及。以访问控制系统为例，访问控制技术在保证合法用户访问数字资源的前提下限制非授权用户访问系统资源以及合法用户对系统资源的非法使用，包含有不同的模型、研究初期出现的自主访问控制、强制访问控制等。

　　数字资源的信息安全在很大程度上依赖于安全技术的完善，技术的进步可以缓解立法的滞后性。相比进行大规模立法的发达国家，进入信息时代较晚的我国在一开始并没有相似的立法需求，现行立法也并未对技术措施的保护与终端用户信息隐私之间的关系作出相应的规定。由于忽视技术措施标准化的重要性且缺乏相应完善的法律基础，造成与现实技术水平严重脱节。

二、技术保护措施的规避

　　技术保护措施固然必要，但在实际操作过程中法律往往会基于公共政策等原因设置一些例外规定，使数字资源储存库或者是信息获取者在特定情形下可以规避技术措施的阻拦。各国法律为了防止人们权利的滥用，又设定了反规避的制度。

　　目前来看，我国的技术措施保护及法律制度存在以下问题：第一，立法对利益的考虑不均衡。第二，无须禁止对防止复制的技术保护措施的规避，此项制度主要运用于美国对其图书馆和教育机构造成了极大的负面影响。为了缓解这种矛盾，又规定图书馆为了从事存档的复制而规避控制复制的技术措施就不会承担法律责任。第三，法律需适应社会发展，在对技术保护措施的另外规定进行不完全列举的基础上应尽可能地增加法定限制和另外事项。第四，我国法律目前只对合法的技术措施规避行为进行封闭性列举，这种完全性列举很可能无法适应日益变化的信息社会。

只有给予技术措施以充分的法律基础才可能防止秘密信息的泄露、保证数字资源的保密性、完整性和可用性，在政府、军队和企事业单位等数据储存库确保数据安全，同时也有效防止了超权限的合法使用者以及未经授权的非法窃取者对数据主体隐私权的侵害。实践证明，通过技术措施保护数字资源下的个人隐私充分适应了信息安全的需求，如戴尔独特的数据保护方案中就对数字资源进行了全面加密、高级身份验证和尖端恶意软件防护，可以帮助用户防止未经授权的用户访问涉及个人隐私的数据和业务信息。

第八节　本章小结

数字资源使用过程中的隐私保护问题愈发引起用户的关注，隐私保护的难度也越来越大。但是，"档案界可制定一个全行业统一的相关声明，各数字档案馆可在制作资源库前在各自的网站上发表这个声明，声明要对什么样的档案进行数字化、数字化的目的、当事人有何权利、网站有何权利义务等。这有利于规范各个数字档案馆网站的行为，为隐私档案提供更有利的保护"[187]。

一般认为，隐私权是公民享有的私人生活安宁与私人信息依法受到保护，不被他人非法侵扰、知悉、收集、利用和公开等的一种人格权。"人格尊严是人格权确认和保护的根本目的"，人格尊严是自然人对自身价值的认知，这种认知需通过个人信息进行客观评价并以数字资源的保护为前提。本章主要探讨了信息时代背景下个人数据的范畴，并总结了生活中可能出现的几种侵犯公民隐私权的情形。学者们大都倾向于采取法律手段预防不法者非法窃取信息，我们应借鉴国外的相关技术经验建立起自己的网络隐私权保护技术，用户也应使用法律手段和技术手段相结合的方法来保护自己的隐私权。

第十七章　电子商务平台上 UGC 的管理机制

第一节　引言

互联网的发展带来了数字化媒体形态的崛起，越来越多的用户倾向在网络上自主创造信息。各大电子商务平台（如淘宝、唯品会等）由于买卖双方不能直接面对面接触，存在严重的信息不对称问题，因此这些平台上都纷纷推出了在线评价平台，用户可以自主发布信息进行交流，因此评价平台上面汇集了大量的用户对于商品的评价信息，成为大众获取商品信息、进行购买决策的重要依据，因此有必要更好地了解电子商务平台上用户评价的管理机制对消费者、电商平台、社会产生了什么样的影响以及现在存在的问题，据此来加强对用户评价的管理和采取相应的激励措施，为企业更好地管理和引导用户发布评价以更好地服务于企业的营销目标、公共网络平台严格把关以提高平台内容质量、政府部门制定相应政策以净化网络环境和保护受众权益建言献策。

第二节　调查设计

一、调查目标

调查目标体系如表 17.1 所示。

表 17.1 调查目标体系

子目标	分目标	总目标
电商平台上 UGC 对消费者购物的影响	消费者视角下 UGC 利用情况	电子商务平台上 UGC 利用情况分析
消费者对电子商务平台上 UGC 的利用情况		
消费者对电子商务平台上 UGC 的发布情况		
消费者对电子商务平台上 UGC 管理的态度		
消费者对电子商务平台上 UGC 管理和利用的建议		
UGC 对电子商务平台经营的影响	电子商务平台对 UGC 的利用情况	
电子商务平台对 UGC 的管理现状		
电子商务平台对 UGC 的利用现状		
电子商务平台对 UGC 的利用成效		
电子商务平台上 UGC 产生的影响	政府机构对 UGC 的利用情况	
目前电子商务平台上 UGC 存在的问题		
引导用户合理利用 UGC 的措施		
引导电子商务平台合理利用 UGC 的措施		

二、调查设计思路

本章采用的主要研究方法有文献研究法、抽样内容分析法、深度访谈法、问卷调查法、参与式观察法、定性分析法等。研究思路如图 17.1 所示。

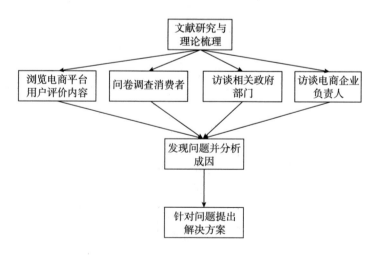

图 17.1 调查设计思路

首先，通过文献研究，梳理 UGC 的相关理论和目前研究的现状和不足，初步了解电子商务平台上 UGC 存在的问题，确立本工作所要研究的具体方向：电子商务平台上用户评价管理机制的研究。

其次，通过上网浏览电子商务平台上用户评价的内容，浅层次了解用户评价的管理和利用现状，分析出存在的问题，同时也为后续进一步的研究厘清思路，确定待深入了解的问题，也有助于调查问卷和访谈内容的设计；通过问卷调查法，结合以上步骤中相关问题的梳理，针对消费者设计调查问卷，调查消费者视角下用户评价的利用和管理情况；通过深度访谈法，针对电商平台和政府部门设计访谈内容，对不同类型和平台上的电商企业、相关政府部门进行访谈，了解电商平台和政府部门对用户评价的管理和利用现状。

最后，通过多方面的抽样分析，发现现阶段电商平台上用户评价管理和利用存在的问题，分析原因，并提出建议方案。

第三节　调研报告

一、消费者视角下 UGC 利用情况

（一）消费者对网购平台的看法

根据问卷调查显示，有 79.09% 的人经常网购，没有网购经历的人仅占 0.39%，如图 17.2 所示。消费者选择网购的原因可归结为：没有时间去实体店；有时间，但是网购更加方便和节省时间；网购更加便于比较商品或服务的差异和

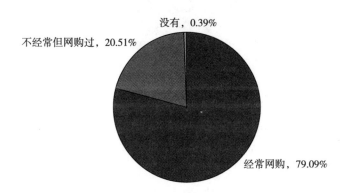

图 17.2　网购经历

网购的商品价格较低。如图 17.3 所示。可见，随着互联网技术的发展和人们购物观念的转变，依靠着节省时间、价格较低、便于货比三家的优势，网购成为更加普遍的购物方式，但是，网购也给人们带来了很多的担忧，如商家的诚信问题、运货过程中的商品受损、图片和实物存在差距、快递太慢等。如图 17.4 所示。其中，排在首位的就是图片和实物存在差距，商家的诚信问题次之。可见网购虽然被大多数人认可，但是也存在很多的问题亟须解决。

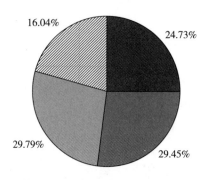

- 没有时间去实体店
- 有时间，但是网络更方便或者是希望节约宝贵的时间
- 网络平台上便于比较商品或服务的差异，而在实体店之间的比较就不容易
- 网络平台提供的商品和服务价格更低

图 17.3 网购原因

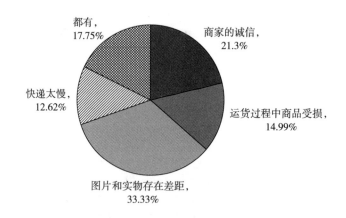

图 17.4 网购的担忧因素

（二）网购平台 UGC 对消费者购物的影响

各大电子商务平台（如淘宝、唯品会）、旅游平台（如携程）等由于买卖双

方不能直接面对面接触，存在严重的信息不对称问题，因此这些平台上都纷纷推出了在线评价平台，用户可以自主发布商品信息进行交流，因此评价平台上面汇集了大量的商品评价信息。调查问卷的统计结果显示，只有 1.58% 的消费者在网购时不会看用户评价，而有 80.08% 的消费者会经常看商品评价；消费者在购物时，38.07% 的消费者会把用户评价用来做主要参考，有 52.47% 的消费者会把用户评价做一部分参考，如图 17.5 所示。可见，商品的评价对消费者的购物决策影响很大。

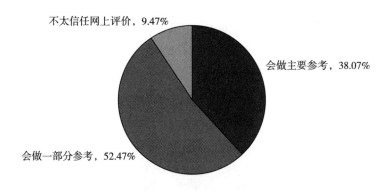

图 17.5　用户评价的参考性

（三）消费者查看 UGC 的动机

用户评价对消费者购物有很大的作用，那么弄清楚消费者看用户评价的动机，进而可以更好地管理和利用用户评价，更好地满足用户需求，提高用户的满意度。调查显示，消费者在看用户评价时，主要是为了获取实物和照片的差距、看差评，商品有哪些缺点、客服的服务质量、快递的服务质量、商品的质量问题、其他已购买用户的体验，如图 17.6 所示，这为加强对用户评价的分析管理提供了方向。

（四）消费者对网购平台 UGC 现状的态度

现在的电子商务平台上对用户评价进行了统计分类，但是调查显示，消费者对统计分类结果并不满意，如图 17.7 所示。仅有 12.43% 的消费者是认可的，消费者认为最大的问题在于没有办法阻止商家的控评行为，其次就是用户评论的可信度问题。如图 17.8 所示，97.04% 的消费者担心商品评价是不真实的，而原因最多是在于商家的刷单控评现象，其次就是全是好评，消费者根本不敢相信，接着依次是敌对商家恶意差评、客户评价不准确、评论太杂太乱、看不到消费者关心的评论内容。这在很大程度上揭示了消费者对网购平台评价现状的态度和现在

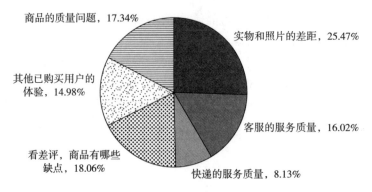

图 17.6 消费者查看用户评价的动机

电子商务平台上用户评价区存在的问题，给电子商务平台上用户评价的分类、识别系统提出了改进方向。

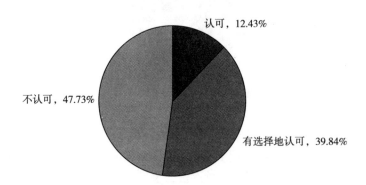

图 17.7 消费者对评论汇总结果的看法

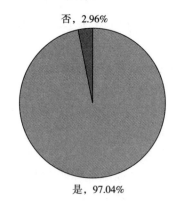

图 17.8 消费者对评价可信度看法

（五）消费者对网购平台 UGC 管理的看法

现在对于电子商务平台上用户评价的管理方面，有 84.62% 的消费者认为网购平台上对用户评价的管理过于宽松，虚假信息泛滥，如图 17.9 所示。维护用户评价真实性方面，网络平台和政府两者都或多或少有一定的责任，有 34.52% 的消费者认为两者的责任一样大，27.81% 的消费者认为无法判断二者谁责任更大，应该具体情况具体对待，19.13% 的消费者认为网络平台的责任更大，18.54% 的消费者认为政府管理部门的责任更大，如图 17.10 所示。

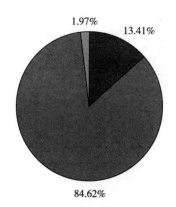

1.97%
13.41%
84.62%

■ 恰到好处 ■ 过于宽松，虚假信息泛滥
▨ 过于严格，无法自由倾诉个人思想

图 17.9 消费者对用户评价管制措施的看法

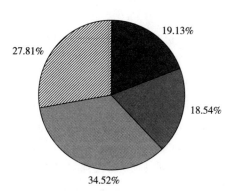

19.13%
18.54%
34.52%
27.81%

■ 网络平台 ■ 政策管理部门 ▨ 两者同等重要
▨ 没法简单断定谁的责任更大，具体情况具体对待

图 17.10 消费者对管理用户评价责任承担的看法

（六）影响消费者以 UGC 为参考的因素

了解消费者是否以用户评价作为参考，对加强用户评价的管理至关重要，调查显示，影响因素集中在搜索用户评价的方便程度（越方便，影响越大）、用户评价的新颖性（内容越新颖，影响越大）、评价表现形式的多样性［（文本、图片、视频）表现形式越丰富，影响越大］、评价的可信度感受（越可信，影响越大）而其中影响最大的因素是评价的可信程度感受（越可信，影响越大），其次就是评价表现形式的多样性，如图 17.11 所示。

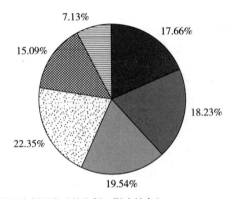

- 搜索用户评价的方便程度（越方便，影响越大）
- 用户评价内容的新颖性（内容越新颖，影响越大）
- 评价表现形式的多样性（文本、图片、视频）程度（表现形式越丰富，影响越大）
- 评价的可信程度感受（越可信，影响越大）
- 用户评价是否为本次决策的唯一便捷的信息来源渠道（若为唯一来源渠道，则影响较大）
- 其他

图 17.11　影响消费者以评价作为参考的因素

（七）消费者发布 UGC 的动机

消费者多在线上发布评价，能够补充更多的商品信息，但是调查显示，只有 35.11% 的消费者在购物之后，经常会发布评价，而影响消费者是否发布评价的因素也多种多样，比如：没有理由，就是想发布或不想发布、发布信息的便利程度、商家和平台反馈的及时性、激励措施、管制政策等，如图 17.12 所示。

二、电子商务平台对 UGC 利用情况

（一）UGC 对电商经营的影响

互联网的发展带来了数字化媒体形态的崛起，随着以互动共享为特点的互联网技术的成熟，用户由被动接收信息模式转变为自主创作的主导模式。各大电子

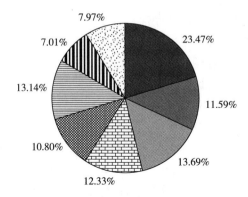

■ 没有什么原因，就是不喜欢在网络上发布信息
■ 没有特别的理由，就是想上网说说
■ 发布信息的便利程度（如网速、上网费用、发布信息时操作复杂程度）
⊞ 点评之后的平台、商家反馈是否及时
▨ 点评之后的平台、商家反馈是否有针对性
▤ 网络平台对用户点评的激励措施（如积分、优惠券等）
▥ 网络发布内容的管理政策
⊡ 其他

图 17.12　消费者发布评价的动机

商务平台（如淘宝、唯品会）、旅游平台（如携程）等由于买卖双方不能直接面对面接触，存在严重的信息不对称问题，因此这些平台都纷纷推出了在线评价，用户可以自主发布信息进行交流，因此评价平台上面汇集了大量的用户对于商品的评价信息，成为大众获取商品信息、进行购买决策的重要依据，在社会实践中，不少电商企业的负责人都表示用户评价对商家的影响是巨大的，每一个商家都会竭尽全力杜绝每一个差评的出现。

（二）电商对 UGC 的管理现状

通过访谈得知，电商对于用户评价的管理非常重视，会有专门的负责人时刻关注用户评价后台的更新，当遇到差评的时候，商家会第一时间联系用户，寻找自身的原因，询问问题，解决问题，不会把用户的评价置之不理，必要的时候还会对用户做出弥补，如道歉、赔偿和补发等。总之，就是尽力去弥补，就算是一个中评也不会忽略。对于用户发布的好评，有时商家也会第一时间做出回应，表示感谢之类。

电子商务平台之间也存在很大的竞争性，免不了出现恶性竞争的现象，所以电子商务平台的商家除了会遇到这些用户发布的评价，还会遇到同行的恶意差评，当遇到这种情况的时候，商家会积极地处理这种情况，去入驻的平台上进行申诉,申诉成功后,后台就会把差评删掉;当然,除了恶意差评外,还有些商家会刷好评,如果发现这种情况,也可以进行举报,网络平台也会严查的,如果核查过后,确实存在刷差评或者刷好评的现象,商家就会被扣分,然后链接降权,这对商家的销售会带来致命的打击。

(三)电商对 UGC 的利用现状

用户评价对于电商来说,可以用来很好地了解消费者需求,电商可以从里面获取消费者的需求是什么,了解到消费者想要什么样的产品,进而可以开发出新的产品,消费者可以提供很多的创意;不仅如此,对于已有的产品,消费者通过使用,可以发现不足,反馈给商家,商家可以改进产品和服务,给消费者提供更加满意的产品和服务。

此外,商家还可以根据消费者的评价,制定一些营销策略,了解消费者的喜好,从而进行个性化推荐,对于一些特别受欢迎的产品,就会加大力度去推广,对于一些不受欢迎的产品,可以加以改进再推向市场或者不再花费太大的精力去推广。

(四)电商对 UGC 利用的成效

通过对用户评价的数据分析、信息挖掘,了解更多的用户需求、商品问题和服务问题,也通过营销策略的实施,促进了商家的销售。

(五)电商鼓励用户发布 UGC 的措施

用户评价越多,往往给将要购买的消费者提供更多的商品信息,加大购买的可能性,而且,质量越高的评价往往作用更明显。商家经过测试发现,一些带有图片和视频的评价往往更有效。所以,为了让消费者多发布高质量的商品评价,商家也采取了很多的措施,如发放优惠券、现金返还等,鼓励用户多发布高质量的商品评价。

三、政府机构对 UGC 的管理情况

电子商务平台上虚假交易、刷单炒信、恶意差评等行为不仅侵害消费者合法权益,还危及电子商务健康发展,大力建设电子商务领域诚信体系建设至关重要。政府部门对于电子商务平台的把关是在宏观层面的把控和引导,政府的权威性和强制性对电子商务平台的健康发展起到很好的震慑作用。为此,国家出台了多个文件,联合多个部门大力推动电子商务领域信用记录共建共享,完善市场化信用评价体系,建立健全守信激励与失信惩戒制度,构建以信用为核心的市场监管体系。但是,由于近几年电子商务行业迅猛发展,针对电子商务平台的诚信体系建设还处于摸索阶段,也取得了一定的进展,但是,UGC 的诚信缺失问题依然严峻,亟须解决。

第四节 对 UGC 管理和利用的建议

一、消费者方面

（一）发布客观的评价

消费者作为如今电商平台上的主导者，在购物之后，不应该随意发布一些评价，而应该根据商品的使用情况做出客观公正的评价，给其他消费者提供建议；当购物不满意时，可以给出不足之处，提醒商家改进，商家改进之后，消费者也要积极地进行追评，评价商家的服务和问题的解决情况，让其他的消费者做出正确的判断。

（二）发布高质量评价

身为消费者，自己购物也要从评论中获取大量的商品信息，再决定是否购买该商品，所以，商品评价对每一个消费者至关重要，如果我们每一个消费者都发布高质量的评价，补充商家展示出的商品信息的不足之处，给将要购买的消费者提供更多信息，将来也会使自己受益。

（三）不发布虚假评论

任何一个用户都不可以去接受刷单的行为，本身做这些虚假的事情就是不正当的，作为消费者，自己还会网上购物，那么发布虚假的评论，早晚有一天也会骗到自己。

（四）维护自身权益

当消费者对购买的商品不满意时，确认是商家的问题，发布差评，做出客观的评论，但是商家请求删除评论，却不做出任何解决办法，而是提出返现、发放优惠券等不可取的措施来解决问题，这时，消费者应该举报该商家，维护自身的权益，也维护了其他消费者的知情权。

二、电商平台方面

（一）加强诚信建设

（1）商品质量问题：出售质量高的正品，不可出售劣品和次品，让消费者用得放心，才能加大宣传力度，才能收获更多的新客户和回头客；商品展示应求真务实，图片和实物展示应接近一致，不可以随意吹捧自己的商品，骗取消费者的信赖。

（2）评价管理问题：对于差评，不要去骚扰消费者让他删除评论，这只会让消费者更加反感，可以联系消费者，找到自身问题在哪里，去帮助消费者解决问题，让消费者从心里对此次购物感到满意，心甘情愿地去修改评论和追加评论；并且，电商要保留哪些差评，只有好评的评价往往更难取得消费者的信任，反而，平台上保留一些差评，可以让消费者更加信任，特别是那些已经解决问题的差评，是非常加分的，更加有利于商家出售商品；对于电商之间的竞争问题，要从服务和产品上取胜，不要刷好评和恶意刷差评，良性竞争互利共赢，恶性竞争只会危害自己。

（二）加强 UGC 的利用

（1）加强意识：用户评价作为消费者购物的重要信息来源，作用不容小觑，商家应该重视，充分利用用户评价制定相应的营销策略。

（2）利用措施：商家可以利用优惠券、打折、提高用户等级等福利措施，鼓励用户发布高质量的用户评价，使平台上汇聚更多的用户评价，更有利于消费者购物。

根据差评中消费者反映的问题，改进产品和服务，获取更大的市场。

根据好评，了解哪一个产品更加适合市场，更加受到消费者的喜爱，进而将该商品推广，而对于那些不受消费者好评的产品，商家就不用花费更多的精力去推广。

在消费者发布的评价中，获取创意灵感，生产更加符合消费者期望的产品。

（三）引导用户发布真实的 UGC

作为商家，也是公共网络平台上的一员，应该为净化网络环境、保护受众权益、规范和促进网络空间的有序发展贡献力量，不应该恶意刷差评，刷好评，应该引导用户发布真实的、高质量的评价，这也是作为商家应该担负起的社会的一份责任。

（四）积极维护自身权益

当发现有商家刷评论的时候，网络平台上的各个商家都有权利也有义务去举报、投诉，积极维护自身权益的同时，也维持了网络秩序。

三、公共网络平台方面

（一）加强 UGC 的管理

（1）革新技术，严格管理：公共网络平台，应该不断发展新技术，通过先进的技术，严格监督各个商家，发现商家可能出现的不正当交易、水军刷评论等违反网络秩序的行为。

（2）完善监督举报机制：每一个公共网络平台都应该设置一个完整的监督

举报机制，让商家和商家之间、商家和消费者之间、商家和公共网络平台之间互相监督，并且拓宽举报渠道，让任何一个单位或者个人，发现问题可以及时匿名举报，并且要不断宣传监督举报的渠道，加强教育，增强每个人的监督责任意识，也要制定一定的举报有奖措施，鼓励每一个单位或个人举报不正当的网络交易行为，担负起社会的责任。

（3）完善审查机制：设置审查小组，防患于未然，审查各个商家，规范行为，净化网络环境。

（4）完善严惩制度：对待违反网络秩序的行为，绝对不可姑息，一经发现，必须严惩，可根据情节轻重，进行罚款、信誉降级、店铺封闭等惩罚。

（二）完善 UGC 的分析系统

（1）识别虚假评论：可以筛选虚假信息，进行标志，提醒用户可能是虚假的，这样用户看到的时候，就知道这条信息可能是虚假的，有一定的警惕性。

（2）根据商品属性进行分类：通过对消费者的调研，了解消费者对于不同类别的商品所想要了解的商品属性，根据消费者的需求来设定商品的特定属性，再针对不同的商品属性，将评论内容进行提取、分类、计算比例。

（3）划分用户等级：将用户进行划分等级，选择一些评价质量高的用户有奖励措施，鼓励用户发布高质量的评价，以方便用户参考。

四、政府机构方面

（一）正确引导民众的言论

政府作为社会秩序的维持者，有责任和义务引导消费者和商家去发布正确的言论，教育消费者去维护受众权益和自身利益，发布合理正当的言论；更要监督商家去树立正确的用户评价管理意识，正确管理和引导用户言论，承担社会责任。

（二）强化审查机制

政府部门应成立专门的监察委员会，确立监察委员会的地位就是遏制违反网络秩序行为的关键，通过巡视制度和驻派制度来提高审查力度，加强对电子商务平台的管理，防患于未然，时刻监督网络平台，防止不正当行为的发生。

（三）制定政策

消费者：现在，对于消费者和商家合作的刷单行为，对消费者没有惩罚措施，但是消费者的刷单行为在一定程度上助力了商家的违法行为，其本质也是不正当的、应该遏制的行为，也严重危害了网络秩序的建立，所以应当制定相应措施来严惩这种行为加以制止。

商家：商家有诸多行为都应该严惩，如出售假货、刷单、欺骗消费者等行为，都应该严惩，发现后不仅仅是店铺降权而已，而应该有更加严格的惩罚措施，起到很好的震慑作用，从源头上制止这种行为。

（四）严格执行

对待任何公共网络平台上的违法行为，都应该严格执行规定中的惩罚措施，"零容忍"，从严治理，起到警示作用。

第十八章　结论与研究趋势分析

Web 2.0 时代，UGC 作为一种创新型的网络信息资源创作与组织模式，因其有着提高用户参与度的显著效果而被人们所接受并应用到生活的各个方面。近年来，国内外学者对用户生成内容的研究不断加深细化，在各个方面都有所涉及。例如，用户对淘宝商品的评价将会对淘宝卖家的形象造成一定影响；通过对其相关评论的系统分析，会为商家各方面服务进行打分。这不仅会促使商家不断提高其服务水平与产品质量，还可以为其他用户决策提供参考。

第一节　主要观点

本书针对跨媒体 UGC 的综合评价及其应用问题，从理论研究、算法设计、实践应用三个层面开展了持续的研究，形成的主要观点如下：

（1）关于 UGC 情感极性计算。本章首先针对单条 UGC 研究其情感极性值的挖掘方法；其次，从时间因素角度动态计算评论对象的平均情感极性值，距离当前时刻越近的 UGC 对评论对象的参考价值越大、距离当前时间越远的 UGC 对评论对象的参考价值越小，以更加精确地计算评论对象的 UGC 综合情感极性值；最后，生成评论对象的情感极性时间曲线图，以更加充分地反映用户对评论对象的评价情感及其演变过程。

（2）关于 UGC 情感综合评价问题。Web 2.0 环境下，评论数据丰富了，但消费者从评论数据中获取的有用信息却越来越少。为了更好地利用消费者评价信息，就需要针对这些海量的评论数据构建一个准确、高效的综合评价系统。本章将情感标签的抽取、情感极性的判断、模糊统计等方法引入到用户生成内容的模糊综合评价。首先，利用情感抽取、情感极性判断的方法，将相关用户生成的评论数据情感分为若干等级；其次，通过模糊统计方法确定模糊综合评价矩阵；最后，构建综合评价模型 FCE（Fuzzy Comprehensive Evaluation）。由于因素集、指标权重和模糊评价矩阵的确定是模糊综合评价方法的重要环节，所以 FCE 模型中不仅统计情感特征表达的主题，还考虑相关因素集被提及的次数，从而能够更加客观地确定评价指标模型中因素的指标权重。模型中的指标权重和模糊评价矩阵可以用机器学习的方法得到，计算途径方便可靠。

（3）关于用户相似性度量问题。传统的相似度计算方法仍存在以下三个方面的不足：第一，无论两用户实际上有多么相似，相似度仍有可能为 0；第二，无论两用户有多么不同，相似度也有可能为 1；第三，直观上看起来不相似的用户计算出来的相似度值可能要比看起来非常相似的用户间的相似度值还要高。本章从用户消费时序行为而形成的内在影响关系角度，利用概率矩阵分解的方法研究用户之间的相似度，将近邻的影响融入到目标用户的个性化推荐中，从而达到更加有效的推荐。

（4）关于跨媒体 UGC 特征提取与分类。TensorFlow 是一个开源软件库，被广泛应用于神经网络算法的编程实现。本章首先研究了基于特征的图像中文本提取算法；其次，分析卷积神经网络的基本结构；最后，根据跨媒体 UGC 数据特点，设计并实现了基于 TensorFlow 的卷积神经网络文本、图片、视频和音频分类算法，该算法对于提取跨媒体 UGC 特征，进而对跨媒体 UGC 进行分类具有较好的效果。

（5）关于用户画像和主体识别。本章分别从用户的基本属性、互动属性、反馈属性、情感属性以及情境属性五个方面构建用户画像。使用熵权法、情感分析以及 TF-IDF 方法等分别对用户的互动属性、反馈属性以及情感属性特征进行量化赋值，细粒度描述各项指标，有助于提高用户画像的精确程度。在此基础上，针对网络水军问题，利用聚类方法进行用户生成内容主体识别。

（6）考虑情感的消费者行为预测方法。在以预测消费者决策为目标的消费者决策模型构建研究中，人们总是要根据前人的经验或者自身的主观感受确定影响因素并进行验证，从而判断决策模型构建的准确程度。然而不同的 UGC 特征所构建的消费者决策模型对消费者决策预测的准确度存在一定差异，如何选择合适的 UGC 特征，是提高预测模型准确度的关键步骤。本书提出一种基于贝叶斯网络模型，将 UGC 内容、情感特征作为自变量预测消费者决策行为的方法。

（7）关于 UGC 的监管与利用。对消费者而言，发布 UGC 时要客观，但同时也要恰当通过 UGC 维护自身权益。对电商平台而言，首先要加强诚信建设，在提高自身对 UGC 的利用率的同时，也要通过激励措施引导用户发布真实、高质量的 UGC，当然也要正确维护自身合法利益。对公共网络平台而言，一方面要加强对 UGC 的监管；另一方面要提高对 UGC 的分析水平，以便更加充分地挖掘 UGC 包含的有用信息。对政府监管部门而言，一方面要通过 UGC 形式引导广大民众的言论；另一方面要通过制定完善的网络行为规章制度，以规范网络环境。

第二节 研究趋势的计量分析

一、数据来源及工具

（一）数据来源

在中国知网以"用户生成内容"或"UGC"作为篇名检索词，检索到的 468 篇相关文献为分析对象（检索时间为 2018 年 6 月 22 日）。首先，对重复文献进行合并、除去标题一致但内容与研究主题不相关的文献，最终得到有效文献 462 篇，其中期刊 306 篇、会议记录 8 篇、报纸 40 篇、硕博论文 108 篇，以 Refworks 格式导出。各年发文情况如表 18.1 所示。

表 18.1 用户生成内容研究领域历年发文量 单位：篇

年份	期刊	会议	报纸	硕博论文	文献总数
2007	0	1	3	0	4
2008	3	0	3	1	7
2009	6	0	0	0	6
2010	4	1	0	3	9
2011	10	0	0	5	15
2012	20	0	11	7	38
2013	30	2	12	8	52
2014	38	1	6	17	62
2015	39	1	0	19	59
2016	67	0	1	19	87
2017	63	2	2	29	96
2018	26	0	1	0	27
合计	306	8	40	108	462

（二）分析工具

CiteSpace 是美国德雷赛尔大学开发的一款科技文本挖掘和可视化分析工具，近年来 CiteSpace 被应用于各种领域，揭示学科发展和研究状况。

二、数据处理与分析

通过 Citespace5.0 可视化分析，可以得到关键词共现网络、研究层次分布、作者分布、机构分布、关键词分布等文献计量信息。根据关键词共现网络，可以得到 UGC 不同研究方向与研究热点间的联系，从而归纳出未来值得学者关注的研究问题。

（一）发文机构及其作者群体分析

在 CiteSpace5.0 中，节点设置为：Author、Institution，算法设置为：MST 算法，数据抽取前 20 个对象。生成用户生成内容研究的发文机构及作者群体的综合性分析图谱，如图 18.1 所示。

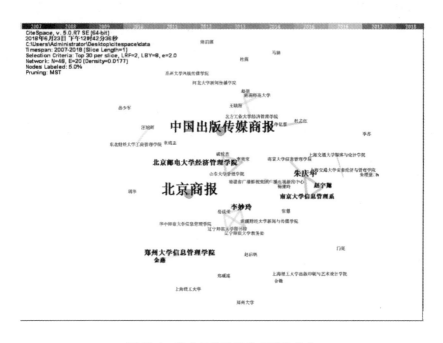

图 18.1　发文机构及其作者群体分布

图 18.1 中节点代表作者或者机构，节点的大小代表发文量的多少。

发文机构分布图直观显示了各机构发文情况。从表 18.2 可知发文量最高的机构为北京邮电大学，其他高产机构还包括湖南大学、《图书情报工作》、《情报理论与实践》、东北财经大学和《情报杂志》等。

表 18.2 2007~2018 年发文 5 篇及以上机构   单位：篇

发文机构	发文量	发文机构	发文量
北京邮电大学	16	东北财经大学	6
数码影像时代	12	图书馆学研究	6
新闻研究导刊	11	情报杂志	5
青年记者	10	21 世纪经济报道	5
北京商报	7	互联网周刊	5
西部广播电视	7	南京大学	5
湖南大学	6	情报科学	5
图书情报工作	6	新闻世界	5
设计	6	华中师范大学	5
情报理论与实践	6		

图 18.2 列出了发文篇数前十位的作者，共发文 40 篇，人均发文量 4 篇、年均发文量 3.33 篇。说明该研究领域仍是近年来的热点研究领域。其中金燕发文共 6 篇，赵宇翔和朱庆华均为 5 篇。从图 18.1 也可看出，赵宇翔和朱庆华两个节点有连线、两者呈现强烈的共现性。

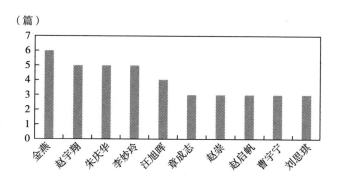

图 18.2 2007~2018 年发文量前十位的作者

（二）关键词共现分析

为了把握用户生成内容的研究热点，在 Cite Space5.0 设置"Keyword"网络节点，数据抽取对象为前二十位，绘制相关研究文献的关键词共现图谱如图 18.3 所示。

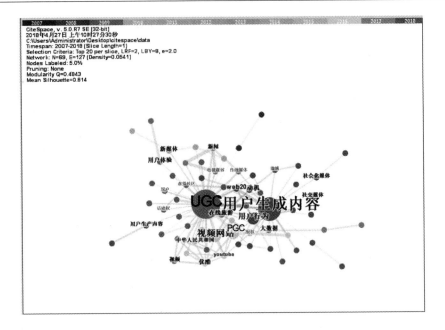

图 18.3　2007~2018 年关键词聚类图谱

除去"用户生成内容"和"UGC"两个关键词后,通过关键词出现频率的降序排列,得到 Top 20 的关键词,见表 18.3。

表 18.3　关键词前二十位排序

序号	关键词	序号	关键词
1	UGC 网络新闻信息	11	微博
2	UGC 服务商	12	社交媒体
3	PGC	13	品牌态度
4	社会化媒体	14	用户行为
5	用户体验	15	虚拟社区
6	用户生成内容过载	16	情感分析
7	新媒体	17	质量评价
8	Web 2.0	18	激励机制
9	动机	19	在线旅游
10	社会化电子商务	20	大数据

基于 Citespace 分析,得到的关键词共现网络图与关键词前二十位排序表,

可将用户生成内容的研究热点划分为 UGC 基本范畴、UGC 生成动因、UGC 的分析与利用以及 UGC 法律问题研究四个方面。

三、用户生成内容研究趋势

通过文献计量分析，项目组认为用户生成内容研究及应用领域发展走势包括如下两个方面：

（一）技术改进

在近年的文献中，学者还是针对 UGC 中的 U（用户）和 C（内容）进行挖掘，部分学者设法从技术的角度改进 UGC 的分析精细程序，具体就是针对 UGC 的质量、动机、模式以及领袖意见等进行深入的分析和精准的利用，比如对情感词典进行扩充、更精确地构建用户画像、针对聚类算法进行改进等。

为了提升对 UGC 的研究精准度，学者们在模型和算法上都有过一些探索。金燕等建立起个人信息行为动态信誉评级模型[188]。徐勇等提出模糊综合评价方法，运用指标权重和模糊矩阵的方法，以淘宝平台某商品评论数据为例进行分析，提高了综合评价的准确性[189]。基于网页排序 PageRank 算法以及对用户转发、评论和提及三种行为的综合分析，齐超等基于微博用户的不同行为对用户的传播影响力进行度量，提出根据行为权值分配进而对传播影响力大小进行定量的分析[190]。在 UGC 主体研究中，除对意见领袖排序外，还可以对虚假主体进行识别。徐小婷等将垃圾网页的检测方法运用到垃圾评论者的识别工作中，提出基于 PageRank 的评论者互评估可信度模型[191]。虚假 UGC 在很大程度上会误导潜在消费者和观点挖掘系统。通过在 LDA 模型的基础上增加感情层，汪建成等建立了基于主题—对立情感依赖模型（Topic-Opposite Sentiment Dependency Model，TOSDM），用于虚假评论的检测[15]。王立人等综合考虑微博环境中的转发、评论、回复和他人评论因素，对用户的所有 UGC 进行主题分布统计，从而得出用户微博兴趣分布情况[192]。随着技术的不断改进与完善，UGC 在实际应用中发挥的作用也更加清晰。

（二）商业模式

通过对已有文献的梳理，早期针对 UGC 的研究多出现于报纸上，多为媒体对新兴事物的报道，且研究问题集中于 UGC 如何在移动互联网、视频网站、热门 APP 中发挥作用，人们意识到 UGC 的存在，开始思考 UGC 能在人们生活中发挥什么作用，并预测 UGC 将会成为 Web 2.0 时代的热点，开启移动互联网下的新模式。

与 UGC 的实际结合主要体现在腾讯、优酷等视频网站，各个旅游景点的用户感知以及知乎、豆瓣等问答社区中。"长尾"现象是 UGC 平台普遍现象，通常能够实现很大流量的 UGC 只是总体的一小部分，约 80% 的网络流量都是由 20% 的 UGC 所带来的，因此如何改善现有推荐系统，缓解长尾现象，从而提升用户的参与度，这是 UGC 平台值得注重的问题。基于全球热门的视频网站 YouTube 的成功经验，陈欣等分析了 UGC 在视频网站发展。并在通过 RSS 源来抓取 YouTube 的视频信息后，将 YouTube 上的视频分为专业制作内容、用户编辑内容和用户原创内容三类。同时还提出 UGC 系统中存在"长尾"现象，即由于 UGC 的浏览数会受到可能浏览群体数的限制、普通用户而言容易产生认知偏差和认知负荷等原因，导致真正实现很大流量的 UGC 视频只是一小部分，大部分视频的浏览量是很低的[193]。胡烨以携程网站上攻略社区中的问答 UGC 为研究对象，借助旅游 UGC 自带的标签元体系，进行数据挖掘与规则提取。根据 UGC 数据挖掘的结果进行邮件推送精准营销活动，针对不同类型的潜在用户，以邮件的形式向用户推送企业产品或其他旅游相关信息，更准确地迎合目标需求[194]。郜雁、莫祖英对社会化媒体豆瓣电影进行实证研究并分析了影响在线意见寻求者采纳 UGC 的因素，分析了电影评论这种类型的 UGC、研究对象选取的是豆瓣用户，只代表了一种类型的社会媒体网站，且样本量相对较小[195]。

参考文献

［1］Marine-Roig E, Clavé S A. A Detailed Method for Destination Image Analysis Using User-generated Content［J］. Information Technology & Tourism, 2016, 15 (4): 341-364.

［2］Zablocki A, Schlegelmilch B, Houston M J. How Valence, Volume and Variance of Online Reviews Influence Brand Attitudes［J］. AMS Review, 2019 (9): 61-77.

［3］赵宇翔, 范哲, 朱庆华. 用户生成内容（UGC）概念解析及研究进展［J］. 中国图书馆学报, 2012, 38 (5): 68-81.

［4］李冰, 郄婧琳. 大数据、流媒体与视频内容生产新策略——美剧《纸牌屋》的启示［J］. 出版广角, 2015 (3): 89-91.

［5］黎孔静. 由 Netflix 自制剧《纸牌屋》的热播引发的思考［J］. 电视研究, 2013 (9): 76-77.

［6］李奕莹, 戚桂杰. 创新价值链视角下企业开放式创新社区管理的系统动力学研究［J］. 商业经济与管理, 2017 (6): 60-70.

［7］赵宇翔, 朱庆华. Web 2.0 环境下影响用户生成内容的主要动因研究［J］. 中国图书馆学报, 2009, 35 (5): 107-116.

［8］柳瑶, 郎宇洁, 李凌. 微博用户生成内容的动机研究［J］. 图书情报工作, 2013, 57 (10): 51-57.

［9］范哲, 张乾. MOA 视角下的问答网站用户贡献行为研究［J］. 图书与情报, 2015 (5): 123-132.

［10］赵宇翔. 社会化媒体中用户生成内容的动因与激励设计研究［D］. 南京大学博士学位论文, 2011.

［11］张世颖. 移动互联网用户生成内容动机分析与质量评价研究［D］. 吉林大学博士学位论文, 2014.

［12］金燕. 国内外 UGC 质量研究现状与展望［J］. 情报理论与实践, 2016, 39 (3): 15-19.

［13］金燕，李丹．基于 SPC 的用户生成内容质量监控研究［J］．情报科学，2016，34（5）：86-90+141.

［14］林煜明，王晓玲，朱涛等．用户评论的质量检测与控制研究综述［J］．软件学报，2014，25（3）：506-527.

［15］汪建成，严馨，余正涛等．基于主题—对立情感依赖模型的虚假评论检测方法［J］．山西大学学报（自然科学版），2015，38（1）：31-38.

［16］李妙玲，岳庆荣．我国用户生成内容的版权侵权问题治理模式研究［J］．新世纪图书馆，2015（5）：54-59.

［17］蒋晓丽，杨珊．虚拟社会安全阀：树洞类 UGC 平台的宣泄功能研究［J］．新闻界，2017（6）：54-59.

［18］王赛．树洞文化在互联网中的应用与发展［J］．青年记者，2014（32）：69-70.

［19］耿绍宁．试析网络"树洞"应用对高校和谐稳定的影响——以"树洞"微博为例［J］．思想理论教育，2013（15）：76-78+82.

［20］赵妍妍，秦兵，石秋慧等．大规模情感词典的构建及其在情感分类中的应用［J］．中文信息学报，2017，31（2）：187-193.

［21］Egger M，Lang A. A Brief Tutorial on How to Extract Information from User-Generated Content（UGC）［J］. KI – Künstliche Intelligenz，2013，27（1）：53-60.

［22］赖凯声，陈浩，钱卫宁等．微博情绪与中国股市：基于协整分析［J］．系统科学与数学，2014，34（5）：565-575.

［23］潘宇，林鸿飞．基于语义极性分析的餐馆评论挖掘［J］．计算机工程，2008（17）：208-210.

［24］王海雷，章彦星，赵海玉等．基于用户生成内容的产品搜索模型［J］．中文信息学报，2013，27（4）：89-95.

［25］饶元，吴连伟，王一鸣等．基于语义分析的情感计算技术研究进展［J］．软件学报，2018，29（8）：2397-2426.

［26］徐琳宏，林鸿飞，杨志豪．基于语义理解的文本倾向性识别机制［J］．中文信息学报，2007（1）：96-100.

［27］李宏媛，陶然．服装电商评论情感分析研究［J］．智能计算机与应用，2017，7（1）：27-30+34.

［28］Jie Yang，Brian Yecies. Mining Chinese Social Media UGC：A Big Data Framework for Analyzing Douban Movie Reviews［J］. Journal of Big Data，2016，3（1）：1-23.

［29］黄发良，于戈，张继连等．基于社交关系的微博主题情感挖掘［J］．软件学报，2017，28（3）：694-707．

［30］Raghupathi D，Yannou B，Farel R，et al. Customer Sentiment Appraisal from User-generated Product Reviews：A Domain Independent Heuristic Algorithm［J］. International Journal on Interactive Design & Manufacturing（IJIDeM），2015，9（3）：201-211.

［31］赵妍妍，秦兵，刘挺．文本情感分析［J］．软件学报，2010，21（8）：1834-1848.

［32］果洪迟．影响购买决策的因素［J］．北京商学院学报，1983（1）：49-53+22.

［33］王崇，李一军．基于互联网环境下的消费者决策行为的研究［J］．大连理工大学学报（社会科学版），2006（1）：13-18.

［34］Cundari，Aldo. From Funnel to the Journey：The New Customer Purchase Journey［J］. Customer-Centric Marketing，2015（10）：45-56.

［35］李永海．一种使用在线评论信息的商品购买决策分析方法［J］．运筹与管理，2018，27（2）：32-37.

［36］高平，黄文雄，凌鸿．互联网理财产品可投资剩余时间的饥饿效应——基于L互联网金融平台投资行为数据的实证研究［J］．技术经济，2018，37（1）：106-111+128.

［37］苏玥竹．国内外网络消费行为研究综述与评析［J］．现代情报，2015，35（5）：171-177.

［38］Davis D F，Davis F. Perceived Usefulness，Perceived Ease of Use，and User Acceptance of Information Technology［J］. MIS Quarterly，1989，13（3）：319-339.

［39］朱小军，徐飞．消费者决策模型与经济学需求曲线的实证［J］．市场周刊（财经论坛），2003（5）：12-14.

［40］Martin F，Icek A. Belief，Attitude，Intention，and Behavior［M］. Massachusetts：Addison-Wesley Pub. Co.，1975.

［41］Ajzen I，Fishbein M. Understanding Attitudes and Predicting Social Behavior［J］. Englewood Cliffs，1980（10）：249-259.

［42］纪成君，赵嘉卉，于晓芳．基于大道模型的消费者网购决策研究［J］．辽宁工程技术大学学报（社会科学版），2017（6）：72-78.

［43］孙金丽．网络购物中消费者决策行为模型的构建［J］．中国管理信息化，2011，14（18）：101-103.

［44］Morgenstern O, Neumann J V. Theory of Games and Economic Behavior ［M］. Princeton：Princeton University Press, 1980.

［45］Lin T T, Lee C C, Lin H C. Analysis of Customer Profit Contribution for Banks with the Concept of Marketing Mix Strategy Between 4Cs and 5Ps ［J］. Service Business, 2013, 7（1）：37-59.

［46］Cardello A V, Meiselman H L, Schutz H G, et al. Measuring Emotional Responses to Foods and Food Names Using Questionnaires ［J］. Food Quality and Preference, 2012, 24（2）：243-250.

［47］吴蓉, 桑琳, 陈洁. 信息获取差异对消费者品牌选择的影响——在线渠道与传统渠道的比较研究 ［J］. 情报科学, 2007（4）：485-489.

［48］庄爱玲, 余伟萍. 信息加工视角下品牌认知对消费者购买决策影响模型构建 ［J］. 情报杂志, 2010（7）：203-206.

［49］刘龙珠, 胡赛全, 赵小华等. 决策过程后悔还是结果后悔？——调节聚焦对后悔类型的影响 ［J］. 中国软科学, 2013（12）：173-184.

［50］Colman A M, Pulford B D, Bolger F. Asymmetric Dominance and Phantom Decoy Effects in Games ［J］. Organizational Behavior & Human Decision Processes, 2007, 104（2）：193-206.

［51］李东进, 郑军, 金慧贞等. 消费者决策情境线索的虚位诱导效应研究——基于双属性空间启动策略模型 ［J］. 管理评论, 2017, 29（6）：189-201.

［52］杨宇科, 张全成, 赖天豪. 消费者决策的折中效应与偏好逆转——基于心理距离视角 ［J］. 财经科学, 2018（7）：109-120.

［53］Ajzen I, Fishbein M. The Influence of Attitudes on Behavior ［M］//The Handbook of Attitudes. Mahwah：Lawrence Erlbaum Associates, 2005：173-221.

［54］王永周, 邓燕. 基于大数据预测的消费者购买决策行为分析 ［J］. 商业经济研究, 2016（23）：40-42.

［55］荣梅, 周彦莉. 认知视角的消费者决策模型研究 ［J］. 山东社会科学, 2012（12）：168-171.

［56］O'Keefe D J. The Elaboration Likelihood Model ［M］//J. P. Dillard, L Shen. The Sage Handbook of Persuasion. London：Sage Publications, 2013：137-149.

［57］丁黎黎, 姜亚楠, 王垒. 边缘路线信息丰裕度对消费者在线购买决策的影响 ［J］. 财经论丛, 2014（9）：68-74.

［58］危小超, 李岩峰, 聂规划等. 基于后悔理论与多 Agent 模拟的新产品扩散消费者决策互动行为研究 ［J］. 中国管理科学, 2017, 25（11）：66-75.

［59］李桂华, 卢宏亮, 刘海燕. 人际关系对企业购买意向影响的实证研

究——基于中国的文化背景 [J]．山西财经大学学报，2010，32（4）：60-67.

[60] 屠萍萍．大学生消费决策模型的营销因素研究 [J]．天津商务职业学院学报，2017，5（5）：39-43.

[61] 周丽莉，丁东洋．考虑市场学习行为的贝叶斯决策模型构建及应用 [J]．中国管理科学，2016，24（S1）：519-524.

[62] 孙瑾，王永贵．是"只见树木"还是"整片森林"——性别对消费者比较信息处理过程的调节作用 [J]．南开管理评论，2016，19（3）：89-97.

[63] 王琦，刘凯，张晓航．卷入情景下特征框架效应对购买意愿的影响 [J]．商业研究，2016（10）：1-9.

[64] 李湘云，吕兴洋，刘丽娟．网络购物中评价模式对消费者品牌敏感的影响——网购平台与微商销售的比较 [J]．企业经济，2017，36（8）：102-107.

[65] 王辉，杨洁．网络口碑对消费者决策行为的影响研究 [J]．调研世界，2017（12）：28-32.

[66] 朱宇亮，杨以雄．跨境网购服装消费者购物决策风格研究 [J]．国际纺织导报，2017，45（10）：56-61.

[67] 单汨源，李洁，张人龙．电影在线评论中的意见领袖对消费者观影决策的影响研究 [R]．第十五届全国计算机模拟与信息技术学术会议，2015.

[68] 姜潇，杜荣，关西．网上口碑对消费者购买决策影响的实证研究 [J]．情报杂志，2010，29（9）：200-203.

[69] 林家宝，胡倩，鲁耀斌．社会化商务特性对消费者决策行为的影响研究——基于关系管理的视角 [J]．商业经济与管理，2017（1）：52-63.

[70] 秦炳旺，章洁．网站信息对在线酒店预订决策的影响 [J]．经济论坛，2017（11）：108-111.

[71] 王丽丽，赵炳新，D Nebenzahl I．网络视角下的消费者信息搜索行为研究——产品类别的调节作用 [J]．大连理工大学学报（社会科学版），2017，38（2）：1-7.

[72] 梅蕾，邱淑凤，张景．网络口碑对旅游消费者决策行为的影响研究 [J]．西安财经学院学报，2017，30（3）：76-81.

[73] 高融，王玲，杨以雄．休闲女装实体零售消费决策机制 [J]．纺织学报，2017，38（4）：158-163.

[74] 蔡淑琴，秦志勇，李翠萍等．面向负面在线评论的情感强度对有用性的影响研究 [J]．管理评论，2017，29（2）：79-86.

[75] 马鸿飞，张晶杰．基于消费者的品牌资产模型构建及实证分析 [J]．科技与管理，2016，18（3）：90-97+102.

[76] 李旭升，郭耀煌．一种新颖混合贝叶斯分类模型研究 [J]．计算机科学，2006（9）：135-139．

[77] 冀俊忠，阎静，刘椿年．基于 I-B&B-MDL 的贝叶斯网结构学习改进算法 [J]．北京工业大学学报，2006（5）：436-441．

[78] 王双成，程新章，王振海．贝叶斯网络中变量的最优预测 [J]．计算机应用与软件，2007（5）：9-11．

[79] 王双成，苑森淼，王辉．基于贝叶斯网络的马尔科夫毯预测学习 [J]．模式识别与人工智能，2004，17（1）：17-21．

[80] 刘凤秋．基于先验知识的支持向量机理论与算法研究 [D]．哈尔滨工业大学博士学位论文，2011．

[81] 丁世飞，齐丙娟，谭红艳．支持向量机理论与算法研究综述 [J]．电子科技大学学报，2011，40（1）：2-10．

[82] 刘睿，巴曙松，刘家鹏．运用贝叶斯网络量化和控制商业银行操作风险——一个基于实际业务流程的例子 [J]．投资研究，2011，30（7）：106-117．

[83] 夏国恩，邵培基．改进的支持向量分类机在客户流失预测中的应用 [J]．计算机应用研究，2009，26（6）：2044-2046+2052．

[84] Jiawei Han，Micheline Kamber．数据挖掘概念与技术 [M]．范明，孟小锋译，北京：机械工业出版社，2007．

[85] Ka Yee Yeung，Walfer L Ruzzo. Principal Component Analysis for Clustering Gene Expression Data [J]. Bioinformatics（Oxford，England），2001，9（17）：763-774．

[86] 刘可新，包为民，阙家骏等．基于主成分分析的 K 均值聚类法在洪水预报中的应用 [J]．武汉大学学报（工学版），2015，48（4）：447-450+458．

[87] 彭敏，傅慧，黄济民等．基于核主成分分析与小波变换的高质量微博提取 [J]．计算机工程，2016，42（1）：180-186．

[88] 傅荣林．主成分综合评价模型的探讨 [J]．系统工程理论与实践，2001（11）：68-74．

[89] Breese J S，Heckerman D，Kadie C. Empirical Analysis of Predictive Algorithms for Collaborative Filtering [J]. Uncertainty in Artificial Intelligence，1998（7）：43-52．

[90] Candillier L，Meyer F，Boullé M. Comparing State-of-the-Art Collaborative Filtering Systems [R]. Proceedings of the International Workshop on Machine Learning and Data Mining in Pattern Recognition，2007．

[91] Patra B K，Launonen R，Ollikainen V，et al. A New Similarity Measure

Using Bhattacharyya Coefficient for Collaborative Filtering in Sparse Data [J]. Knowledge Based Systems, 2015, 82 (7): 163-177.

[92] Cacheda F, Carneiro V, Fernández D, et al. Comparison of Collaborative Filtering Algorithms [J]. ACM Transactions on the Web, 2011, 5 (1): 1-33.

[93] Bobadilla J, Serradilla F, Bernal J. A New Collaborative Filtering Metric That Improves the Behavior of Recommender Systems [J]. Knowledge-Based Systems, 2010, 23 (6): 520-528.

[94] Liu H, Hu Z, Mian A, et al. A New User Similarity Model to Improve the Accuracy of Collaborative Filtering [J]. Knowledge-Based Systems, 2014, 56 (1): 156-166.

[95] Shardanand U. Social Information Filtering for Music Recommendation [J]. Massachusetts Institute of Technology, 1994 (3): 74-81.

[96] Ahn H J. A New Similarity Measure for Collaborative Filtering to Alleviate the New User Cold-starting Problem [J]. Information Ences, 2008, 178 (1): 37-51.

[97] Pirasteh P, Hwang D, Jung J J. Exploiting Matrix Factorization to Asymmetric User Similarities in Recommendation Systems [J]. Knowledge-Based Systems, 2015 (83): 51-57.

[98] Jamali M, Ester M. A Matrix Factorization Technique with Trust Propagation for Recommendation in Social Networks [R]. Proceedings of the Fourth ACM Conference on Recommender Systems, 2010.

[99] Guang-fu S, Le W U, Qi L, et al. Recommendations Based on Collaborative Filtering by Exploiting Sequential Behaviors [J]. Journal of Software, 2013, 24 (11): 2721-2733.

[100] Gonzalez A, Bergasa L M, Yebes J J, et al. Text Recognition on Traffic Panels from Street-level Imagery [C]. Proceedings of the Intelligent Vehicles Symposium, 2012.

[101] 边肇祺, 张学工. 模式识别 [M]. 北京: 清华大学出版社, 2000.

[102] Jain A K, Yu B. Automatic Text Location in Images and Video Frames [J]. Pattern Recognition, 1998 (31): 2055-2076.

[103] QUESTMOBILE 研究院. 移动互联网全景生态报告 [R]. 2020.

[104] Silva N F F D, Hruschka E R. Tweet Sentiment Analysis with Classifier Ensembles [J]. Decision Support Systems, 2014, 66 (10): 170-179.

[105] Moraes R, Valiati J O F, Gavião Neto W P. Document-level Sentiment Classification: An Empirical Comparison Between SVM and ANN [J]. Expert Systems

with Applications, 2013, 40（2）：621-633.

［106］Pang B, Lee L, Vaithyanathan S. Thumbs up? Sentiment Classification Using Machine Learning Techniques ［C］. Proceedings of the ACL-02 Conference on Empirical Methods in Natural Language Processing-Volume 10. Association for Computational Linguistics, 2002：79-86.

［107］王盛玉，曾碧卿，商齐等. 基于词注意力卷积神经网络模型的情感分析研究［J］. 中文信息学报，2018，32（9）：123-131.

［108］Kim Y. Convolutional Neural Networks for Sentence Classification ［J］. e-Print arXiv, 2014（10）：1746-1751.

［109］Zhang Y, Wallace B. A Sensitivity Analysis of（and Practitioners' Guide to）Convolutional Neural Networks for Sentence Classification ［J］. Computer ence, 2017（11）：253-263.

［110］Yun W, An W X, Jindan Z, et al. Combining Vector Space Features and Convolution Neural Network for Text Sentiment Analysis ［M］//Leonard B, Aneta P M, Tomoya E. Complex, Intelligent and Softuare Intensive Systems. Springer, 2020：780-790.

［111］Krizhevsky Alex, Sutskever, et al. ImageNet Classification with Deep Convolutional Neural Networks ［J］. Communications of the Acm, 2017, 60（6）：84-90.

［112］Simonyan K, Zisserman A. Very Deep Convolutional Networks for Large-Scale Image Recognition ［J］. Computer Science, 2014.

［113］Zhang W, Zhuang J-Y, Yong X, et al. Personalized Topic Modeling for Recommending User-generated Content ［J］. Frontiers of Information Technology & Electronic Engineering, 2017, 18（5）：708-718.

［114］Salton G M, Wong A, Yang C S A. A Vector Space Model for Automatic Indexing ［J］. Commun ACM, 1975, 18（11）：613-620.

［115］Martineau J, Finin T. Delta Tfidf：An Improved Feature Space for Sentiment Analysis ［J］. Third International AAAI Conference on Weblogs and Social Media, 2009, 3（1）：258-261.

［116］徐凤亚，罗振声. 文本自动分类中特征权重算法的改进研究 ［J］. 计算机工程与应用，2005（1）：181-184+220.

［117］张瑜，张德贤. 一种改进的特征权算法 ［J］. 计算机工程，2011，37（5）：210-212.

［118］刘丽，岳亚伟. 面向高校学生微博的跨粒度情感分析 ［J］. 计算机应用研究，2019，36（6）：1618-1622.

［119］周建，刘炎宝，刘佳佳．情感分析研究的知识结构及热点前沿探析［J］．情报学报，2020（1）：111-124.

［120］Bernabé-Moreno J, Tejeda-lorente A, Herce-Zelaya J, et al. A Context-aware Embeddings Supported Method to Extract a Fuzzy Sentiment Polarity Dictionary［J/OL］. Knowledge-Based Systems. DOI：10.1016/j. knosys. 2019. 105236.

［121］Park D-H, Lee J, Han I. The Effect of On-Line Consumer Reviews on Consumer Purchasing Intention：The Moderating Role of Involvement［J］. International Journal of Electronic Commerce, 2007, 11（4）：125-148.

［122］赵晓冬，郑涛．基于FUZZY-AHP评价方法的个人信用等级评价模型指标体系［J］．数量经济技术经济研究，2003（6）：97-100.

［123］李梵蓓．商品质量的模糊综合评价［J］．内蒙古财经学院学报，1994（4）：92-95.

［124］王跃进，孟宪颐．绿色产品多级模糊评价方法的研究［J］．中国机械工程，2000，11（9）：1016-1019.

［125］乌云娜，蔡爽，王艳霞．企业并购风险分析及模糊度量［J］．中国电力教育，2006（S4）：94-96.

［126］王涛．电子商务企业产品评价指标体系的建立及模糊评价［J］．现代情报，2007（1）：178-180.

［127］杨静．电子商务网站商品模糊评价模型的构建［J］．现代情报，2013，33（4）：31-33.

［128］Kim S-M, Hovy E. Determining the Sentiment of Opinions［M］//Proceedings of the 20th International Conference on Computational Linguistics. Geneva, Switzerland：Association for Computational Linguistics, 2004：1367-1393.

［129］李纲，刘广兴，毛进等．一种基于句法分析的情感标签抽取方法［J］．图书情报工作，2014，58（14）：12-20.

［130］田超，朱青，覃左言等．基于评论分析的查询服务推荐排序［J］．小型微型计算机系统，2011，32（9）：1740-1746.

［131］熊德国，鲜学福．模糊综合评价方法的改进［J］．重庆大学学报（自然科学版），2003（6）：93-95.

［132］韩志刚．一种改进的软件质量模糊综合评价方法［J］．中原工学院学报，2005（3）：46-48.

［133］刘力，周建中，杨俊杰等．基于信息熵的改进模糊综合评价方法［J］．计算机工程，2009，35（18）：4-6.

［134］陈藜藜，金腊华．湖库富营养化的改进型模糊综合评价方法研究

［J］. 中国环境科学，2014，34（12）：3223-3229.

［135］Xu Y, Zhang F. Detecting Shilling Attacks in Social Recommender Systems Based on Time Series Analysis and Trust Features ［J］. Knowledge Based Systems, 2019, 178（15）：25-47.

［136］陈燕方，李志宇，梁循等. 在线社会网络谣言检测综述［J］. 计算机学报，2018，41（7）：220-249.

［137］莫倩，杨珂. 网络水军识别研究［J］. 软件学报，2014（7）：1505-1526.

［138］Cooper, Alan. The Inmates Are Running the Asylum：Why High Tech Products Drive Us Crazy and How to Restore the Sanity ［M］. London：Sams-Pearson Education, 2004.

［139］邱云飞，张伟竹. 基于网络结构和文本内容的群体画像构建方法研究［J］. 图书情报工作，2019，63（22）：21-30.

［140］袁润，王琦. 学术博客用户画像模型构建与实证——以科学网博客为例［J］. 图书情报工作，2019（22）：13-20.

［141］康海燕，李昊. 基于 Web 日志的性格预测与群体画像方法研究［J］. 郑州大学学报（理学版），2020，52（1）：39-46.

［142］李泽中，张海涛，张鑫蕊等. 融合用户社交与情境信息的虚拟知识社区个性化知识推荐研究［J］. 情报理论与实践，2020，43（4）：152-158.

［143］孙智君，周滢. 中三角区域新型工业化水平测度［J］. 统计与决策，2013（2）：46-49.

［144］杜恒波，许衍凤. 基于熵值法的人力资源外包风险模糊综合评价研究［J］. 统计与决策，2011（5）：176-177.

［145］邓万宇，郑庆华，陈琳等. 神经网络极速学习方法研究［J］. 计算机学报，2010（2）：279-287.

［146］Huang G B, Zhu Q Y, Siew C K. Extreme Learning Machine：A New Learning Scheme of Feedforward Neural Networks ［C］. Proceedings of the IEEE International Joint Conference on Neural Networks, 2005.

［147］Bartlett P L. The Sample Complexity of Pattern Classification with Neural Networks：The Size of the Weights is More Important than the Size of the Network ［J］. Information Theory IEEE Transactions, 1998,

［148］Liang N Y, Huang G B, Saratchandran P, et al. A Fast and Accurate Online Sequential Learning Algorithm for Feedforward Networks ［J］. IEEE Transactions on Neural Networks, 2006（17）：1411-1423.

［149］陆慧娟，安春霖，马小平等．基于输出不一致测度的极限学习机集成的基因表达数据分类［J］．计算机学报，2013，36（2）：341-348.

［150］Feng G, Huang G B, Lin Q, et al. Error Minimized Extreme Learning Machine with Growth of Hidden Nodes and Incremental Learning［J］. IEEE Transactions on Neural Networks, 2009, 20（8）: 1352-1357.

［151］Huang G B, Chen L, Siew C K. Universal Approximation Using Incremental Constructive Feedforward Networks with Random Hidden Nodes［M］. New York: IEEE Press, 2006.

［152］Huang G B, Chen L. Convex Incremental Extreme Learning Machine［J］. Neurocomputing, 2007, 70（16）: 3056-3062.

［153］Rong H J, Ong Y S, Tan A H, et al. A Fast Pruned-extreme Learning Machine for Classification Problem［J］. Neurocomputing, 2008, 72（1-3）: 359-366.

［154］Ying L, Fan Jun L. A Pruning Algorithm for Extreme Learning Machine［C］. IDEAL, 2013, 1-7.

［155］Lan Y, Soh Y C, Huang G B. Ensemble of Online Sequential Extreme Learning Machine［J］. Neurocomputing, 2009, 72（13-15）: 3391-3395.

［156］Cao J, Lin Z, Huang G B. Voting Base Online Sequential Extreme Learning Machine for Multi-class Classification［C］. Proceedings of the IEEE International Symposium on Circuits & Systems, F, 2013.

［157］Van Heeswijk M, Miche Y, Lindh-Knuutila T, et al. Adaptive Ensemble Models of Extreme Learning Machines for Time Series Prediction［R］. Proceedings of the 19th International Conference on Artificial Neural Networks: Part Ⅱ, ICANN'09, 2009.

［158］王权，陈松灿．基于1_1-正则化的ELM回归集成学习［J］．计算机研究与发展，2012，49（12）：2631-2637.

［159］Zhou Z H, Wu J, Tang W. Ensembling Neural Networks: Many Could Be Better Than All［J］. Artificial Intelligence, 2002, 137（1-2）: 239-263.

［160］Huang G B, Zhou H, Ding X, et al. Extreme Learning Machine for Regression and Multiclass Classification［J］. IEEE Transactions on Systems Man & Cybernetics Part B, 2012, 42（2）: 513-529.

［161］杨颖，朱毅．谁该成为体验型产品网络评论的主角，图片还是文字？［J］．心理学报，2016，48（8）：1026-1036.

［162］吴维芳，高宝俊，杨海霞等．评论文本对酒店满意度的影响：基于情感分析的方法［J］．数据分析与知识发现，2017，1（3）：62-71.

［163］Ma Y, Chen G, Wei Q. Finding Users Preferences from Large-scale Online Reviews for Personalized Recommendation ［J］. Electronic Commerce Research, 2017, 17 (1): 3-29.

［164］Furner C P, Zinko R A. The Influence of Information Overload on the Development of Trust and Purchase Intention Based on Online Product Reviews in a Mobile vs. Web Environment: An Empirical Investigation ［J］. Electronic Markets, 2017, 27 (3): 211-224.

［165］赵建欣, 朱阁, 宋玲玉. 在线短租平台用户住宿决策影响因素研究 ［J］. 北京邮电大学学报 (社会科学版), 2017, 19 (5): 52-57.

［166］苗蕊, 徐健. 评分不一致性对在线评论有用性的影响——归因理论的 视角 ［J］. 中国管理科学, 2018, 26 (5): 178-186.

［167］杨雪. 在线评论信息特征对体验型产品品牌信任的影响 ［J］. 商业研 究, 2016 (3): 124-129.

［168］王文君, 张静中. 电子商务网站在线评论对手机销量影响的实证研究 ［J］. 河北工业科技, 2016, 33 (3): 188-193.

［169］Chang W L, Chen Y P. Way Too Sentimental? A Credible Model for Online Reviews ［J］. Information Systems Frontiers, 2017 (21): 453-468.

［170］Li Y, Qin Z, Xu W, et al. A Holistic Model of Mining Product Aspects and Associated Sentiments from Online Reviews ［J］. Multimedia Tools & Applications, 2015, 74 (23): 10177-10194.

［171］彭丽徽, 李贺, 张艳丰等. 基于品牌声誉感知差异的在线评论有用性 影响因素实证研究 ［J］. 情报科学, 2017, 35 (9): 159-164.

［172］吴江, 刘弯弯. 基于信息采纳理论的在线商品评论有用性影响因素研 究 ［J］. 信息资源管理学报, 2017, 7 (1): 47-55.

［173］李哲, 马中东. 网络购物购买意愿的影响因素及其复杂关系研究—— 基于 PLS-SEM 与贝叶斯网络 ［J］. 统计与信息论坛, 2018, 33 (8): 110-117.

［174］邓卫华, 张宇. 在线评论信息内容对阶段性有用性评价的影响研究 ［J］. 情报理论与实践, 2018, 41 (8): 90-95+153.

［175］万晓榆, 王葶亦, 吴继飞等. 电商平台销量信息对消费者注意力及产 品选择的影响 ［J］. 管理学报, 2018, 15 (6): 884-892.

［176］石文华, 张绮, 蔡嘉龙. 在线评论矛盾性对消费者矛盾态度和购买意 愿的影响研究 ［J］. 管理评论, 2018, 30 (7): 77-88.

［177］王利明. 人格权法的发展与完善——以人格尊严的保护为视角 ［J］. 法律科学 (西北政法大学学报), 2012, 30 (4): 167-175.

［178］黄唯力．建立和完善隐私权的法律保护制度［J］．人民公安，2001（4）：39-41.

［179］佟柔．中国民法［M］．北京：法律出版社，1990.

［180］张新宝．隐私权的法律保护［M］．北京：群众出版社，1997.

［181］杨立新．人身权法论［M］．北京：人民法院出版社，2002.

［182］齐爱民．个人资料保护法原理及其跨国流通法律问题研究［M］．武汉：武汉大学出版社，2004.

［183］李建华，王国柱．论民事权益——民法保护对象的立法和司法双重确认［J］．法学杂志，2011，32（1）：27-30.

［184］贺栩栩．比较法上的个人数据信息自决权［J］．比较法研究，2013（2）：61-76.

［185］于莹，石浩男．Cookie 跟踪中的隐私权保护——美国经验与中国选择［J］．求是学刊，2015，42（1）：89-96.

［186］李新天，郑鸣．论中国公众人物隐私权的构建［J］．中国法学，2005（5）：93-101.

［187］邹悦，杨道玲．档案网站中的隐私权问题［J］．北京档案，2004（6）：30-32.

［188］金燕，闫婧．基于用户信誉评级的 UGC 质量预判模型［J］．情报理论与实践，2016，39（3）：10-14.

［189］徐勇，张慧，陈亮．一种基于情感分析的 UGC 模糊综合评价方法——以淘宝商品文本评论 UGC 为例［J］．情报理论与实践，2016，39（6）：64-69.

［190］齐超，陈鸿昶，于洪涛．基于用户行为综合分析的微博用户影响力评价方法［J］．计算机应用研究，2014，31（7）：2004-2007.

［191］徐小婷，魏晶晶，廖祥文等．基于评论者关系的垃圾评论者识别研究［J］．集美大学学报（自然科学版），2016，21（2）：146-152.

［192］王立人，余正涛，王炎冰等．基于有指导 LDA 用户兴趣模型的微博主题挖掘［J］．山东大学学报（理学版），2015，50（9）：36-41.

［193］陈欣，朱庆华，赵宇翔．基于 You Tube 的视频网站用户生成内容的特性分析［J］．图书馆杂志，2009，28（9）：51-56.

［194］胡烨．电子商务环境下 UGC 的数据挖掘反营销应用［J］．中国高新技术企业，2015（7）：176-177.

［195］郜雁，莫祖英．采纳用户生成内容的影响因素分析［J］．信息资源管理学报，2014，4（4）：69-77.

附录 1   核心算法代码

A. 网络爬虫核心算法代码

a）基于 Request 包的网络爬虫

```
import requests
import re

def getHTMLText(url):
    try:
        r = requests. get(url, timeout = 30)
        r. raise_for_status()
        r. encoding = r. apparent_encoding
        return r. text
    except:
        return " "

def parsePage(ilt, html):
    try:
        plt = re. findall(r'\"view_price\"\:\"[\d\.]*\"', html)
        tlt = re. findall(r'\"raw_title\"\:\".*?\"', html)
        for i in range(len(plt)):
            price = eval(plt[i]. split(': ')[1])
            title = eval(tlt[i]. split(': ')[1])
            ilt. append([price, title])
    except:
        print(" ")

def printGoodsList(ilt):
```

```
    try：
        tplt="{:4}\t{:8}\t{:16}"
        print(tplt.format("序号","价格","商品价格"))
        count=0
        for g in ilt：
            count=count+1
            print(tplt.format(count,g[0],g[1]))

def main()：
    goods='书包'
    depth=2
    start_url='https：//s.taobao.com/search?q='+goods
    infoList=[]
    for i in range(depth)：
        try：
            url=start_url+'&s='+str(44*i)
            html=getHTMLText(url)
            parsePage(infoList,html)
        except：
            continue
    printGoodsList(infoList)
main()
```

b）基于 selenium 包的网络爬虫
```
#-*-coding：utf-8-*-
import openpyxl
import time
from selenium import webdriver
from selenium.webdriver.common.by import By
from selenium.webdriver.support.wait import WebDriverWait
from selenium.webdriver.support import expected_conditions as EC
from selenium.webdriver.common.action_chains import ActionChains
from selenium.webdriver.common.keys import Keys
import jieba.posseg as pseg
```

```
wb＝openpyxl. Workbook()        #创建工作簿
sheet1＝wb. active      #获取当前 sheet 对象，默认当前工作表名为 sheet
sheet1. title＝'评论'      #修改表名
sheet1['A1']＝'用户名'
sheet1['B1']＝'时间'
sheet1['C1']＝'版本'
sheet1['D1']＝'评论内容'
sheet1['E1']＝'追评内容'
sheet2＝wb. create_sheet("分词表")        #创建名字为"分词表"的 sheet

#启动 web 端
chromedriver＝r'D：\ temp \ crawler \ chromedriver. exe'      #设置驱动路径
tb_chrome_options＝webdriver. ChromeOptions()
tb_chrome_options. add_argument('--log-level＝3')      #设置日志屏蔽等级
tb_chrome_options. add_argument('--headless')      #设置后台运行模式
url＝' https：//detail. tmall. com/item. htm? spm＝a220m. 1000858. 1000725. 35.
6442766aUFw63B&id＝606306790423&skuId' \
'＝4245743516766&standard＝1&user_id＝2838892713&cat_id＝2&is_b＝1&rn＝
9f71ae13908a6017362b7c35d3975173'
driver. get(url)      #获取网页
time. sleep(10)

#关闭登录界面
clbutton＝driver. find_element_by_id('sufei-dialog-close')
driver. execute_script("arguments[0]. click();", clbutton)
time. sleep(10)

#获取商品评论界面
buttons＝driver. find_element_by_id('J_TabBar'). find_elements_by_tag_name
('li')
button＝buttons[2]
button. click()
time. sleep(3)
```

```
#爬取10页内容
for m in range(1, 11):
    try:
        info=driver.find_element_by_class_name('rate-grid').find_elements_by_tag_name('tr')
        for i in info:
            user=i.find_element_by_class_name('rate-user-info')      #用户名
            version=i.find_element_by_class_name('rate-sku')       #版本
            #判断是否存在追评，如果有则提取追评
            try:
                #评论内容
                comment=i.find_element_by_class_name('tm-rate-premiere').find_element_by_class_name('tm-rate-fulltxt')
                #追评
                comment_a=i.find_element_by_class_name('tm-rate-append').find_element_by_class_name('tm-rate-fulltxt').text
            except:      #没有则追评为空
                comment=i.find_element_by_class_name('tm-rate-content').find_element_by_class_name('tm-rate-fulltxt')
                comment_a='/'
            ctime=i.find_element_by_class_name('tm-rate-date')      #时间
            #写入爬虫数据
            sheet1.append([user.text, ctime.text, version.text.replace("\n",","), comment.text, comment_a])

        nextbn=driver.find_element_by_link_text('下一页>>')      #下一页
        driver.execute_script("arguments[0].click();", nextbn)
        time.sleep(3)
        print("第%d页爬取成功" %m)
    except:
        print('第%d页失败' %m)
```

```
wb. save('data/淘宝评论 . xlsx')        #保存文件
driver. close( )    #关闭浏览器
```

B. 跨媒体 UGC 分类算法代码

a) 基于 CNN 模型的文本特征提取及分类

```
import tensorflow as tf
import data_utils
import cnn_model1
import os
import time
import datetime
```

#设定模型相关参数，可在命令提示符中直接更改。如 python train. py--input_layer_type 'CNN-rand'

#data parameters

```
tf. flags. DEFINE_string("train_data_file",". /input/data/train_data. txt","Data source for the train data. ")        #训练集

tf. flags. DEFINE_string ( "valid_data_file",". /input/data/valid_data. txt", "Data source for the valid data. ")        #测试集

tf. flags. DEFINE_string ( "save_embedding_file",". /input/data/embed/glove. 840B. 300d. npz","Embeddings which contains the word from data")    #词嵌入

tf. flags. DEFINE_string ( "vocabulary_file",". /input/data/vocabulary. txt","Words in data")        #词典
```

#Model Hyperparameters

```
tf. flags. DEFINE_integer("embedding_dim", 300,"Dimensionality of word embedding(default：300)")        #词嵌入维度

tf. flags. DEFINE_string("filter_sizes","3, 4, 5","Comma-separated filter sizes(default：'2, 3, 4, 5')")        #卷积核尺寸

tf. flags. DEFINE_integer("num_filters", 128,"Number of filters per filter size(default：128)")        #卷积核个数

tf. flags. DEFINE_float("dropout_keep_prob", 0. 5,"Dropout keep probability(default：0. 5)")        #dropout 系数

tf. flags. DEFINE_float ( "learning_rate", 0. 001,"learning rate (default：
```

0.001)") #学习率

    tf. flags. DEFINE_float("l2_reg_lambda", 0,"L2 regularization lambda(default: 0.0)") #正则化系数

    tf. flags. DEFINE_integer("max_sentence_len", 100,"The max length of sentence(default: 100)") #句子最大长度

    #输入层种类

    tf. flags. DEFINE_string("input_layer_type","CNN-static","Type of input layer, CNN-rand, CNN-static, CNN-non-static, CNN-multichannel(default: 'CNN-rand')")

    #Training parameters

    tf. flags. DEFINE_integer("batch_size", 64,"Batch Size(default: 16)")

                                                    #批次大小

    tf. flags. DEFINE_integer("num_epochs", 5,"Number of training epochs(default: 20)") #迭代次数

    tf. flags. DEFINE_integer("evaluate_every", 100,"Evaluate model on dev set after this many steps(default: 100)") #每几轮进行评估

    tf. flags. DEFINE_integer("checkpoint_every", 100,"Save model after this many steps(default: 100)") #每几轮保存模型

    tf. flags. DEFINE_integer("num_checkpoints", 5,"Number of checkpoints to store(default: 5)") #最大保存模型数

    #tensorFlow 会自动选择一个存在并且支持的设备来运行 operation

    tf. flags. DEFINE_boolean("allow_soft_placement", True,"Allow device soft device placement")

    #是否获取你的 operations 和 Tensor 被指派到哪个设备上运行

    tf. flags. DEFINE_boolean("log_device_placement", False,"Log placement of ops on devices")

    FLAGS=tf. flags. FLAGS

    def preprocess():

        data_utils. preprocess_data(

            data_paths=[FLAGS. train_data_file, FLAGS. valid_data_file],

```
#数据集路径
        vocab_ path = FLAGS. vocabulary_ file,
#词典路径
        embedding_ path = FLAGS. save_ embedding_ file,
#词嵌入路径
        train_ data_ path = FLAGS. train_ data_ file,
#测试集路径
        valid_ data_ path = FLAGS. valid_ data_ file
#验证集路径
    )


with tf. Graph( ). as_ default( ):
    #模型相关配置，无须更改
    session_ conf = tf. ConfigProto(
        allow_ soft_ placement = FLAGS. allow_ soft_ placement,
        log_ device_ placement = FLAGS. log_ device_ placement)
    sess = tf. Session( config = session_ conf)


    with sess. as_ default( ):
        preprocess( )        #加载数据
        vocab,  rev_ vocab = data_ utils. initialize_ vocabulary ( FLAGS. vocabulary
_ file)

        embeddings = data_ utils. get_ trimmed_ glove_ vectors ( FLAGS. save_ em-
bedding_ file)    #读取词嵌入文件


        #实例化 CNN，设置默认参数
        cnn = cnn_ model1. CNN(
        batch_ size = FLAGS. batch_ size,
        sent_ len = FLAGS. max_ sentence_ len,
        input_ type = FLAGS. input_ layer_ type,
        word_ embedding = embeddings,
        word_ num = len( rev_ vocab),
        word_ dim = FLAGS. embedding_ dim,
        vocab = vocab,
```

```
            filter_sizes = list(map(int, FLAGS.filter_sizes.split(","))),
            kernel_num = FLAGS.num_filters,
            learning_rate_base = FLAGS.learning_rate,
            l2_alpha = FLAGS.l2_reg_lambda,
            dropout_prob = FLAGS.dropout_keep_prob,
            epoch = FLAGS.num_epochs
        )


        #Define Training procedure
        global_step = tf.Variable(0, name = "global_step", trainable = False)
#定义训练轮数
        learning_rate = tf.train.exponential_decay(FLAGS.learning_rate, global
_step, 200, 0.99, staircase = True)        #指数衰减学习率
        train_step = tf.train.AdamOptimizer(learning_rate).minimize(cnn.loss,
global_step = global_step)        #优化器


        #Output directory for models and summaries
        timestamp = str(int(time.time()))
        out_dir = os.path.abspath(os.path.join(os.path.curdir,"runs", times-
tamp))        #输出路径
        print("Writing to {} \ n".format(out_dir))


        #Checkpoint directory. Tensorflow assumes this directory already exists so
we need to create it
            checkpoint_dir = os.path.abspath(os.path.join(out_dir," check-
points"))        #模型存储路径
        #checkpoint_prefix = os.path.join(checkpoint_dir,"model")
        if not os.path.exists(checkpoint_dir):
            os.makedirs(checkpoint_dir)
        saver = tf.train.Saver(tf.global_variables(), max_to_keep = FLAGS.
num_checkpoints)


        #Initialize all variables
        sess.run(tf.global_variables_initializer())
```

```
#训练过程
def train( x_ batch, y_ batch) :
    """
    A single training step
    """
    feed_ dict = {
        cnn. input_ x: x_ batch,
        cnn. input_ y: y_ batch,
        cnn. dropout_ keep_ prob: FLAGS. dropout_ keep_ prob
    }
    _ , step, loss, accuracy = sess. run(
        [ train_ step, global_ step, cnn. loss, cnn. accuracy],
        feed_ dict)
    time_ str = datetime. datetime. now( ). isoformat( )
    if step %20 = = 0:        #每轮打印一次信息
        print( "{}: step {}, loss {: g}, acc {: g}". format( time_ str,
step, loss, accuracy) )
            #print( "w: {}". format( sess. run( cnn. W) [ 1] ) )   #打印词向量


#验证过程
def dev( x_ batch, y_ batch) :
    """
    Evaluates model on a dev set
    """
    feed_ dict = {
        cnn. input_ x: x_ batch,
        cnn. input_ y: y_ batch,
        cnn. dropout_ keep_ prob: 1. 0
    }
    step, loss, accuracy = sess. run(
        [ global_ step, cnn. loss, cnn. accuracy],
        feed_ dict)
    time_ str = datetime. datetime. now( ). isoformat( )
    print ( "{}: step {}, loss {: g}, acc {: g}". format ( time_ str,
```

step, loss, accuracy))

```
#生成数据
train_data = data_utils. text_dataset ('. /input/data/train_data. ids ', FLAGS. max_sentence_len)
valid_data = data_utils. text_dataset ('. /input/data/valid_data. ids ', FLAGS. max_sentence_len)
print ('train data size = {a}, valid data zize = {b}'. format (a = train_data. __len__ (), b = valid_data. __len__ ()))

#Generate batches(训练集批次数据)
batches = data_utils. batch_iter (
    list (train_data), FLAGS. batch_size, FLAGS. num_epochs)

#验证集全部数据
x_dev = []
y_dev = []
for (x, y) in valid_data:
    x_dev. append (x)
    y_dev. append (y)

#Training loop. For each batch...
for batch in batches:
    x_batch, y_batch = zip ( * batch)
    train (x_batch, y_batch)
    current_step = tf. train. global_step (sess, global_step)    #轮数
    if current_step % FLAGS. evaluate_every == 0:
                                      #训练 evaluate_every 次评估一次
        print (" \ nEvaluation:")
        dev (x_dev, y_dev)
        print ("")
    if current_step % FLAGS. checkpoint_every == 0:        #保存模型
        path = saver. save (sess, checkpoint_dir, global_step = current_step)
        print ("Saved model checkpoint to {} \ n". format (path))
```

b）基于 CNN 模型的图像特征提取及分类

```python
import tensorflow as tf
import generate
import cnn
import os
import time
import datetime


#变量声明
train_ tfRecordName ='tf_ train. tfrecords'      #数据集名称
train_ tfRecord_ path ='. /tf_ train. tfrecords'      #数据集路径
batch_ size = 64
learning_ rate = 1e−5
l2_ alpha = 1e−5
dropout_ keep_ prob = 0. 5
steps = 2001
trian_ num = 0


#生成 tf 数据集文件
if not os. path. exists( train_ tfRecord_ path) :
    generate. create_ tfRecord('train')
else:
    print("data is ready")


#打印训练集数量
for record in tf. python_ io. tf_ record_ iterator( train_ tfRecordName) :
    trian_ num+ = 1
print('train_ num:%d' %trian_ num)


#实例化 CNN
cnn = cnn. CNN( )


#Define Training procedure
global_ step = tf. Variable(0, name =" global_ step", trainable = False)
```

```python
    learning_rate = tf.train.exponential_decay(learning_rate, global_step, 200,
0.99, staircase=True)      #指数衰减学习率
    train_step = tf.train.AdamOptimizer(learning_rate).minimize(cnn.loss, global
_step=global_step)        #优化器
    #Output directory for models
    timestamp = str(int(time.time()))
    out_dir = os.path.abspath(os.path.join(os.path.curdir, "runs", timestamp))
#输出路径
    print("Writing to {}\n".format(out_dir))


    #Checkpoint directory. Tensorflow assumes this directory already exists so we need
to create it
    checkpoint_dir = os.path.abspath(os.path.join(out_dir, "checkpoints"))
    checkpoint_prefix = os.path.join(checkpoint_dir, "model")
    if not os.path.exists(checkpoint_dir):       #建立文件夹
        os.makedirs(checkpoint_dir)
    saver = tf.train.Saver()       #实例化 saver 对象


    #从数据集中获取批次数据
    img_batch, label_batch, num_batch = generate.get_batch(batch_size, train_
tfRecordName)


    with tf.Session() as sess:
        #初始化变量
        sess.run(tf.global_variables_initializer())
        #设置多线程协调器，提高数据获取速度
        coord = tf.train.Coordinator()
        threads = tf.train.start_queue_runners(sess=sess, coord=coord)


        #训练过程
        for i in range(steps):
            x_batch, y_batch = sess.run([img_batch, label_batch])
                                        #执行，得到批次数据
            feed_dict = {
```

```
                cnn. input_x: x_batch,
                cnn. input_y: y_batch,
                cnn. dropout_keep_prob: dropout_keep_prob
            }
        _, step, loss, accuracy = sess. run(
            [train_step, global_step, cnn. loss, cnn. accuracy], feed_dict
            )
        if step %10 == 0:        #每轮打印一次信息
            print("After {: g} steps, loss is {: g}, acc is {: g}". format
(step, loss, accuracy))
        if step %100 == 0:
            path = saver. save(sess, checkpoint_prefix, global_step = step)
            print("Saved model checkpoint to {} \ n". format(path))


    #关闭线程协调器
    coord. request_stop()
    coord. join(threads)
```

c) 基于 CNN 模型的音频特征提取及分类

```
import tensorflow as tf
import generate
import cnn
import os
import time
import datetime


#变量声明
train_tfRecordName = 'tf_train. tfrecords'        #数据集名称
train_tfRecord_path = './tf_train. tfrecords'      #数据集路径
batch_size = 64
learning_rate = 1e-5
l2_alpha = 1e-5
dropout_keep_prob = 0. 5
steps = 10001
```

trian_ num = 0

#生成 tf 数据集文件
if not os. path. exists(train_ tfRecord_ path) :
　　generate. create_ tfRecord('train ')
else :
　　print("data is ready")

#打印训练集数量
for record in tf. python_ io. tf_ record_ iterator(train_ tfRecordName) :
　trian_ num+ = 1
print('train_ num:%d ' %trian_ num)

#实例化 CNN
cnn = cnn. CNN( )

#Define Training procedure
global_ step = tf. Variable(0, name = "global_ step" , trainable = False)
learning_ rate = tf. train. exponential _ decay (learning _ rate, global _ step, 200,
0. 99, staircase = True) 　　　#指数衰减学习率
　　train_ step = tf. train. AdamOptimizer(learning_ rate) . minimize(cnn. loss, global
_ step = global_ step) 　　　#优化器

#Output directory for models
timestamp = str(int(time. time( )))
out_ dir = os. path. abspath(os. path. join(os. path. curdir, "runs" , timestamp))
#输出路径
　　print("Writing to {} \ n". format(out_ dir))

#Checkpoint directory. Tensorflow assumes this directory already exists so we need
to create it
　　checkpoint_ dir = os. path. abspath(os. path. join(out_ dir, "checkpoints"))
　　checkpoint_ prefix = os. path. join(checkpoint_ dir, "model")
　　if not os. path. exists(checkpoint_ dir) : 　　　#建立文件夹

```
        os. makedirs(checkpoint_dir)
    saver = tf. train. Saver( )        #实例化 saver 对象


    #从数据集中获取批次数据
    img_batch, label_batch, num_batch = generate. get_batch(batch_size, train_
tfRecordName)


    with tf. Session( ) as sess:
        #初始化变量
        sess. run(tf. global_variables_initializer( ))
        #设置多线程协调器，提高数据获取速度
        coord = tf. train. Coordinator( )
        threads = tf. train. start_queue_runners(sess = sess, coord = coord)


        #训练过程
        for i in range(steps):
            x_batch, y_batch = sess. run([img_batch, label_batch])
                                            #执行，得到批次数据
            feed_dict = {
                cnn. input_x: x_batch,
                cnn. input_y: y_batch,
                cnn. dropout_keep_prob: dropout_keep_prob
            }
            _, step, loss, accuracy = sess. run(
                [train_step, global_step, cnn. loss, cnn. accuracy], feed_dict
                )
            if step %10 = = 0:        #每轮打印一次信息
                print("After {: g} steps, loss is {: g}, acc is {: g}". format
(step, loss, accuracy))
            if step %100 = = 0:
                path = saver. save(sess, checkpoint_prefix, global_step = step)
                print("Saved model checkpoint to {} \ n". format(path))


        #关闭线程协调器
```

```
        coord. request_stop( )
        coord. join( threads)
```

C. UGC 情感极性计算算法代码

```
#-*-coding：utf-8-*-
```

#计算单条 UGC 情感极性值，程度副词根据程度副词词典指定权值 wi，程序副词权值用于计算情感极性值，w1 * w2...

```
_author_ ='xuyong'
```

#1. 读取情感词典和待处理文件

#导入正向、负向情感词词典

```
posdict = open ( r 'sentimentDict/posdict. txt ', 'r', encoding = 'UTF - 8 '). read
( ). split( )      #r 指明 string 是个 raw string
    negdict = open ( r 'sentimentDict/negdict. txt ', 'r', encoding = 'UTF - 8 '). read
( ). split( )
```

#导入程度副词词典

```
mostdict = open( r 'sentimentDict/degree-most. txt ', 'r', encoding = 'UTF-8 '). read
( ). split( )      #权值为 2.0
    verydict = open( r 'sentimentDict/degree-very. txt ', 'r', encoding = 'UTF-8 '). read
( ). split( )      #权值为 1.75
    moredict = open( r 'sentimentDict/degree-more. txt ', 'r', encoding = 'UTF-8 '). read
( ). split( )      #权值为 1.5
    ishdict = open( r 'sentimentDict/degree-ish. txt ', 'r', encoding = 'UTF-8 '). read
( ). split( )      #权值为 1.25
    insufficientdict = open( r 'sentimentDict/degree-insuff. txt ', 'r', encoding = 'UTF-8 ').
read( ). split( )      #权值为 0.5
    overdict = open( r 'sentimentDict/degree-over. txt ', 'r', encoding = 'UTF-8 '). read
( ). split( )      #权值为 0.25
```

#导入否定词词典

```
inversedict = open( r 'sentimentDict/notdict. txt ', 'r'). read( ). split( )      #-1
```

```python
def is_ adv( word) :
    #判断是否为程度副词
    if word in mostdict or word in verydict or word in moredict or word in ishdict or word in overdict or \
            word in insufficientdict :
        return 1


def is_ not( word) :
    #判断是否为否定词
    if word in inversedict :
        return 1


def weightof_ adv( word, sentiment_ value) :
    #根据程度副词的权值，调整情感词的情感值
    if word in mostdict :
        #print( " degree_ most :" , word)
        sentiment_ value * = 2. 0
    elif word in verydict :
        #print( " degree_ very :" , word)
        sentiment_ value * = 1. 75
    elif word in moredict :
        #print( " degree_ more :" , word)
        sentiment_ value * = 1. 5
    elif word in ishdict :
        #print( " degree_ ish :" , word)
        sentiment_ value * = 1. 25
    elif word in insufficientdict :
        #print( " degree_ insuff :" , word)
        sentiment_ value * = 0. 5
    elif word in overdict :
        #print( " degree_ over :" , word)
        sentiment_ value * = 0. 25
```

```
        return sentiment_value


def weightof_not(word, sentiment_value):
    #根据否定词的权值，调整情感词的情感值
    if word in inversedict:
        #print("degree_inver:", word)
        sentiment_value *= -1
    return sentiment_value


def normalization(pos_val, neg_val):
    #标准化，取值范围[-5, 5]
    return(pos_val+neg_val) * (5/2)


def single_ugc_senti_score(single_ugc):
    #求单条评论语句的情感倾向总得分，评论语句参数为列表形式
    i=0       #记录扫描到列表中的词的位置，列表的下标从 0 开始，所以设
置为 0 比较好
    positive_senti_wrod=0      #记录前一个情感词的位置，初始值为 0，初
始位置未必是情感词，但是不影响情感值的计算。
    num_pos_senti_word=0      #记录正向情感词的个数
    num_neg_senti_word=0       #记录负向情感词的个数
    pos_val=0      #记录该句中的积极情感得分
    neg_val=0       #记录该句中的消极情感得分
    for word in single_ugc:       #逐词分析，统计句子中的正向情感词和负向
情感词个数，并计算总得分
        #print("第", i+1, "个词语:")
        #print(word)
        #计算单个情感词语的情感词
        if word in posdict:     #如果是积极情感词
            num_pos_senti_word+=1
```

```
print("posword:", word)
#print("posword:", word)
pos=1    #积极情感词基本得分为1
#根据前面的所有副词、否定词，调整当前情感词的情感值，统
计前一个情感词开始到当前情感词之间的所有副词数量
num=0    #统计副词个数
for w in single_ugc[positive_senti_wrod: i]:
    if is_adv(w):
        num+=1
        pos=weightof_adv(w, pos)
    if is_not(w):
        pos=weightof_not(w, pos)
#调整单个情感词的情感值在[-2, 2]范围
if num>1:
    if pos>=0:
        pos=pow(pos, 1/num)
    else:
        pos=(-1) * pow(abs(pos), 1/num)
pos_val+=pos
print("pos_val:", pos_val)
print("pos_val, neg_val:", pos_val, neg_val, '\n')
positive_senti_wrod=i+1       #记录情感词的位置变化
elif word in negdict:    #如果是消极情感词
num_neg_senti_word+=1
print("negword:", word)
neg=-1
num=0
for w in single_ugc[positive_senti_wrod: i]:
    if is_adv(w):
        num+=1
        neg=weightof_adv(w, neg)
    if is_not(w):
        print(w)
        neg=weightof_not(w, neg)
```

```python
        if num>1：
            if neg>=0：
                neg=pow(neg, 1/num)
            else：
                neg=(-1)*pow(abs(neg), 1/num)
        neg_val+=neg
        print("neg_val:", neg_val)
        print("pos_val, neg_val:", pos_val, neg_val, '\n')
        positive_senti_wrod=i+1
    i+=1
#平均化：情感得分/情感词数量
if num_pos_senti_word>0：
    pos_val=pos_val/num_pos_senti_word
    #print("num_pos_senti_word", num_pos_senti_word)
if num_neg_senti_word>0：
    neg_val=neg_val/num_neg_senti_word
    #print("num_neg_senti_word", num_neg_senti_word)
#print('pos_val, neg_val: ', pos_val, neg_val)
result=normalization(pos_val, neg_val)
result=round(result, 3)      #情感得分，保留 3 位小数
#print(result)
return result

single_comment=['快递', '收到', '了', '外观', '挺', '好看', '使用', '了', '一
会儿', '运行', '速度', '很', '流畅']
single_score=single_ugc_senti_score(single_comment)
print("single_UGC_sentiment_score:", single_score)
```

附录2 "消费者关于网购平台评价的态度与看法"问卷调查

尊敬的朋友：

您好！我们是××大学××学院暑期社会实践团队——用户评价利用情况调研团，因项目研究需要，现针对消费者对于电子商务平台上的态度与看法进行相关的问卷调查。

所有的问卷都是匿名的，也是保密的。请您根据提示填写相关内容，选择与您实际情况相符的选项。感谢您的支持！您可以在所选项目编号上打"√"。

Q1. 您的职业是：

A. 学生   B. 职员   C. 公务员   D. 自由职业者

E. 其他

Q2. 您的年龄：

A. 18 岁以下   B. 18~30 岁   C. 31~50 岁   D. 50 岁以上

Q3. 您是否有过网购经历？

A. 经常网购   B. 不经常但网购过

C. 没有

Q4. 您选择网络购物的原因：（可多选）

A. 没有时间去实体店

B. 有时间，但是网络更方便或者是希望节约宝贵的时间

C. 网络平台上便于比较商品或服务的差异，而在实体店之间就不容易比较

D. 网络平台提供的商品和服务价格更低

Q5. 您网上购物的时候最担心的是什么？

A. 商家的诚信   B. 运货过程中商品受损

C. 图片和实物存在差距   D. 快递太慢

E. 都有

Q6. 您在网购时会看店家评价吗？

A. 经常会   B. 一般会   C. 不会

Q7. 您查看商品评价时，希望得到什么信息？（可多选）

A. 实物和照片的差距　　　　　　B. 客服的服务态度

C. 快递的服务质量　　　　　　　D. 看差评，商品有哪些缺点

E. 其他已购买用户的体验　　　　F. 商品的质量问题

Q8. 您认可网络平台对用户发布的商品评论信息进行的汇总评论结果吗？

A. 认可　　　　　　　　　　　　B. 有选择地认可

C. 不认可

Q9. 您觉得如今网上评论区的缺陷是什么？（可多选）

A. 没法阻止商家控评行为　　　　B. 评论没重点、杂乱甚至有广告

C. 难以收集到想看的信息　　　　D. 用户的评论不知道可信度

E. 其他

Q10. 您是否担心商品的评价是不真实的？

A. 是　　　　　　B. 否

Q11. 您有时不相信网购平台评价的原因是什么？（可多选）

A. 存在商家刷单控评现象

B. 敌对商家恶意差评

C. 客户评价不准确

D. 全是好评，商家评论区看不到差评，给不了信任感

E. 看不到关心的评论内容

F. 评论太杂太乱

Q12. 您认为目前的电子商务平台上用户评价管制措施是有效的吗？

A. 恰到好处

B. 过于宽松，虚假信息泛滥

C. 过于严格，无法自由倾诉个人思想

Q13. 您认为网络平台和政府两者之间，维护用户评价真实性方面谁的责任更大？

A. 网络平台

B. 政策管理部门

C. 两者同等重要

D. 没法简单断定谁的责任更大，具体情况具体对待

Q14. 网购时，线上评论会成为您进行购物决策的参考吗？

A. 会作为主要参考　　　　　　B. 会作为一部分参考

C. 不太信任网上评价

Q15. 影响您采用用户评价作为决策参考的因素有哪些？（可多选）

A. 搜索用户评价的方便程度（越方便，影响越大）

B. 用户评价内容的新颖性（内容越新颖，影响越大）

C. 评价表现形式的多样性（文本、图片、视频）程度（表现形式越丰富，影响越大）

D. 评价的可信程度感受（越可信，影响越大）

E. 用户评价是否为本次决策的唯一便捷信息来源渠道（若为唯一来源渠道，则影响较大）

F. 其他

Q16. 网购之后，您会对其产品的质量或体验进行评价吗？

A. 每次都会　　　　B. 经常会　　　　C. 很少　　　　D. 不会

Q17. 影响您是否在网络平台发布信息的因素有哪些？（多选）

A. 没有什么原因，就是不喜欢在网络上发布信息

B. 没有特别的理由，就是想上网说说

C. 发布信息的便利程度（如网速、上网费用、发布信息时操作复杂程度）

D. 点评之后的平台、商家反馈是否及时

E. 点评之后的平台、商家反馈是否有针对性

F. 网络平台对用户点评的激励措施（如积分、优惠券等）

G. 网络发布内容的管制政策

H. 其他

Q18. 影响您进行评论的原因有哪些？（可多选）

A. 抱怨商品、服务存在的问题，希望解决问题并借此提醒他人

B. 对服务和信息非常满意，希望与他人分享这个有用的信息

C. 称赞商品、服务，希望为商家做一做宣传

D. 倾诉、分享购物过程中的心理体验

E. 通过网络平台向朋友展示自己近况、保持社交关系的一种方式

F. 其他

Q19. 您一般在什么时候评价？

A. 刚收到快递的时候　　　　　　B. 对购物体验满意或不满意的时候

C. 几天后追评　　　　　　　　　D. 以上都有

E. 其他

Q20. 您对网购平台评论区还有什么其他宝贵的建议和看法？

后　记

移动互联网技术的发展丰富了 UGC 的传播与利用，一定言论自由的社会环境促使用户不断发挥主动性。根据现有针对 UGC 的讨论，后续的研究可以针对以下三方面展开：

（1）增量式挖掘算法的设计。

大数据环境下用户在网络上可随时随地批量生产 UGC，这些数据需要进一步分析，包括在线评论分析、人脸识别、用户情感分析、主题建模等相关工作。数据流是以流的形式实时到达的动态数据，数据流挖掘是当前数据挖掘领域的研究热点之一，相对于传统的静态数据，数据流具有海量性、高速性、高维性、动态性、不可再现性等特点，这为数据流挖掘领域增加了一定的难度与挑战。随着 OSN 作为新闻的有效资源越来越重要，尤其是在流行事件期间，提供自动技术来评估在线信息的质量变得至关重要。为满足信息的及时与高效，可考虑增量式 UGC 分类等算法的设计。在网络时代中，信息的产生速度非常快，信息的时效性显得尤为重要。

（2）情感词库的完善。

基于字典和词库匹配的方法是中文分词中常用的一种方法，而目前尚未有统一适用于 UGC 情感分析的情感词库。在自然语言处理领域，如何精确无误地提取中文语义一直是个问题。现有的情感词典在情感分析任务的使用中存在三点不足：词典的规模太小；词典中的词太过正式；词典中仅包括词语，而没有词组。如何建立一个统一的中文情感词库，为接下来的研究提供更准确的基础保障，是值得重视的问题。

（3）基于标注的 UGC 情感聚类算法及动态演化模型。

由于 UGC 数据标签的复杂性、数据流持续产生等特点，UGC 中可能包含未知标签的特征、情感也会随着时间的推移而产生一些不可预见的变化。如何处理 UGC 情感的聚类分析及其中存在的动态演化问题，是值得研究的一个方向。在今后的研究中，将研究基于无监督学习的 UGC 情感聚类算法更加精确地挖掘单个用户的情感变化以及针对某话题下的情感变化规律。用户在互联网环境下表达情感的强度是不一样的，如某些用户的情感波动很大，表达的 UGC 通常情感极性较高，所以当基于用户历史 UGC 情感极性进行情感分析时，应考虑情感的相对值而不是绝对值。构造出某话题下的情感变化曲线，可以看出广大用户对该话题的情感变化趋势，找出其情感极性转折点或情感极点，结合现实情况分析舆论演变规律。